다 주면 다 얻는다

다 주면 다 얻는다

초판 제1쇄 발행　2007. 5. 10.
초판 제2쇄 발행　2008. 9.　5.

지은이　김성수, 김영호, 문국현 외
펴낸이　김경희
펴낸곳　㈜지식산업사
주　소　서울시 종로구 통의동 35-18
전　화　(02)734-1978(대)
팩　스　(02)720-7900
인터넷한글문패　지식산업사
인터넷영문문패　www.jisik.co.kr
　　　전자우편　jsp@jisik.co.kr

등록번호　1-363
등록날짜　1969. 5. 8.

ISBN 978-89-423-9004-5　　03040

책값은 뒤표지에 있습니다.

이 책을 읽고 문의하고자 하는 이는
지식산업사 전자우편으로 연락 바랍니다.

유일한 강좌를 시작하며
── 신뢰학의 모색 ──

2006년 6월 10일에 열린 제 3회 유일한로 페스티벌 때 아침부터 궂은비가 쏟아졌다. 그러나 한국을 대표한다고 할 만한 150여 참석 인사들은 식을 마친 뒤에도 한 분도 빠짐없이 우산을 받쳐 들고 야외에서 벌어진 몇 가지 식후행사에 끝까지 참여해 주셨다. 그때 누군가가 나에게 말했다. "김 선생, 인맥이 대단하시군요." 나는 정신없이 대답했다. "제가 아니고 유일한 선생이 다 주니 다 얻은 것이지요." 이 말은 당시 몇몇 신문 잡지에도 소개되었다.

이번에 이 책을 출간하면서 책 제목을 어떻게 할까 하는 논의과정에 마침 작년의 이 이야기가 생각나 소개하였더니 그걸 책 제목으로 하자는 데로 의견이 모아졌다. 그래서 만들어진 책 제목이 《다 주면 다 얻는다》이다.

생각하면 유일한 선생의 일생을 표현하는 적절한 말인 것 같다. 미국에서 이미 젊은 기업가로 백만장자가 되었어도 독립운동에 진력하였고, 미국에서 잘 나가는 회사를 정리하여 식민지 고국으로 돌아와 국민건강을 위해 제약회사를 설립하였다. 고난을 택한 것이다. 경영과 소유를 분리한 뒤 종업원 지주제를 실시하여 사회적 공기로서의 성격을 확립하였다. 다시 주식배당 수익을 유한학원과 세브란스병원 등에 기증하였고, 별세 전에는 모든 재산을 사회에 환원함으로써 전 국민을 감격하게 하였다. 모든 것을 바치는 삶을 살았고 그 결과 국민의 마음을 얻은 것이다. 문자 그대로 '다 주면 다 얻는다'는 말로 표현할 수 있을 것이다.

우리 사회의 지도적인 인사들과 지방자치단체가 정부의 승인을 받아 선생의 연고지인 경인국도의 일부를 '유일한 로'로 정하여 참기업인의 상징 거리로, 한국 CSR(기업의 사회적 책임)운동의 출발 거리로 설정한 것도 그 때문이다.

나는 처음 유한대학 일을 부탁받고, 망설이면서 유일한 선생의 묘소를 찾았다. 묘소에 있는 선생의 어록에 '내 머리로 남의 행복을 생각하는 사람'이 되어야 한다는 구절을 읽고 정신적 전율을 느꼈다. 나는 내 머리로 나의 행복만 생각하는 삶을 살아왔기 때문이다. '지금부터라도 유일한 선생 말을 연습해보자'고 하여 유한대학을 택했다. 나는 '나는 생각한다. 고로 존재한다'는 말을 흉내내어 '나는 준다. 고로 존재한다'는 말을 되뇌이며 스스로를 반성하곤 했다. 그 뒤 캐나다의 한 기업으로부터 달력이 하나 왔는데 그 회사의 비전이 'Your success is my business'였다. 유일한 선생의 어록과 비슷한 내용이었다. 그러고 보니 내가 정부에 있으면서 외국 기업인들을 만났을 때 자기 회사는 한국시장의 쉐어를 점유하고 싶은 것이 아니라 한국경제발전을 위해 이바지하고 싶다는 식으로 접근했다는 기억이 났다. 그 뒤, 나는 '사회적 책임(CSR)’ 개념에 깊이 빠지면서 ‘Your success is my responsibility’로 표현하였다.

유한대학을 그러한 비전으로 발전시켜 보려고 하면서, 그러한 정신의 상징 거리를 만들어 보려고 노력하였다. 유일한 선생의 정신이 살아 숨쉬는 대학과 거리. 그래서 이루어진 것이 ‘유일한로’다. 유일한로의 취지는 본문 가운데 나의 연설문에 자세히 설명하고 있다. 유일한로 사업에 뜻을 같이 하고 적극 지원해준 산업자원부, 경기도, 부천시, 서울시 구로구, 유한킴벌리 그리고 우리 사회를 대표하는 유지 여러분께 다시 한 번 깊고 깊은 감사의 뜻을 표하고 싶다.

유일한로의 서울쪽 입구에 ‘신뢰의 문’을 세우고 유일한로를 ‘신뢰의 길’로도 표기하면서 신뢰문화 확산을 위한 시민달리기(Trust running) 대회를 개최하고 있다. 그러면서 전 학생을 상대로 ‘유일한 강좌’를 실시하고 있다. 유일한 선생의 생애와 사상을 강의하는 것이 아니라, ‘유일한’의 이름으로 우리 시대의 명사들을 초청하여 우리 시대의 변화의 향방과 그 속에서 젊은이의 삶의 자세를 솔직하게 때로는 자신의 경험을 바탕으로 강의하는 것이다.

이 강좌의 중심개념은 ‘신뢰’다. 우리는 유일한 강좌를 일명 ‘신뢰학 강좌’로 부르고 있다. 우리는 세계경제가 신경제(New economy) 시대를 지나 신뢰경제(Trust economy) 시대로 접어들고 있다고 생각한다. 신뢰는 유일한 정신의 핵심이기도 하고 앞으로 경쟁력의 핵심요소이기도 하다. 그리하여 이 문제에 대한 학적 체계로서 ‘신뢰학’의 정립이 시급히 요청되고 있다.

따라서 우리는 신뢰학의 성립 가능성을 모색하고 있다.

사회적 책임경영(SRM), 사회적 책임투자(SRI), 사회적 책임소비(SRC), 사회적 책임노동(SRL) 및 사회적 책임행정(SRA) 등이 서로 만나 어울리면서 신뢰경제가 본격적으로 성립 발전하는 것이다. 그 출발을 이루는 것이 CSR이다. 이러한 신뢰경제의 핵심과 외연을 체계적으로 연구하고 뒷받침하는 학문적 접근이 신뢰학이 될 것이다.

우리는 신뢰를 정직, 신용, 봉사와 같은 윤리적 신뢰와 기술, 능력, 지식과 같은 기술적 신뢰 내지 효율적 신뢰로 나눈다. 악천후 속을 나는 비행기 승객이 조종사를 신뢰하게 하는 것은 조종사의 윤리가 아니라 능력 혹은 뛰어난 기술이다. 신뢰경영은 윤리경영과 지식경영을 통합한 것이다. 신뢰학은 우리 시대의 주제인 신뢰 개념의 학문적 체계화를 염두에 두고 있으나 우선은 문제 제기에 그치기로 한다.

이 책은 2006년도 유일한 강좌와 몇몇 행사의 초청강의를 해주신 김성수 님, 김지하 님, 문국현 님, 박영호 님, 김영기 님, 가천노 님, 김혜경 님, 연만희 님, 홍정용 님, 김대성 님, 박종우 님, 강신기 님, 한비야 님, 신영복 님의 강연을 녹취하여 약간 가필한 것이나 될 수 있는 대로 원강의 구어체를 그대로 살렸다. 이 강좌를 재정적으로 지원해주신 박영호 사장(주식회사 도움)에게 깊은 감사의 뜻을 표한다. 아울러 어려운 출판 사정에도 이 책의 출판을 기꺼이 맡아주신 지식산업사 김경희 사장께 마음으로부터 감사드린다.

2007년 5월
김영호

차례

희망을 갖고 살자

김성수

성공회대학교 총장

여러분을 만나 뵙게 되어 반갑습니다.

여러분 부자가 되고 싶죠?

부자 되는 방법 하나 알려드릴게요. 부자, 별거 아닙니다. 여러분처럼 건강한 사람이 부자입니다. 건강하지 못하면 부자가 될 수 없어요. 부자의 뿌리는 건강입니다. 여러분, 절대로 건강해야 합니다. 건강을 해치면 아무것도 되는 일이 없습니다.

제가 여러분 나이보다 두 살 어릴 때 아이스하키부에서 운동을 했어요. 아이스하키는 굉장히 과격한 운동인데, 그런 운동을 하다가 폐결핵에 걸렸어요. 50, 60년 전에는 폐결핵에 걸리면 좋은 약이 없었기 때문에 많이 죽었습니다. 요즘에는 폐결핵은 병도 아닙니다만, 나는 폐결핵으로 10년을 고생했습니다. 10년쯤 고생하다 보니 학교에 와서 공부를 할 수도 없었습니다, 일어나서 나가면 죽으니까. 비싼 주사를 맞는데 그게 그렇게 아파요. 날이 눅눅하면 몸도 안 좋고….

10년 동안 방에 들어앉아 있었는데 찾아오는 사람도, 나를 필요로 하는 사람도 없었습니다. 그 당시에는 결핵이 어린이와 어른한테 전염이 된다고 해서 다른 사람은 내 앞에 오지도 않았어요. 나는 어린아이를 좋아하는데, 친척 아이가 와서 안으려고 하면 전염된다고 어린아이를 빼앗아 가요. 얼마나 마음이 아픈지 몰라요. 내가 배재중학교를 다녔는데 운동시합에 나가 우승해서 우승컵을 가지고 가면 운동장에 많은 학생들이 몰려들어 박수치면서 난리가 납니다. 이때는 학교에서도 세상에서도 나를 멀리 하는 사람이 없었는데 10년 동안 집안에만 있다 보니 세상이 나를 필요로 하지 않았어요. 이것처럼 슬프고 비참하고 형편없는 것이 없어요.

세상은 여러분을 필요로 하고 있습니다. 그래서 여러분이 부자가 되려면 건강해야 합니다. 여러분에게 절대로 필요한 것입니다. 시험기간에 열심히 공부해야 하는데 건강하지 못하면 망치게 되어 있습니다. 그러면 돈도 못 벌어요. 여러분, 부자 되려면 건강하세요.

성공회대학교는 처음에 성 미가엘 신학원으로 개교하였습니다. 성 미가엘 신학원은 대학을 졸업한 사람이어야만 들어올 수 있었어요. 우리 어머니가 선견지명이 있으셔서 나를 단국대학교에 입학시키셨나 봐요. 단국대학을 졸업하고 성 미가엘 신학원을 다닐 수 있었고 그래서 신부가 되었고, 또 주교님이 되었고, 주교님을 은퇴하고 나니까 총장으로 있으라고 해서 내가 총장으로 있는 거예요. 우리학교 교수님, 유한대학 교수님들이 훌륭하셔서 교수님들이 모든 것을 다 해주셔요. 그래서 우리 성공회대학교는 총장이 필요 없어요. 총장은 그저 학생들과 같이 점심 먹고 같이 영화 보고 같이 아이스크림 사 먹고 그러면 됩니다. 얼마나 우리 교수님들이 열심인지 몰라요. 우리 유한대학도 이웃사촌이기 때문에 그런 걸로 알고 있는데, 그래서 여러분은 교수님들께 정말 고마워해야 합니다.

옛날에는 선생님 그림자도 안 밟는다고 했습니다. 그런데 아침에 와서 교수님을 만나면 누가 '안녕하세요?' 하고 인사하는 사람 있습니까? '총장님 안녕하세요?' 하고 총장실에 와서 인사하는 사람 있나요? 인사는 그래도 집에서부터 배워야죠. 어머니 아버지께 아침에 일어나서 '안녕히 주무셨어요?' 하고 어른을 공경할 줄 알아야 합니다. 그래야 건강한 사람이 됩니다. 육신만 건강한 게 아니라 정신도 건강해야 합니다. 이 기(氣)가 빠진 사람은 병든 사람입니다. 집에서부터 아버지, 어머니께 인사하는 것을 잘 배우면 아버지, 어머니와의 인간관계가 잘 성립되고 그러면 성공한 사람이 됩니다. 어머니 아버지와의 관계가 무너진 사람은 세상에 나가서도 모든 게 실패하게 마련이에요.

어머니 아버지와의 관계가 잘 성립되면 선생님, 교수님들을 다 어머니, 아버지처럼 생각해서 공경하게 되죠. 웃어른을 공경하는 것은 우리의 근본 원리이며, 아버지 어머니께 효도하는 것을 먼저 배우면 여러분에게는 큰 덕이 됩니다. 그래서 신학원에 다닐 때에도 전부 미국인 신부님이지만 부모님을 공경하라는 얘기를 많이 들었어요. 우리 어머니가 안 계셨으면 나는 폐병으로 세상을 떠났을지도 모릅니다.

여기도 여학생들이 많은데, 여러분도 이제 훌륭한 어머니가 될 겁니다. 부모님이 간, 쓸개 다 빼주면서 잘 키운 여러분인데, 여러분도 훌륭한 어머니가 되어야 한다는 것을 명심하시기 바랍니다. 여러분이 건강하고, 어른들을 공경하고, 교수님들을 공경하는 것을 배워서 자식들을 잘 키우면, 그 자식이 또 자식을 낳아서 훌륭한 하나의 가정을 또 이루는 건데, 그런 공부를 우리 신학교에서 가르쳐 주는 겁니다. 옛날 우리 조상들은 농사도 짓고 광산에서 일도 하면서 아주 열심히 살았기 때문에 지금 여기에 내가 있고 여러분이 있는 거예요.

마지막으로 내가 공부한 얘기를 하나 더 하면, 그렇게 10년 동안을 외롭고, 괴롭고, 쓸쓸하게 지내다 보니까 그렇게 소외된 사람들은 세상에서 필요로 하지 않음을 알게 되었습니다. 그러는 가운데 수원에 고아원이 하나 있었는데, 그 고아원 출신으로 사제와 수녀가 되신 분도 있습니다. 1970년대 초에, 이천환 주교님이 나를 보고 "앞으로 고아원이 없어지니까 여기 정신지체 학교를 만들어서 그 학교에서 자네가 일을 좀 해 다오."라고 하시더라고요. 우리 신부들은 주교님이 너 해라, 그러면 무조건 해야 합니다. 지금도 그렇지만, '못 합니다'라는 소리를 못 했어요. 우리 대학 캠퍼스 안에 정신지체인 친구들이 다니는 성 베드로 학교라는 특수교육기관이 있어요. 전국 대학 300여 개 가운데 정신지체학교를 가지고 있는 학교는 우리 학교 밖에 없어요. 정신지체인들은 내가 생각하기엔 가장 불쌍한 사람이라고 생각해요. 왜냐하면 생각하는 게 모자라서 지능이 뒤떨어진 사람들이기 때문입니다. 그래서 훈련을 받기 전에는 어떤 현상이 일어나는가 하면, 밥상을 차려주면 밥만 다 먹어요. 그 다음에는 김치만 다 먹어요. 응용력이 없어요. 그리고 그들이 얼마나 순박한가 하면, 달리기를 해요. 달리기 시작! 하면 달려나가요. 가다가 뒤를 돌아보면 자기가 제일 앞에 가거든, 그럼 서서 빨리 와, 빨리 와 손짓하며 부릅니다. 뒷사람을 부르느라고 결승점이 되어도 안 와요. 한번 상상을 해 봐요. 그런 사람들과 우리는 더불어 살고 있는 거예요. 그런 사람들을 위해서 여러분이 도움을 주어야죠.

야망이 아닌 희망을 꿈꾸자

총장으로 와서 보니까 젊은 사람들이 할 일은 많고, 할 일을 다 할 수는 없고, 그러다 보니까 어영부영 시간을 보내게 되는데, 그러지 말고, 나는 뭐든지 다 할 수 있다, 나에게는 희망이 있다, 나에게는 꿈이 있다고 생각해야 합니다. 정말 여러분에게 희망과 꿈이 있어요? 여러분에게는 꿈과 희망이 있어야 해요.

유일한 박사님은 성공회대 앞에 있는 저택에서 가족과 함께 살고 계셨습니다. 그 집에서 우리 성공회 영국인 김요한 주교님에게 유일한 박사께서

"여기 땅이 좋은 게 있는데, 성공회가 이 땅을 사서 학교를 세워 보세요."

라고 하셨을 때, 김요한 주교님이 '고맙습니다. 이 땅을 다 판다고 하면 다 사겠습니다'고 그랬으면 얼마나 좋았겠어요. 히지만 그랬다면 유한대학과 유한공고가 세워지지 못

했을 거예요. 영국 사람들은 그런 욕심이 없어요. 우리 길 건너 1만 3천 평만 사서 좋은 학교를 만들겠다는 생각으로 그것만 샀어요. 그래서 그 땅에 옹기종기 건물도 짓고 재밌게 살고 있습니다. 만약 그때 유일한 박사가 성공회에 그 땅을 팔지 않았으면 우리는 강화도의 조그만 신학원에서 오른손이 한 일을 왼손이 모르게 하면서 살아가고 있었겠죠. 그래서 우리는 유일한 박사님께 굉장히 고마워하고 있습니다. 그 뒤 나머지 땅에 유일한 박사님이 학교를 세우셔서 여러분이 이 나라의 일꾼으로서 이 나라를 짊어지고 갈 수 있게 된 겁니다.

여러분이 지금 제일 걱정하는 것이 무엇인가요? 역시 취업이죠. 우리나라 학생들의 걱정이 대부분 취업이죠. 졸업을 하면 취직을 해서 돈을 벌어서 맛있는 것도 먹고 예쁜 옷도 사고, 그래야 할 텐데, 취업이 안 되니 문제입니다. 이 나라가 왜 이렇게 됐을까요? 이건 지금 우리나라 모든 사람들의 고민거리가 아닐 수가 없어요. 그렇다고, 학장님, 교수님들이 여러분에게 직장을 주려고 공장을 세워서 취직을 시켜줄 수는 없죠. 그러면 얼마나 좋겠어요. 그러나 교수님들은 여러분의 다음 세대를 가르쳐야 하기 때문에, 그렇게 할 수는 없죠. 그럼 누구 몫이냐, 다 여러분의 몫이에요. 여러분이 열심히 공부하고 노력을 해야 해요. 노력해서 취업해야 합니다.

노력은 그냥 되는 일이 아닙니다. 우리 신학교에 미국인 신부님이 한 분 계셨는데 얼마나 책을 많이 봤는지 어깨가 휘었어요. 책을 그렇게 무섭게 봤어요. 그래서 그 사람들이 유명한 신학자가 된 거겠죠. 여러분은 일주일에 책을 몇 권

보십니까? 무슨 책이든 열심히 읽으세요. 그러면 상식이 저장됩니다. 교수님들이 직장을 만들어서 여러분을 취직시키지 않는 한 여러분 자신이 노력하지 않으면 취업할 수 없다는 것을 꼭 알아두기 바랍니다. 그래서 열심히 노력하면 희망이 있는 거고, 여러분의 앞날에는 그 희망으로 얼마든지 부끄러움 없는 삶을 살게 될 테니, 희망과 꿈을 꼭 꾸길 바랍니다.

영국의 유명한 철학자 토인비가 이런 이야기를 했어요. 토인비가 런던에 살 당시에 청어를 많이 먹었다고 합니다. 그런데 청어는 바다 멀리 나가서 잡아오기 때문에 런던 시내에서 생선을 팔려고 하면 그 생선이 다 죽고 변질되어 맛도 없었답니다. 그런데, 어느 가게에는 청어가 싱싱하게 살아 있었어요. 그래서 많은 사람들이 그 가게에서만 청어를 사는 거예요. 여러분이나 나나 싱싱한 생선을 사지 썩은 생선을 사지는 않을 거잖아요. 그래서 사람들이

"당신은 어떻게 이렇게 싱싱한 생선들만 팔 수 있는 겁니까?" 하고 물었대요.

"이건 비밀이에요. 이걸 알려주면 장사 못 해요."

그런데도 자꾸 사람들이 물어봐서 할 수 없이 알려주었습니다.

큰 통을 만들어서 그 속에 바닷물을 잔뜩 넣고, 잡은 청어를 넣은 다음에 무얼 넣느냐, 그것이 비밀이라면서 그 통속에 숭어를 넣더래요.

"그러면 그 숭어가 청어를 잡아먹으면 어떻게 해요?" 라며 물어보니,

"바로 그겁니다. 청어는 잡혀먹지 않으려고 통 안에서 열

심히 왔다갔다 도망 다닙니다, 죽지 않으려고, 먹히면 죽으니까. 그렇게 살아서 어시장까지 오게 되는 겁니다.”고 말하더랍니다.

여러분 눈에 보이지 않는 무서운 것들이 몰려오는데, 무서운 것들이 나를 엄습해 온다고 느끼는 사람은 훗날 건강하게 돈을 벌 수 있는 사람이에요. 이걸 꼭 명심해야 해요. 세상에 나가면 아무도 나에게 말해주지 않아요. 지금부터 여러분은 고생을 돈 주고 사서 하세요. 고생 뒤에 낙이 있는 거예요. 산을 오르다 보면 바위에서 소나무가 자라잖아요. 그 소나무가 얼마나 고생하면서 자라났겠어요. 그 소나무를 보고 우리들은 멋있다고 하죠. 이렇게 많은 학생들 가운데서도 숭어에게 잡혀먹지 않는 청어처럼 열심히 살고 공부하면 그 사람은 바위에서 자라나는 소나무 같이 우리들을 기쁘게 해 주겠죠. 또 유한대학의 명예를 세워주기도 하고. 그런 청어 같은 여러분이 되길 바랍니다.

희망, 꿈 다음에 야망이라는 것이 있습니다. 순수하지 못한 야망을 가지면 안 돼요. 야망으로 세상을 흔든 사람 가운데 히틀러가 있습니다. 그의 야망 때문에 자신도 죽고 유태인도 몇 백만 명이 죽었습니다. 그래서 야망을 가지면 안 됩니다. 순수한 희망과 꿈을 가져야 해요. 야망을 갖는 사람은 자신은 물론이고 주변 사람도 죽이기 마련이에요. 이런 야망이 포함된 허황된 환상에 사로잡힌 사람이 되면 안 된다는 것을 알아야 합니다.

박세리와 박찬호가 미국에서 말도 못 하면서 사람들 사이에서 얼마나 많은 눈물을 흘렸겠어요. 미국으로 건너가서 헛된 생활을 한 사람들은 환상이 깨져서 모두 다 꿈이 깨지지만, 순수한 꿈을 가지고 가서 숭어로부터 살아남는 청어 같은 사람이 되기 위해서 노력한 사람은 성공하게 되는 거죠. 헛된 꿈을 꾸느냐 마느냐는 여러분의 몫입니다. 여러분이 결정하는 겁니다. 옆에서 아무리 얘기해도 그 얘기는 들리지 않습니다. 우리가 희망을 얘기할 때는 헛된 환상에서 벗어나라고 하는 겁니다.

여러분 자신의 깨달음이 시작되어야 하는데, 나는 성직자이기 때문에 항상 이렇게 생각합니다. 누구나 우리 자신이 심부름하는 사람이 되어야 해요. 나는 심부름꾼이다. 하나님이 우리를 이 땅에 보내셔서 우리가 건강하게 살고 좋은 시간을 갖고 있는 것은, 나와 여러분이 분명히 이 땅에서 할 일이 있다는 겁니다. 반드시 여러분에게는 할 일이 있어요. 이것이 클 수도 있고 작을 수도 있고, 눈에 띌 수도 있고 안 띌 수도 있지만, 자신을 위해서 자신이 할 수 있는 일이 반드시 있습니다. 여러분은 할 일이 있어서 이 대학에 들어온 거예요. 여러분은 꿈과 희망을 가지고 이 학교에 들어왔어요. 여러분이 할 일을 찾으셔야 합니다. 이것을 찾지 못하면 부자도 될 수 없고 건강해질 수도 없어요. 우리는 세상에 심부름을 하러 왔다고 생각하시고, 아버지 어머니가 나를 낳아주신 것은 우리 집안을 위해서 심부름 하라고 낳아주신 거라고 생각하면 그것은 틀림없습니다. 그래서 부모님께서 별세하시면 돌아가셨다고 하죠. 낳아준 데가 있으니까 돌아가는 거죠. 여러분도 반드시 되돌아갑니다. 언제 가는지는 마음대로 정할 수 없어요. 나를 보내신 분에게로 되돌아가는 거예요.

우리들 얼굴이 다 다르죠. 성격도 모두 다 다릅니다. 한 사람, 한 사람 똑같이 귀중한 겁니다. 따라서 각자가 맡는 심부름도 각각 다른 겁니다. 여러분이 이 대학에서 고민하고 연구하고 미래의 희망을 키워 갈 때 희망이 오는 것을 반드시 잡아야 합니다. 그리고 늘 여러분은 오늘 앞의 것도 중요하지만 더 먼 앞날을 내다보고 생활하세요. 앞날을 보고 생활할 때 공부도 열심히 하게 되고 내가 꼭 해야 될 일이 있다는 것도 알게 되고, 모든 사람에게 앞서간다는 것을 얘기할 수 있습니다.

혼이 담긴 노력은 배반하지 않는다

이승엽 선수가 텔레비전에 나와 이야기를 하는데, 이승엽 선수가 한창 고생할 때 모자에 뭐라고 썼냐면, '혼이 담긴 노력은 배반하지 않는다'고 썼대요. 아마 그래서 홈런을 36개나 칠 수 있었나 봐요. 그래요, 혼이 담긴 노력은 배반하지 않아요. 여러분이 혼이 담긴 노력을 하지 않았기 때문에 실패를 하면 그것은 여러분의 탓입니다. 언제나 혼이 담긴 노력을 하세요. 여러분도 이 말을 써 놓고 마지막에 내가 혼이 담겨 있었나 하고 생각해 보세요. 사랑 얘기도 좋지만 실제로 성공한 사람들의 얘기를 알아두는 것도 참 좋습니다. 노력을 하는 데 혼이 실려 있지 않으면 그 노력은 아무런 소용이 없는 거예요. 좋은 결실을 맺을 수 없다는 것을 확실히 말할 수 있어요. 오늘부터 혼이 담긴 노력을 해 보세요. 혼이 담긴 노력을 하면 여러분 자신이 변합니다.

성악가 조수미가 텔레비전에 나와서 이런 얘기를 했습니다. 조수미가 노래를 한참 하다가 갑자기 노래를 멈췄어요.

그랬더니 피아노를 치시던 선생님이 "왜 노래를 안 하니?" 라고 물었더니 조수미가 "선생님 키를 잘못 누르셨습니다." 그래서 봤더니 정말 키를 잘못 눌렀어요. 운동을 하건 노래를 하건 공부를 하건 혼이 담긴 인생을 사세요.

여러분이 현재 가정생활이 어떻든 간에 자기 자신을 꼭 믿길 바랍니다. 자신보다 자기 자신을 더 많이 아는 사람이 어디 있겠어요. 아무리 남녀가 재미있게 연애를 해도 상대방을 다 몰라요. 자기 자신만이 알아요. 자기 자신을 확실히 알아야 해요. 자기 자신을 꼭 믿으세요. 확실히 자기 자신을 믿었을 때에 혼이 살아나고 헛된 행동을 안 합니다.

자 여러분, 꿈을 가집시다. 자신을 믿읍시다. 그래서 유한대학을 빛내고 여러분 자신도 빛냅시다. 세상에는 여러분을 필요로 하는 사람들이 많다는 것을 기억하십시오.

세상에 봉사하는 사람이 되기를 바라면서 오늘 강의를 끝내겠습니다.

유한양행 80년

연만희

(주)유한양행 고문

　여러분을 만나 뵙게 되어 반갑습니다.

　여러분을 만날 기회를 주신 김영호 학장님과 협력해 주신 여러분께도 대단히 감사드립니다.

　유한양행이 올해로 80년이 되었습니다. 저는 지금 유한양행에서 46년째 근무하고 있습니다. 유한양행 역사의 반 이상 동안 함께 했다는 셈이죠. 어떻게 보면 행운아고 또 제 자신으로서는 굉장히 영광스럽게 생각하고 있습니다.

　먼저 유일한 박사님에 대해서 제 개인적인 처지에서 말씀드리겠습니다.

　저희 어머님은 스물네 살 때 혼자 되셔서 저 하나만 바라보시면서 사셨어요. 그래서 저는 아버지의 사랑에 대해서는 전혀 모르고 자랐습니다. 우연한 기회에 유한양행에 신입사원으로 입사하게 되어 유일한 박사님을 만나게 되었습니다. 그것이 오늘날 제가 사람다운 생활을 하게 된 계기이고, 또 나름대로 제 자신은 마음속에서 굉장한 자부심을 느끼고 있습니다. 그런 분을 모실 수 있었다는 것은 저에게는 행운이었습니다. 그분이 저를 항상 등대처럼 비춰주셨기에 제가 오늘날 유한양행 사장도 하고 회장도 할 수 있었습니다. 유한양행에선 유일한 박사님을 제외하고는 회장을 한 사람은 저밖에 없습니다. 그리고 그 뒤 재단 이사장도 했고, 지금은 유한 재단 이사로서 유한양행 고문을 맡고 있습니다.

여러분과 이렇게 만나는 자리에서 말씀드리고 싶은 것은, 학교가 좋다 나쁘다 이것을 떠나서 유일한 박사님이 설립한 학교에 적을 두고 공부할 수 있는 기회를 가졌다는 것에 대해서 여러분은 참 행운아라는 것입니다.

해마다 여러 번 학교에 왔는데 유한대학의 바뀐 교정은 오늘 처음 봤어요. 학교가 이렇게 많은 변화가 있었나, 그전에 내가 와서 봤을 땐 교정에 나무라고는 한 그루도 없었고 살벌한 분위기였는데, 오늘 와서 보니 학생이 피곤할 때 교정에 나와서 좋은 공기도 마시고, 교정을 산책도 할 수 있는 환경으로 바뀌어서 참 흐뭇합니다. 환경의 변화를 가져오게 한 학장님과 교수님들께 다시 한번 감사의 말씀을 드리겠습니다.

기업의 주인은 사회다

유일한 박사님을 아시는 분들은 아실 거예요. 여러 신문 지상이나 유일한 박사님에 대한 책도 많이 나와 있습니다. 읽어보신 분은 많이 아실 겁니다. 저는 한 10년 가까이 박사님을 옆에서 모셨어요. 제가 총무부 쪽에서 일을 쭉 했기 때문에 그분하고 접할 기회가 어느 부서보다도 많이 있었습니다. 학술적인 면에서는 유일한 박사님을 연구해 본 적이 없습니다만, 나름대로 여러분께 유일한 박사님은 어떤 분이다, 라는 것을 말씀드리면 여러분이 앞으로의 인생을 설계할 때 조금이라도 도움이 되지 않을까 해서 용기를 가지고 나왔습니다.

유일한 박사님에 대한 어록을 간단하게 말씀드리겠는데, 학교의 복도나 그런 곳에서 많이 보셨을 거예요. 어록이 30가지로 나와 있는데, 여기서 제일 첫 번째가 무엇이냐면, '기업의 생명은 신용이다'라고 하셨어요. 사실 여러분은 아직도 학교에서 공부를 하고 있기 때문에 잘 느끼지 못할 거예요. 내일 모레면 제 나이가 80인데, 이렇게 살다 보니까 유일한 박사님의 모든 공적이 얼마나 훌륭한지 새삼 느낍니다. 사실 모든 사람이 회사를 만들 때는 열심히 일을 해서 돈을 벌겠다는 게 목적입니다. 오늘날에 와서 사회사업도 많이 하고 있는 미국의 록펠러 재단, 카네기 재단도 그 뿌리를 찾아 들어가면 남의 광산을 힘으로 빼앗아 시작했죠. 하지만 박사님은 기업의 목적을 처음부터 사회 활동과 봉사를 통한 사회 환원에 두었다는 점이 다른 기업들과는 시작부터 다르다고 말씀드릴 수 있습니다.

20년 전에 텔레비전에서 연세대 총장을 하던 송자 박사라는 분이 강의를 하는 걸 봤어요. 그분이 기업인에 대한 강의를 하는데, 유일한 박사님은 세계에서 찾아볼 수 없는 그런 기업인이라고 말씀을 하셨어요. 제가 그때 상무였습니다. 그걸 들으면서 왜 저런 이야기를 하나 했더니, 기업하는 사람들은 돈을 벌어서 돈이 모이니까 자손들을 위해서도 사회를 위해서도 뭔가를 해야 하지 않을까 해서 만든 게 재단인데, 유일한 박사는 다른 점이 뭐냐 하면 기업을 시작할 때부터 돈을 버는 것이 목적이 아니었고, 나라를 되찾기 위해서 필요한 교육을 하려는 게 첫째 목적이었다는 거예요.

유일한 박사에게 국가, 교육, 기업, 가정 이 네 가지를 놓고서 어느 것이 제일 중요하겠느냐 묻는다면 그분은 서슴지 않고 첫째는 국가요, 둘째는 교육이요, 셋째는 기업이요, 넷째가 가정이라고 답했을 것입니다. 이게 무슨 말인가 하면, 다른 사람들은 교육 사업을 할 때 남한테 동냥과 동정을 받아서 재단을 설립하지만, 아홉 살에 미국에 가서 돈을 벌어 한국에 온 유일한 박사님은 교육 사업을 하기 위해서는 더 많은 돈이 필요했기 때문에 그 수단으로 유한양행을 설립한 것입니다. 그래서 역사적인 과정을 보면 유한이 먼저 설립됐고, 그리고 나서 회장님이 돌아가시기 전에 학교 재단이 만들어졌고, 돌아가신 다음에 유한재단이 되었습니다. 다시 말하면 학교를 운영하기 위해서 재단을 설립한 거예요.

박사님은 이왕 회사를 설립한다면 국민을 위한 회사를 설립하고 싶으셨어요. 왜정시대 때 국민이 일제하에서 아주 혹독한 압박을 받고 있는 것을 보시고 나라를 되찾기 위해서는 몸이 건강해야 한다고 생각하셨어요. 지식이 있어도 몸이 건강해야 이 지식을 활용할 수 있는 것이지 아무리 머리에 지식이 많이 있다고 해도 건강하지 못하면 죽은 지식과 마찬가지라고 생각하신 거죠. 그래서 건강할 수 있는 길은 무엇인가 고심하신 끝에 제약회사를 선택하여 유한양행을 설립한 것입니다.

박사님이 유한양행을 설립하고 나서 중요하게 말씀하신 것이 무엇이냐, 아까 말한 것처럼 유일한 박사님의 어록 가운데 첫째인, 가족과 친구들 사이에서도 제일 으뜸가는 것이고 바탕이 되는 '신용'입니다. 신용이 없는 사람은 사회생활을 할 수 없어요. 사회생활을 한다고 하더라도 성공할 수 없습니다. 회사를 만든 박사님의 목적이 교육 사업이기 때문에 기업이윤을 기업을 키워준 사회에 환원해야 한다고 말씀하셨습니다. 남들은 유일한 박사님이 단순히 사회사업을 많이 하신 분이다, 라고 생각하고 계신데 사실 여기 근방에도 기업들이 만든 재단으로 설립된 학교가 많습니다. 그래서 여러분이 생각하시기에 유일한 박사님이 재단 하나 만든 것 가지고 뭐 이렇게 말을 많이 하느냐라는 생각을 가지고 있을 지도 모릅니다. 하지만 유일한 박사님의 회사 설립 목적은 교육이었고 교육의 목적을 달성하기 위한 수단으로 유한양행이란 기업을 창립하신 것입니다. 그래서 그 어록에도 나와 있지만 "기업은 한때 개인이 관리할 뿐이지 기업의 주인은 사회다"라고 말씀하셨습니다.

결론부터 말씀드리자면, 당신이 기업을 시작하실 때 마음 속에서 생각했고 내렸던 결단, 이것을 그대로 행동으로 옮기신 분이 유일한 박사님이세요.

지금 여러분이 보시면 유한양행이 기껏해야 4, 5천억 정도 되지 않느냐고 하는데, 모든 유한을 합하면 한 2조 원 가까이 됩니다. 하지만 사회가 워낙 볼륨이 커졌기 때문에 그에 견줄 때 유한양행은 중소기업 규모나 마찬가지입니다. 이런 중소기업이지만 유일한 박사님은 돌아가실 때 이 재산을 자손에게 하나도 안 남기시고 전부 사회에 환원하시고

가셨어요. 유한학원은 박사님이 살아계셨을 때 학교 법인으로 이미 설립되었습니다. 그런데 그 당시 유한양행은 학교에 대해서 배당금을 준 것 밖에 없었어요. 그래서 재단을 만들어야 한다고 생각하셔서 유한재단을 설립하려고 했는데 정부에서 허가가 나지 않았습니다. 비슷한 목적으로 두 가지 재단을 설립할 수 없다고 해서 허가가 나지 않았어요. 하지만 박사님은 학교 법인은 학교의 발전만을 위해서 존속되어야 하는 것이고, 또 여유가 생겼을 때에는 사회와 국민에게 봉사할 수 있는 기회와 자원을 가져야 하는데 그러기 위해서는 유한재단을 설립해야 한다고 역설하셨기에 정부에서도 유일한 박사님이 돌아가신 뒤에 유한재단의 설립을 인가한 것입니다.

유일한 박사님의 직계가족이라고는 아드님과 따님이 미국에 계셨습니다. 손녀가 한 분 계셨는데 박사님의 유서에 손녀한테는 대학과정까지 공부를 시켜주고 돈은 1만 달러를 주라고 쓰여 있었습니다. 만 달러면 지금 천만 원 정도입니다. 돈 천만 원만 자기 직계손녀한테 주라고 하신 뒤 모든 재산을 사회에 환원하라고 하셨습니다. 박사님은 71년도에 돌아가셨고 따님은 91년도에 돌아가셨어요. 따님은 회사를 20년을 다니면서 모은 돈으로 유한의 주식을 샀습니다. 따님도 돌아가셨을 때 250억 원이나 되는 주식을 사회에 환원하고 돌아가셨습니다. 세계적으로 자식과 부모가 함께 사회에 환원한 가족은 없습니다. 이것은 제가 말씀드리는 것이 아니라 한국에서 유명한 학자 분들이 말씀하신 것입니다. 그래서 유일한 박사님이 돌아가신 지 30년이 넘어도 사회에서 존경을 받고 있고 또한 여러분의 학교도 나름대로 건전하게 운영되고 있습니다.

정직, 정직, 정직

박사님에 대한 한 가지 일화를 말씀드릴게요.

책이라든가 텔레비전을 통해서 이야기한 적이 있는데, 제가 총무과장이고 박사님이 회장님으로 계실 때였어요.

제 2한강교를 건너자마자 서울 시내 쪽으로 한 800평 정도의 회사 토지가 있었어요. 그런데 그 땅 옆에 땅을 가지고 계시던 열 분 정도가 저희 회사에 와서 서울시에서 그 땅을 4천 원에 팔라고 하고 있는데 지금 시가가 1만 2천 원이니까 유한도 1만 2천 원 이하로는 팔지 말라고 요구했습니다. 그래서 약속을 했습니다.

그 뒤 회장님께서 미국에서 오셔서 회사 땅에 좀 나가보자고 하시더라고요. 그래서 모시고 그곳으로 나갔습니다. 자랑할 생각으로, 처음 살 때 당시 3원에 산 땅인데 서울시에서 4천 원에 팔라고 하는 것을 더 이익을 남기기 위해 안 팔았다고 말씀드렸다가 혼이 났습니다.

"임자 같은 사람이 있기 때문에 한국이 발전할 수 없는 거요. 그걸 회사에서 얼마나 줬는지 임자가 알아요?"

그때 당시 살 때 30원이었는데 화폐개혁으로 지금 돈으로 3원이었어요.

"3원 주고 산 것을 1,300배 하면 4천 원이 되는데 국가가 필요해서 1,300배를 준다고 하는데도 현재 시세가 만2천 원이라고 해서 안 팔았소? 그게 말이 됩니까! 당신 같은 사람이 총무과 과장이라고 유한에 있단 말이오? 사람이 분명한 철학을 가지고 살아야지 어떻게 그런 장사꾼 같은 사고방식으로 유한에서 근무하려고 하는 거요!"

유일한 박사님께 크게 꾸지람을 듣고 서울시청에 가서 4천 원에 팔겠다고 동의했습니다.

그랬더니 그 이웃 사람들이 회사로 몰려들어서 유한양행이 1만 2천 원을 받을 수 있는 땅을 4천 원에 팔아서 서울시에서 4천 원 밖에 안 준다고 굉장히 많은 항의를 받았습니다. 하지만 박사님의 뜻을 전달하고 이해를 시키자 그분들이 감격해서 돌아간 일이 있었습니다.

그만큼 유일한 박사님은 국가관이 분명한 분이에요. 아까 말씀드렸듯이, 국가, 교육, 기업, 가정을 무엇보다 중요하다고 생각하는 그 신념을 실천하시며 사신 겁니다. 일부만 국가를 위해 희생하신 것이 아니라 전부를 사회에 환원하시면서 유한학원, 유한재단을 설립을 하셨습니다. 하지만 조건이 있었습니다. 유한학원이 자급자족해서 학교 나름대로 발전이 될 때까지 유한재단에서 나오는 모든 걸 다 학교교육에 써라, 그리고 학교가 제 궤도에 올라섰을 때 그때 가서 사회사업도 하라고 하셨습니다. 그 이전까지는 모든 걸 다 학교에 지원하라 하셔서 그것이 학교 지원에 쓰인 것입니다. 유일한 박사님은 개인으로서 국가관이 분명하셨습니다.

하지만 큰 대기업들은 어떻게 기업 이윤을 사회 환원하는 것이 목적이냐고 신문을 통해 비난했습니다. 박사님은 세금을 잘 내고 배당금을 잘 풀고 그러면 그것이 다시 돌아와 구매력을 증가시켜서 나라 경제가 발전하는 원대한 목적으로서의 사회 환원을 말씀하셨는데, 대한민국 대기업 회장이란 사람이 신문에다 Y양행이라고 밝히면서 기업 이윤의 사회 환원은 말도 안 된다, 기업이 이윤이 나면 가족을 위해서 쓰고 하는 것이지 왜 사회 환원을 하느냐며 신문에 냈습니다. 장사밖에 모르는 사람이지요. 그래서 제가 토론을 제기한 적도 있습니다. 유일한 박사님의 사회 환원의 개념은, 기업 이윤이 기업 발전에 원동력이 될 수 있는 것은 사실이지만, 기업 이윤을 개인의 부귀영화만을 위해 써서는 안 된다고 하셨습니다. 유일한 박사님의 어록 중에도 있습니다. 박사님 자신의 재산을 가지고 사업을 시작하시면서도 국가와 사회를 위해서는 가볍게 써야 한다고 하셨습니다. 기업 발전을 위해서 사용될 수는 있지만 개인의 부귀영화를 위한 수단으로 사용되어서는 안 된다고 하시면서 굉장히 투철한 기업관을 밝히셨습니다.

제가 3년 동안 상장협의회 회장을 했었습니다. 그 당시에 상장한 기업들은 자기가 설립한 회사의 주식을 비싸게 팔아서 자신의 호주머니에 넣고, 남의 돈 가지고 오너, 대주주 행세를 하겠다는 이런 얄팍한 장사꾼 생각을 가지고 상장을 많이 했습니다. 지금은 역사도 오래되고 그동안 사회가 변해서 그런 것을 그냥 좌시하지 않습니다. 시민 단체라든가 여러 단체에서 날카롭게 주시하고 있기 때문에 요즘은 감사 같은 것도 대충할 수 없습니다.

얼마 전에 어느 기업이 텔레비전에 나왔는데 그 내용이 뭔고 하니 가족끼리 회의를 해서 회사의 높은 직책을 나눠 가졌다는 내용이었습니다. 주식을 상장한 회사가 주주총회도 하지 않고 이사회의 결정도 없이 자기 가족끼리 직책을 정하는 것은 말도 안 되는데, 이 기업이 대한민국에서 30대 기업에 속한 기업입니다. 아직도 한국에 이런 기업이 있다는 거예요. 그 이후 국가로부터 조사를 받아서 거기에 대한 세금을 많이 낸 것으로 알고 있습니다. 여러분은 그만큼 정화된 사회에 살고 계신 겁니다.

유일한 박사님에 관한 내용이 초등학교 교과서에 10페이지에 걸쳐 거의 7, 8년 동안 나오셨었어요. 그래서 입사 시험을 볼 때 왜 유한양행을 지원했냐고 물으면,

"유한양행은 보험 납세 업체이고 유일한 회장님이 세우신 훌륭한 회사이니까 이런 곳에서 내 청춘을 불사르고 싶어서 들어왔습니다."

이런 이야기를 면접 볼 때 많이 들었어요. 아마 여러분이 초등학교 다닐 적 교과서에서는 못 보셨을 거예요. 그래서 그 이후에 제가 다시 책에 실어야 한다고 문교부에 말했지만, 다시 올라가진 못했어요.

왜정 때는 많은 한국사회의 기업들이 박해를 받고 조사도 받았어요.

해방이 되어서도 군사정권 때 유한양행이 조사를 받게 되었습니다. 왜 그랬느냐, 제가 입사한 것이 61년인데 그 이전에 정부에서 정치자금을 내라고 했는데도 돈을 안 내니까 검찰과 세무관이 와서 한 달 이상 세무조사를 했어요. 그런데 전혀 잘못된 곳이 없으니까, 조사하는 사람들이 사장님한테

"정부에 정치자금을 낸다고 하시오. 한 달 동안이나 조사했지만 나오는 것도 없어서 저희들도 피곤합니다."

그렇게 말했더니 유일한 박사님이 펄쩍 뛰시면서,

"우린 죽으면 죽지 그렇게 못하니까 거절해라"고 하셨습니다.

　유일한 박사님이 미국에 계시는 동안 여기 계시는 사장님이 못 견디고 그때 돈으로 5천만 원을 정치자금으로 내서 조사 나온 사람이 철수했다고 합니다. 세무서에서 조사한 회사 가운데 털어서 먼지 안 나오는 곳이 어디 있습니까? 그런데 유한양행에 와서 한 달 이상을 찾아 봤는데도 찾지 못했죠. 그 때문에 정부에서도 미안해서인지 표창을 줬으면 좋겠다고 해서, 유한양행이 제 1회 모범 납세업자 훈장을 정부로부터 받았습니다. 유일한 박사님이 살아계실 때 훈장을 받았어요.

　제가 옆에 모시고 있으면서 여러 가지 많은 변화가 있었지만 유일한 회장님 밑에서 배운 것 가운데 하나가 사람은 정직해야 한다는 사실입니다. 하지만 정직하더라도 정직한 것을 행동으로 옮기지 못하는 사람은 정직하지 못한 사람보다도 못합니다. 예를 들어 상사의 지시가 잘못됐다고 생각하면 그걸 어떤 방법을 해서라도 고치려는 노력을 해야지 상사가 이렇기 때문에 안 된다, 라고 포기한다면 생각을 안한 사람보다도 못한 겁니다.

　그래서 그분께 배운 것을 역시 제가 어렸을 때 배운 것하고 근사치에서 말씀드리겠습니다.

　제가 초등학교 3학년 때 일인데요. 친구와 함께 학교를 갔다 오다가 셋이서 문방구에 들어가 한 사람은 삼각자를, 나는 분도기라는 원형으로 생긴 것을 하나씩 훔쳐서 나왔어요. 그때 제 어머니가 나 하나만 보고 사셨는데 저한테 관심이 많으셔서 연필도 자주 깎아 주셨어요. 제 필통을 열어 보시고 새것이라 어디서 났는지 물어 보시길래, “아무개가 줬어요”라고 대답했습니다. 그랬더니 그 아이 어머니께 고

맙다고 얘기해야겠다며 같이 가자고 하셨습니다. 그 집에 가면 거짓말이 탄로 날 것이 분명해서 내가 이실직고할 수밖에 없었습니다. 그렇게 해서 다시 문방구에 가서 주인에게 사과를 하고 집에 돌아와서 몹시 꾸지람을 듣고 매를 맞았습니다.

어머니가 말씀하시기를,

"내가 너 하나를 보고 사는데 너를 도둑놈으로 만들자고 널 키운 것이 아니다. 너를 훌륭한 사람으로 키우려고 내 청춘을 바치고 있는데, 네가 오늘 문방구에 가서 그걸 훔칠 정도의 애였다면 내가 죽어버리겠다."

고 하시는 것이었습니다.

그것 때문에 제가 굉장한 쇼크를 받았어요.

그 뒤로 '정직, 이것은 내 생활의 신조로 삼아야겠다'고 결심하고 노력했습니다.

바로 우리 유일한 박사님의 어록에 나온 것과 마찬가지로 신용의 바탕이 되는 것은 정직 밖에 없는 거예요.

유한공고에서 있었던 이야기를 하나 더 말씀드릴게요.

유한공고에서는 학생에게 '저는 효자입니다'라는 인사를 하라고 가르쳤는데, 그런 말을 쓰다 보니 자신의 행동에 대한 반성을 많이 하게 되었습니다. 한 학생은 지난 날 지하철 무임승차한 것을 반성하면서 지하철공사 사장님께 죄송하다는 편지와 돈을 보낸 것을 기사에서 봤어요.

제가 머리가 좋아서 유한의 사장, 회장을 한 것이 아닙니다. 부정과는 타협하지 않는다는 나의 신조를 행동으로 옮기고, 상사가 부당한 지시를 해도 승복하고 않고, 내가 납득하기 전에는 옳지 못하다고 생각하는 것은 행동하지 않으려고 노력했기 때문이라고 생각합니다. 대학에서 4년 동안 공부한 것보다도 유한에 들어와 배운 것이 산교육이 되었습니다. 머리에 들어있는 지식보다도 더 중요하게 생각한 것은 정직, 그리고 부정과는 타협하지 않는다는 신념이었고, 이 두 가지 요건이 나를 유한의 사장과 회장을 하게 만들었습니다.

내가 꼭 내세울 수 있는 한 가지는 '정직해야 한다'는 것입니다. 여러분이 앞으로 사회에 나와서 생활하시면서 친구를 사귀거나 무엇을 하든지 하느님이 우리의 양심이라고 생각합시다. 하느님은 우리 마음속에 있다고 생각합시다. 제가 오늘 여러분께 말씀드린 것 모두 머릿속에 남지 않아도 괜찮습니다. 남의 믿음을 가질 수 있는, 신용을 인정받을 수 있는 그런 정직한 인간이 되어야 한다는 것을 여러분께 말씀드리고 싶습니다. 유한양행도 그렇고 유일한 박사님 어록도 그렇고, '정직' 이것은 영원한 전통이 되어야 한다는 것입니다.

또 한 가지, 어떤 강한 힘이 나를 밀고 들어와도 부정하고는 타협하지 않는 그런 인생을 살겠다는 마음을 가질 수 있다면 여기 와서 말씀드리는 것이 100퍼센트 이상의 효과가 있었다고 봅니다.

앞으로 사회인이 되고 나름대로 힘을 가졌을 때 어떤 부정하고도 타협하지 않으면서, 유일한 박사님이 말씀하신 '정직' 하나를 여러분 마음속에 간직하고 생활해 주셨으면 하고 부탁드리면서 말을 마치겠습니다.

감사합니다.

즐거운 변화

박영호

(주)도움 대표이사 사장

안녕하세요? 주식회사 도움의 대표 박영호입니다.

저는 부천에 살고 있어서 유한대에 각별한 애정이 있고, 회사에도 여러분의 선배님들이 많이 계십니다. 유일한 박사님의 이름을 건 강좌를 하신다고 하셔서 지역사회에 있는 기업인으로서 제가 뒷바라지를 하겠습니다, 해서 흔쾌히 참여하게 되었습니다. 이런 강좌에 감히 강사로 서게 될 줄은 꿈에도 생각하지 못했습니다. 과연 제가 강의를 할 자격이 있는지 이런 점에서도 송구스러운 마음이 있습니다.

변화의 이유

강의 전에 연제를 부탁하셔서 '즐거운 변화'라고 연제를 정하였습니다.

요즘 신문이나 방송을 보면 변화에 대한 애기를 많이 하고 있습니다. 그런데 우리가 왜 변화해야 될까요? 변화에 대한 질문을 드리겠습니다. 왜 변화해야 할지 대답해 봅시다. 왜 변하고 싶어요?

－지금 생활에 만족하지 않아서 변하고 싶습니다.

지금 생활에 만족하지 않아서 변하고 싶다고 했는데, 다들 그런가요?

다시 한번 다른 사람에게 질문해 보겠습니다.

－제 자신의 이상적인 모습을 만들기 위해서입니다.

아주 멋있는 대답이었습니다.

세상을 살다보면 이 말이 진리다, 어디에 갖다 붙여도 틀림이 없겠다 싶은 말들이 참 많습니다. 그 가운데에서 저는 이 말에 대해서 '정말 이 말이 맞는 말이야'라고 확신을 가지는 말이 있습니다. 그게 무슨 애기냐면, 그 사람의 미래가 궁금하거든 그 사람의 과거를 깊숙이 관찰해라. 그러면 그 사람의 미래가 거기에 있다. 지금 여러분 이 자리에 앉아있는 여러분이 자신의 미래를 알고 싶다면 여러분 자신의 과거를 냉정하게, 진지하게 들여다보면, 그것은 마치 거울에 비춰진 것처럼 여러분의 미래인 것입니다.

그러면, 좋은 미래를 갖고 싶으면 어떻게 해야 해요? 좋은 과거를 많이 가지면 됩니다. 여러분은 아직 인생을 20여 년 정도 밖에 살아보지 못했기 때문에 잘 모를 수도 있지만, 우리 주변에 사는 많은 사람들을 보면 정말 그 사람의 과거보다 나은 게 없습니다. 내가 지금까지 살아온 그 수준이 앞으로 내가 맞이할 미래의 수준이에요. 그것은 자연의 법칙입니다. 절대로 예외가 되는 사람을 저는 한 번도 본

적이 없습니다. 그래서 여러분의 미래가 궁금하거든 여러분의 과거를 정말 과장 없이, 거품 없이 솔직하게 그대로 들여다보면, 거기에 여러분의 미래가 있습니다. 여러분이 변해야 되는 이유, 또 사람들이 변해야 되는 이유를 전 거기서 찾고 싶어요.

즐거운 변화

자, 오늘 하루라도 좀 더 나은 하루를 보내야 오늘 하루가 가고 또 그게 나의 과거가 되겠죠. 그렇죠? 그래서 또 어제보다 좀 더 나은 오늘을 살아서 내가 축적한 내 과거의 수준이, 그 품질이 좀 더 좋아지게 하는 방법밖에 없습니다. 좀 더 좋은 과거를 갖기 위한 노력이 우리가 변해야 하는 이유입니다. 또 이런 말이 있습니다. 아이슈타인이 한 얘기입니다.

"인간은 인간이 그 문제를 일으켰을 때의 상태를 가지고는 그 문제를 절대 해결할 수 없다."

이런 멋진 말씀을 하셨습니다. 지금 여러분이 안고 있는 문제, 여러분이 저질러 놓은 문제 또는 여러분에게 걸려 있는 문제들을 여러분의 상태를 가지고는 절대로 극복할 수 없다는 것입니다. 뭔가 다른 힘, 다른 가치, 뭔가 다른 이유가 있어야만 그것이 해결된다는 말이죠. 그것은 역시 자연의 법칙이기 때문에 누구한테나 다 똑같이 적용되는 내용입니다. 여기에서 우리가 변화해야 할 이유가 있는 겁니다.

아까 제가 여러분은 청춘이라고 말씀을 드렸습니다. 젊은이냐 늙은이냐 하는 것은 나이로 계산되지 않습니다. 아까 여기서 여러분과 인사를 나눌 때 여러분이 저에게 보여준 모습을 볼 때, 저는 여러분이 젊은이로 안 보여요. 지팡이를 겨우 짚는 노인들처럼 느껴진단 말입니다. 젊은이냐, 늙은이냐의 갈림길은요, 나이가 몇 살이냐가 문제가 아니고 얼마나 주어진 것에 안주해서 드러누워 있느냐, 아니면 뭔가 새로운 가치를 항시 창출해낼 수 있는 용기와 에너지를 가지고 실천하느냐, 여기서 늙은이와 젊은이의 갈림길이 있다고 봅니다.

나이를 60, 70을 먹었어도 파란 청춘 같은 멋진 분들이 우리 주위에 많이 있습니다. 거꾸로 한창 젊은 청춘에 이미 다 늙어버린 사람처럼 살고 있는 사람들도 많습니다. 바로 여기서 제가 얘기하고자 하는 '즐거운 변화'라는 주제로 평생을 젊은이로 살 수 있는 길에 대한 이야기를 오늘 여러분과 같이 하려고 합니다.

변화한다고 하는데, 이런 게 있습니다. '나 이제 변화하지 않으면 이 상태에선 취직도 안 돼. 내가 이 상태에서 변화하지 않으면 무엇도 못 해.' 이런 생존에 대한 강박관념 때문에 변화하고자 노력한다면, 변화가 즐겁겠습니까? 괴롭겠죠. 지금 제가 여러분과 이야기 하고 싶은 것은 이런 변화가 아니라 즐거운 변화에 대해서 얘기하려고 합니다.

즐거운 변화의 조건

변화하는데 즐겁게 변화하려면 그것에 몇 가지 조건들이 있습니다. 꼭 갖춰야 할 요소가 있죠. 그 가운데에서 제가 가장 안타깝게 생각하고 가장 중요하게 생각하는 것은 적성에 관련된 이야기입니다. 저희 회사는 신입사원이든 경력사원이든 저희 회사가 가지고 있는 독특한 방법으로 적성검사를 실시합니다. 그 적성검사의 결과에 따라서 입사 여부와 부서를 결정하고 있습니다. '적성이 맞는 사람에게 그 일을 시켰을 때 적성이 없는 사람보다 일을 잘 할 것이다'라는 기대 때문에 그렇게 하는 것이 아닙니다. 우리 주변에는 적성에 상관없이 뭐든지 잘 하는 사람들이 있어요. 얄미운 사람들. "적성이고 뭐고 상관없어. 운동이든 뭐든 잘해"라고 하는 사람들이 꼭 있습니다. 그렇기 때문에 적성에 맞는 직업을 자기가 갖는다는 것은 남들보다 내가 더 적성이 있기 때문에 일을 더 잘할 것이다, 이것 때문에 적성이 중요한 것이 아닙니다. 그것보다 더 상위 개념으로 중요한 것은 일을 즐거워하느냐는 겁니다. 누구보다 잘하고 못하고가 중요한 것이 아니라 그 일이 내가 했을 때 내가 즐거운지 즐겁지 않은지가 중요합니다.

사람의 능력은 원래 불공평합니다. 능력을 많이 가지고 태어난 사람도 있고, 적게 가지고 태어나는 사람도 있습니다. 원래 자연의 이치 자체가 다 공평할 수는 없는 겁니다. 불공평해요. 그런데 자기가 의지를 가지고 즐겁게 할 수 있는 일을 찾을 수 있다는 것은 다 공평하게 열려 있는 것입니다. 사실 유럽이나 선진국에 가서 보면 교육 시스템과 사회 시스템이 한 인간에게 주어져 있는 잠재 적성을 발견해내고, 그 다음에 그 사람이 그 적성에 맞는 직업을 가질 수 있도록 안내를 잘 해주는 좋은 교육 시스템과 사회 시스템을 가지고 있습니다, 선진국일수록. 그런데 불행하게도 우리나라에는 그런 시스템이 거의 없습니다. 그래서 저는 혼자

이런 생각을 합니다. 만약 내가 대통령이 된다면 나는 우리 나라의 대부분의 국민들을 행복하게 해 줄 수 있다. 어떻게? 내가 사회에 나와 많은 사람들을 관찰해 보면 많은 사람들이 대부분 행복하지 않은 사람들이 많습니다. 그 사람들이 왜 행복하지 않은가를 관찰해 보면 대부분 자기 적성에 맞는 직업을 가지고 있지 못하기 때문에 행복하지 않아요. 우리나라 국민들 가운데 80에서 90퍼센트는 자기의 적성과 무관한 직업을 가짐으로 말미암아, 자기 인생이 행복하지 못하다고 생각해요. 그래서 만약에 제가 대통령이 된다면, 아까 말씀 드렸듯이 초등학교부터 모든 사람들이 자기 적성을 발견해 낼 수 있는 과정으로 교육 시스템을 잘 만들고, 또 사회 시스템 역시 자기 적성을 찾아 직업을 가질 수 있도록 잘 안내하면 우리나라 국민들이 행복하게 살 수 있는 조건이 될 것 같아요.

제가 이런 이야기를 왜 하느냐 하면 여러분은 아직 앞날이 창창한 파란 청춘입니다. 서두에서 말씀드렸듯이, 끊임없이 즐거운 변화를 하면서 나이가 70, 80 들어도 청년 같이 꽉 찬 인생을 살려면, 여러분은 여기서 진지하게 고민을 해야 합니다. 나의 적성은 무엇인가, "아~ 나는 적성이 없어" 이렇게 말씀하실 분도 있을 겁니다. 그러나 그렇지 않습니다. 적성은 다 있습니다. 만약에 없다면 내가 가지고 있는 것 가운데에서 가장 큰 부분이 나의 적성입니다. 그래서 그것에 맞는 직업을 갖는 것이 남아 있는 여러분의 인생을 업그레이드 하면서, 즐거운 변화를 겪으면서 더 수준 높은 과거를 축적하고, 그것의 대가로 좋은 미래를 가질 수 있는 좋은 길이 된다고 봅니다.

적성이라는 문제는 참 어렵습니다. 여러분이 지금까지 초등학교 6년, 중고등학교 6년, 이렇게 교육받고 대학에까지 와 있는데 그 세월 동안 어른들은 여러분이 정말 진지하게 '나'라는 사람에 대해서, '나의 적성'에 대해서, 아니면 '내가 인생을 어떻게 하면 좀 더 즐겁고 행복하게 살 수 있는가'에 대해서 생각할 기회와 동기를 제공하지 못했어요. 여러분의 기성세대들은, 어떻게 보면 여러분이 가여운 거예요. 그런 기회를 여러분한테 적절한 방법으로 제공하고 그런 경험을 하게 하고, 사색과 고민을 통해서 여러분을 안내했다면, 여러분은 지금 훨씬 더 자신 있고, 자기가 행복을 리드할 수 있는 정체성을 가진 학생이 되었을 텐데, 그렇지 못했습니다. 세상이 그렇지 못했다고 해서 원망하면 세상이 보상해주지 않죠. 내 인생은 아무도 살아줄 수 없는, 일생에 딱 한 번 주어진 일회적인 게임이란 말입니다. 모든 책임은 스스로 질 수밖에 없는 것이 사람들의 인생이에요. 이게 2, 3회전이 있으면 다른 전술과 전략을 가지고 시도해 보겠는데 그럴 수는 없습니다. 인생은 우리에게 주어진 딱 한 번뿐인 일회적인 게임이에요. 그리고 사회에 발을 딛기 직전에 마지막 호흡을 가다듬는 지금, 엄청나게 중요한 시점에 여러분은 서 계신 겁니다. 제가 오늘 하는 이야기를 자신의 것으로 받아들여서 가질 수 있는 분이 있다면 정말 좋겠다는 게 제 바람입니다.

적성이라는 문제가 해결되고 나면 그 다음으로 꼭 필요한 게 있습니다. 내가 변화해야 할 이유를 갖는 겁니다. 사람이 사는 그 과정이라는 관계를 보면 첫 번째 이런 관계가 있습니다. 풀 한포기, 나무 한 그루, 새 한 마리, 사람 한 사람

할 것 없이 세상에 존재하는 것들은 말입니다, 다 존재해야 할 이유가 있어요. 여러분이 지금 이렇게 이 세상에 존재하고 있다는 것은 여러분이 존재할 이유가 있다는 것입니다. 그래서 내가 이 세상 태어나고 싶어서 태어난 것은 아니지만 그래도 나란 사람이 이 세상에 존재해야 하는 이유를 찾게 되면 그 사람은 여기서 이야기하는 즐거운 변화의 선수가 됩니다. 그래서 그것을 '사명'이라고 합니다. 그래서 '나'라는 사람이 세상에 왜 나왔을까? 나는 무슨 역할로 무엇을 위해서 살면 될 것인가 하는 내가 존재하는 그 이유를 갖게 되면, 자기의 미션을 갖게 되면, 그 사람은 즐거운 변화의 선수가 됩니다. 여러분이 정말 지금부터 나의 사명은 무엇일까? 나는 도대체 뭘까? 라는 것을 마음에 담아두고 계속 그 생각을 키우세요. 몇 년이 걸릴지 몇 달이 걸릴지는 모르지만 어느 날인가 '아! 이거구나' 하고 사명을 갖게 되는 날이 있을 것입니다.

저는 서울에서 태어나 학교를 다니며 공부를 했습니다. 그리고 주위 친구들도 공부를 잘하여 일류대에 들어갔지만 저는 대학 원서를 내 본 적이 없습니다. 부모님이 돈이 많으신 분도 아니고 고등학교 때부터 취직을 하여 항시 생활비를 드렸지 부모님께 한 푼 받아서 써 본 적 없이 살아왔습니다. 그런데 사람들이 요즘 저를 만나 사귀면서 이야기를 하다가 마침내는 이런 질문을 합니다. "당신의 어떤 부분이 오늘날 여기까지 오게 하였습니까? 그 비결이 뭡니까?"라고 묻습니다. 사실 그 질문이 굉장히 기분 나쁜 질문에요. 아무리 보아도 자기가 발견할 수 없었다는 거 아니에요? 부모한테 물려받은 것도 없고 학벌이 있는 것도 아니고, 자기네들이 볼 때 지금 저의 처지에서 제가 여기까지 올 수 있었던 비결을 발견할 수 없었다는 것입니다. 그래서 그런 질문을 하는 겁니다.

전 그분들께 이런 이야기를 합니다. "저는 참 운이 좋았습니다. 무슨 이야기냐 하면 굉장히 어렸을 때 바로 사명을 가질 수 있는 기회가 있었습니다"라고 이야기합니다. 보통 세상 사람들은 대부분 자기의 잠재 역량을 수면 밑에 숨겨 놓고 있다고 하죠. 그리고 한 30퍼센트 정도의 능력만을 가지고 평생을 산다고 합니다. 그런데 아까 말씀드린 '내가 왜 존재하는지, 내 인생의 궁극적인 목적을 어디에 두어야 할지'를 깨닫고 자기의 사명을 갖게 되면 잠재역량이 수면 위로 올라옵니다. 그러니까 제가 다른 사람보다 능력이 많은 사람이라 자수성가해서 성공한 것이 아니고, 능력은 원래 똑같은데 이 사명을 가짐으로 말미암아 잠재역량을 유감없이 다 가동해서 쓸 수 있었던 것이 아닌가, 이런 생각을 합니다. 진실코 그것 하나밖에 없습니다. 그렇기 때문에 여러분 같은 학생들을 보면 저는 이런 이야기를 굉장히 하고 싶습니다.

요즘 많은 부분을 보면 미션(사명)이라는 단어만큼이나 여러분이 많이 접하는 말이 있습니다. 리더십(지도력)이란 말이 많이 나옵니다. 이 말과 즐거운 변화와 미션과는 굉장히 밀접한 관련이 있습니다. 리더십이 뭡니까?

— 이끄는 것입니다.

— 책임감 있는 것입니다.

'나는 이런 것이 리더십이라고 생각해'라고 세상 사람들이 이야기를 했답니다. 그것을 종류별로 나눠 봤더니 850가지가 있더랍니다. 아까 이끄는 것, 책임감 있는 것, 이런 것들을 이야기 했습니다. 그런데 제가 평소에 '리더십은 이런 것이다'라고 나름대로 정리하고 살고 있었는데, 어느 날 기분 나쁘게 나보다 훨씬 유명한 사람인 잭 웰치라는 사람이 나와 같은 이야기를 했어요. 그 사람이 말하길 리더십이란 남들로 하여금 그들이 원하는 성과보다 더 나은 성과에 이르도록 하는 것이라고 리더십을 정의했습니다. 저도 그렇게 생각합니다.

리더십의 원천은 '셀프 리더십'입니다. 나 자신이 원했던 것보다 더 나은 결과를 스스로 낼 수 있도록 나를 만드는 것입니다. 이것이 아까 말했던 리더십 정의에 셀프 리더십을 포함한 것입니다. 지금 내가 원하고 있는 것보다 더 나은 결과에 이르도록 하는 것입니다. 이런 셀프 리더십을 가진 사람이 다른 사람들 사이에서 리더십을 가질 수 있는 사람이 되는 겁니다.

내 자신을 내가 생각했던 것보다 더 낫게 못 하는 사람은 다른 사람들 사이에서 리더십을 발휘할 수 없습니다.

일단 내 스스로가 셀프 리더십을 가져야 그 내공(內攻)이 주변 사람들로 하여금 나를 따르게 만들고 내가 가리키는 것을 관심 있게 쳐다보게 만드는 겁니다. 여러분 주변에 리더십이 있는 사람들을 가만히 보세요. 리더십을 가지고 있는 사람들은 대부분 셀프 리더십을 가지고 있습니다. 자기 스스로 항상 자신을 발전시키는 사람인 것입니다. 어떻게? 즐겁게 자기 스스로를 변화시킨다는 겁니다. 그래서 즐거운 변화를 위해서는 셀프 리더십을 가져야 합니다.

인생의 목표를 찾아라

우리가 변화를 해야 할 모티브(동기)를 찾는다는 말은 인생의 긴 레이스에서 보면 바로 사명이란 것을 찾아야 한다는 말과 같습니다. 나는 왜 이 세상에 존재하는가, 나에게 주어진 사명이 무엇인가. 그것을 찾으면 그것을 찾는 순간 여러분은 다른 사람들과 비교할 수 없는 엄청난 사람이 되는 것입니다.

끝으로 앞으로 여러분이 거쳐야 할 일에 대해서 인생의 선배로서 여러분에게 이 조언으로 말을 매듭짓고자 합니다.

졸업을 하고 학업을 더 연장하시는 분도 있을 것이고 바로 취업을 하시는 분들도 있을 겁니다. 출발지점에 서 있습니다. 졸업을 하고 취업을 하게 됩니다. 여러분에게 제시되어 있는 갈림길은 많이 있습니다. 인생에는 갈림길이 항상 있습니다. 그리고 선택의 수는 점점 줄어듭니다. 그리고, 반드시 장애물이 있습니다. 장애물의 감소가 점점 더 커집니다. 장애물의 감소라는 것은 전에 있었던 장애물을 극복하여 넘어왔을 경우 그 다음에 또 다른 갈림길을 선택하여 또 다른 장애물을 만나는데 이 장애물은 전에 만났던 장애물보다 거칠고 험하지만 전보다는 좀 더 쉽게 뛰어 넘을 수 있는 것을 말합니다. 여러분이 마지막으로 알아야 할 것이 있습니다. 장애물을 잘 넘고 가장 성공하는 인생의 여정을 가질 수 있는 방법입니다. 출발하기 전에 여러 길을 두고 고민하는 사람들은 후회하기 쉽습니다. 그렇게 되지 않기 위해서는 출발할 때부터 가고 싶은 목적지가 있으면 됩니다. 여러 길을 두고 고민하지 않고 나의 미션, 나의 목표 의식이 확실히 잡혀 있는 사람은 어느 길로 가도 상관없습니다. 어차피 목표한 곳으로 가게 되어 있습니다.

여러분은 지금 출발 지점에 서 있습니다. 어느 길로 갈까 고민하지 마시고, 졸업하시기 전에 어디로 갈까를 찾아내신다면 다른 사람보다 더 즐겁게 앞장서서 갈 수 있을 것이라고 생각합니다. 여러분은 졸업을 하고 직장에서 일을 하게 됩니다. 여러분이 세상을 살면서 같이 먹고 사는 식구라는 개념으로 만날 수 있는 사람은 별로 없습니다. 부모 형제들, 배우자, 그 다음으로 같은 직장에서 같이 벌어먹고 사는 동료일 것입니다. 이 세 가지 말고는 식구라고 생각할 수 있는 것이 거의 없습니다. 그 기업에 취직을 하는 것은 단지 월급과 경력을 쌓기 위해서 관계를 맺는 것보다 훨씬 더 소중하고도 함부로 할 수 없는 이유가 있습니다. 어느 직장에 취업을 하게 됐다면 그 기업과 결혼을 하는 것입니다. 결혼을 하여 식구가 되는 거나 직장에 몸을 담가 식구가 되는 일은 따지고 보면 별로 차이가 없습니다.

기업은 사람처럼 생명이나 인격을 가지고 있는 유기체입니다. 기업도 법인이라 하여 기업인간입니다. 기업에도 역시 사람과 똑같이 인격과 생명이 있습니다. 기업을 사람에 빗대어 관찰을 하면 이 기업은 이런 기업이구나, 라고 알 수 있습니다. 그래서 오늘날 우리나라에 그런 기업이 많이 존재했습니다. 제일 멋진 기업인인 유일한 박사께서 세우신 유한양행이라는 회사가 과거에 우리가 가장 존중하고 본받을 만한 기업인간이었다는 말입니다. 그런 것처럼 여러분이 나가서 취직을 하는 것을 그냥 입사한다고 생각하지 마시고 누구와 식구가 되어서 결혼을 한다, 그리고 그 결혼을 누구와 할 것이냐 생각한다면 기업 역시 인간과 같기 때문에 인간을 보듯이 그런 관점에서 보면 내가 결혼할 기업을 잘 볼 수 있을 것이라고 봅니다.

젊으신 여러분, 유한대학에서 멋진 인생을 잘 준비하셔서 많은 즐거운 변화 이루시고 행복하게 사시길 바랍니다. 감사합니다.

꿈과 도전

김영기

공새미 사물놀이 대표

안녕하세요. 김영기입니다.

여러분 박수 한번 크게 쳐 보시겠습니까? 박수소리를 들으면 여러분의 미래를 알 수 있습니다. 이렇게 작아선 도저히 여러분의 미래가 밝지 않습니다. 다시 한번 큰 박수! 저쪽에 계신 분은 아예 미래를 포기했나 보네, 박수를 안 치는 학생도 있는데요. 마지막으로 함성까지 지르면서 박수쳐 봅시다.

네, 감사합니다! 이제야 좀 제가 단상에 올라온 기분이 납니다. 이렇게 열렬히 환영해 주셔서 대단히 감사합니다. 아, 정말 영광스럽습니다.

저는 지금 한국 리더십 센터에서 리더십 교육을 담당하고 있는데요. 한국에서 가장 모범이 되고 표상이 되는 기업가가 누군지 아시죠? 가장 모범되는 기업가가 바로 유일한 선생님이십니다. 그래서 저희들이 강의를 할 때도 그분의 업적에 대해서 많이 홍보하고 얘기하고 있습니다. 그분이 설립한 이 유한대학에 와서 여러분을 모시고 강의를 한다는 것 자체가 전 대단히 영광스럽게 생각합니다.

꿈꾸는 자가 꿈을 이룬다

여기 예쁜 병아리가 움직이고 있죠? 무슨 그림일까요? 병아리가 알을 깨고 나오는 모습입니다. 병아리가 스스로 자기 알을 깨고 나오면 나중에 뭐가 됩니까? 닭이 돼요. 그런데, 다른 사람에 의해서 깨지면 뭐가 됩니까? 잘 되어야 계란 프라이가 되는 거죠. 그래서 저희 가족은 이처럼 남에 의해서 깨진 게 아니고 스스로 한국이라는 지역을 벗어나서, 스스로 알을 깨고 나가서 세계 일주를 하고 왔다는 걸 상징하는 병아리 그림입니다.

박수 치는 연습을 한번 더 해 볼까요? 박수가 건강에도 아주 좋고 여러분의 인생에 활력을 많이 넣어 줍니다.

자, 지금 옆에 계신 분. 옆에 학생들 있죠. 두 분이서 악수를 나누는 겁니다. 모르시는 분도 있고 아시는 분도 계실 텐데, 악수를 나누시고요. 자, 아름다운 저녁입니다. 지금 행복지수가 몇 점인지 얘기해 주세요. 내일이 금요일이라서 하루만 더 지나면 주말이다, 해서 행복한 사람도 있을 테고. 서로 다 말씀 끝났나요? 행복지수가 백 점인 사람, 백 점인 학생. 손 들어보세요. 예, 한 서너 분 계시는데요, 주위에서 잘 돌봐 드려야 됩니다. 좀 문제 있는 학생들이거든요. 아까 손 든 사람 주위 분들은 잘 보살펴 주세요. 자, 50점 미만인 사람. 이분들도 잘 보살펴 드려야 됩니다. 분명히 문제가 있습니다. 백 점은 아마 자아도취 쪽으로 문제가 있는 거고요, 50점 이하는 열등감 때문에 문제가 있는 분들일 겁니다.

옆에 분들하고 다시 할 일이 있는데요. 먼저 자기 자신의 꿈을 적는 겁니다. 여러분이 앞으로 십 년도 좋고 이십 년도 좋고, 일생을 통해서 가장 이루고 싶은 것, 가장 이루고 싶은 꿈, 비전, 아니면 여러분 사명을 세 가지만 적습니다. 필기도구 다 가지고 오셨죠? 세 가지를 적습니다. 일생을 통해서 가장 되고 싶은 것, 아니면 돈으로 해도 좋습니다. 십억을 벌겠다 해도 좋고, 대학 교수가 되겠다는 꿈도 좋고, 대학을 설립하겠다는 꿈도 좋고요. 어떤 꿈이든지 여러분이 일생을 통해서 꼭 하고 싶은 것을 세 가지만 적어 보세요. 세 가지 이상 되신 사람도 그 가운데 세 개를 선택하는 겁니다. 세 가지가 안 나온 사람도 문제가 있는 사람이거든요. 평소에 자기의 미래에 대해 생각을 안 하시는 분들이기 때문에 옆에서 돌봐줘야 합니다.

자, 다 적으셨나요? 세 가지가 넘은 분들은 세 가지로 압축을 하시고요, 세 가지가 안 넘은 분들은 세 가지를 다 채우십시오. 정 안 되면 아기 몇 명 낳겠다는 거라도 적으면 되니까요. 자, 다 적으셨죠? 지금부터 죽음을 생각하면 안 되지만, 여러분이 나이가 들어서 80, 90이 넘었어요. 그래서 내일 모레 죽음을 맞이할 시간이 다가왔어요. 그리고 불행하게도 세 가지가 아직 다 이루어지지 않았어요. 그런데 이 세 가지 가운데 '이건 꼭 했어야 되는데, 정말 아쉽다'라는 거 하나만 고르세요. 그게 바로 여러분의 가장 소중한 꿈이거든요. 무슨 말인지 아셨죠? 나머지 두 개를 다 이루어도 이것 하나를 못 이루면 나머지 두 개를 이룬 게 의미가 없는 꿈이 있습니다. 이것 하나만 이루면 나머지 두 개를 못 이루어도 '아, 그래도 나는 인생을 제대로 살았어. 왜냐하면 이 꿈을 이루었기 때문에.' 그런 꿈 한 가지만. 그리고 나머지 두 개는 아쉽지만 버리세요. 자, 그 꿈이 어떤 건지, 아까 악수하신 옆에 분과 서로 자기 꿈을 얘기합니다. 꿈을 얘기 합니다. 서로 다 이야기했습니까?

제가 여러분한테 옆에 분들한테 얘기하라는 것은 자기의 의지가 있으면 얘기를 함으로써 자기의 의지가 굳어지거든요. 혼자 생각하는 것보다 옆에 사람에게 얘기함으로써 약속이 되는 거거든요. 그래서 여러분은 약속을 다 했습니다. 그 가장 소중한 꿈을 반드시 이루시길 바랍니다.

저에게 가장 소중한 꿈은 어떤 거 같습니까? 무엇일 것 같습니까? 예, 바로 사물놀이를 통해서 세상에 사랑과 희망을 전하는 게 저의 가장 소중한 꿈이었습니다. 사물놀이를 하려면 네 사람 이상이 되어야죠, 그렇죠? 그래서 애를 다섯을 낳았습니다. 처음에 네 명 낳았다가, 아무래도 뭔가 대비가 필요할 거 같더라고요. 그래서 느지막하게 하나 더 낳았습니다. 그래서 다섯 명을 이루었고요. 사물놀이를 하면서 세계 일주를 하려니까 가족이 같이 안 가면 안 돼요. 혼자만 세계 일주를 가도 혼자서 할 수 없잖아요. 그렇죠? 그래서 가족이 같이 갈 시기를 봤는데 시간이 없더라고요. 여러 가지 조건을 따져 보니까 막내가 최소한 일곱 살은 넘어야 돼요. 그렇죠? 같이 여행을 다니려면. 그리고 큰 애가 대학교 가기 전이어야 될 것 같더라고요. 여러분 만약 세계 일주를 한다면 누구랑 가장 하고 싶어요? 친구랑 할 사람, 친구랑 하고 싶은 사람. 혼자서 하고 싶은 사람. 가족이랑 하고 싶은 사람. 네, 가족이랑도 몇 분 되는데요. 아무래도 대학생이 되면 혼자 가거나 친구랑 가려고 하지 굳이 가족하고 같이 안 다닐 것 같더라고요. 그래서 그 사이를 계산해 보니까 딱 2년 밖에 안 남아요. 2년. 2004년 2005년이 2년이 해당이 되더라고요. 그래서 2004년 1년 동안 가족을 데리고 세계 일주를 하고 왔는데요. 제가 아까 말씀드린 '내가 인생의 마지막 지점에서 가장 하고 싶었던 것이 무얼까.' 그걸 생각해 보니까 이 세계 일주를 안 하면 나머지 내가 모든 것을 다 얻어도 별로 아무런 의미가 없는 것 같더라고요. 이것만큼은 꼭 하고 싶다. 그런 생각을 했거든요. 그래서 나머지 많은 부분들을 포기하면서까지 결심을 했고, 물론, 다녀와서는 여러 가지로 어렵죠. 물질적으로라든지 어려운 부분이 있지만, 그래도 꿈을 이루었다는 여유 때문에 아주 편하게 잘 살고 있습니다. 다녀와서 가장 달라진 점은요. 생활에 쫓기지 않는 거예요.

그 전에는 사람이 가장 피곤한 게 다른 사람하고 비교하는 것이거든요. 여러분도 항상 비교하지 않습니까? 학점도 상대적으로 나오기 때문에 친구들이 못하든, 내가 잘하든 둘 가운데 하나이기 때문에 항상 비교 대상이 되고 스트레스도 받아서 힘든데, 그런 비교 대상이 없어졌다는 게 그렇게 마음이 편할 수가 없어요. 그리고 내 인생은 내 인생의 시간표대로 살아가면 된다는, 그런 생각을 가질 수 있는 여유가 생기더라고요. 그게 바로 꿈을 이루었기 때문에 그런 여유가 생긴 것이 아닌가 생각합니다. 물론 저뿐만 아니라 가족들도 마찬가지의 생각을 가지고 있고요. 그런 점에 대해서는 물질적으로는 힘들지만 정신적인 측면에서는 상당히 여유롭게 생활을 하고 있습니다. 자, 여러분의 꿈은 다들 적으셨을 거고요. 지금 당장 진정한 꿈이 나올 수는 없지만, 가장 소중한 것입니다. 여러분의 책갈피나 이런 곳에 꽂아 두시고 항상 보시기 바랍니다. 이 모든 꿈은 글로 적어야 성사가 된다고 하거든요. 그래서 영국의 다윈이라는 생물학자 있죠? 그분도 '적자생존'이라고 했죠. 적는 사람이 살아남는다고 그래서 적자생존 이란 얘기를 하셨죠. ^{청중 웃음} 그만큼 적는 것은 중요한 겁니다. 이해 못 하신 분, 안 계시죠?

그럼, 위대한 사람의 꿈은 어떤 게 있었는지 한번 보겠습니다.

'세계 모든 가정, 모든 책상 위에 하나 이상 개인용 컴퓨터를 갖게 하겠다.' 이게 누구 꿈인 거 같습니까. 예, 빌게이츠죠. 실현됐죠. 물론 전 세계는 아니지만 우리나라의 가정에는 아마 가구당 한 대는 다 있을 겁니다. 이런 위대한 사람들의 꿈은 이렇게 실현됩니다. 빌게이츠가 스무 살에 여러분보다 어리거나 아니면 여러분과 같은 나이에 마이크로소프트사를 설립합니다. 그래서 이 꿈을 향해 도전합니다. 그리고 이제는 이루었죠. 그죠? 자, 또 볼까요?

'60년대 말까지 달 위를 걷는 인류를 만들겠다.' 이게 누굽니까? 미국의 대통령 존 F.케네디가 얘기를 했고, 결국 1969년 7월에 인간이 달에 착륙하게 되죠. 꿈을 이루었죠.

'나는 말 없는 차를 만들겠다.' 헨리 포드. 자동차의 왕 헨리 포든데요. 이 얘기를 했더니 사람들이 다 웃었습니다. "야, 정신 빠진 소리 하지 마라. 어떻게 말 없는, 말이 안

끄는 차를 만들 수가 있냐." 그런데, 실제로 자동차를 만들었습니다. 포드 자동차를 만들었고요. 다음은 좀 깁니다.

'나는 언젠가는 조지아의 붉은 언덕에서 옛날 노예들의 후손들과 전에 노예를 부리던 사람들의 후손들이 형제애를 나누면서 한 식탁에서 자리를 함께 할 수 있을 것이라는 꿈을 가지고 있습니다.' 누굴까요? 마틴 루터 킹 목사님이죠. 이게 1963년에 한 얘긴데요. 물론 지금도 인종차별이 끝나진 않았습니다만 그래도 많이 나아졌죠. 이제 흑인 국무부 장관도 생겼고, 많이 나아졌습니다.

자, 그럼 이런 퀴즈를 제가 냈다고 해봅시다. 퍼즐 맞추기 아시죠? 퍼즐 맞추기를 천 개 조각을 가지고 왔어요. 그리고 세 팀에게 나눠서 하나하나씩 맞추라고 숙제를 내 줬다고 합시다. 그래서 시간을 줍니다. 그때, 두 팀에게는 그냥 맞추라고 하고, 마지막 한 팀은 박수도 쳤기 때문에 제가 이 팀 것만 완성된 모습을 살짝 보여줍니다. 오래도 아니고 2초 동안. 자, 그때, 퍼즐 맞추는 속도가 어떻게 될 것 같습니까. 어떻게 될까요? 얼마나 여기가 빠르겠습니까. 두 배 빠를까요? 세 배? 아마 수십 배 빠를 겁니다. 그렇죠? 다른 팀은 천개의 조각을 갖고 뭘 만들지 모르잖아요. 그런데 여기는 이미 완성된 모습을 머릿속에 가지고 있기 때문에 금방 맞출 거란 얘기죠. 꿈과 비전을 갖더라도 머릿속에 확실한 이미지를 갖고 있다는 것은 그 사람이 앞으로 그 꿈을, 비전을 이룰 수 있는 확률이 높다는 거죠. 그렇지 않고 꿈, 비전이 없이 살아가다 보면 자기가 왜 살아가는지도 모르겠죠. 그렇죠? 그만큼 비주얼한 꿈과 비전이 중요한 겁니다. 천 개나 되는 조각들. 그런데 그림이 없다. 어떻게 생긴 그림인지도 모르면서 어떻게 그림을 맞춘단 말입니까? 딱 2초만. 오래도 아니고 딱 2초만 봤으면 하는 그런 바람이 간절할 겁니다.

꿈과 비전이 있더라도 도전적이고 명확하지 않으면 크게 혼신의 힘을 쏟을 수가 없거든요. 그래서 도전적이고 명확한 꿈은 개인의 발전뿐만 아니라 아까 보았듯이 인류의 발전에도 커다란 공헌을 하게 됩니다.

저희 가족의 꿈과 비전은 아까 얘기했던 것처럼 사물놀이를 통하여 사랑과 희망의 메시지를 세상에 전한다는 것입니다. 꿈이었습니다. 물론 앞으로도 계속 할 거고요. 지금도 지하철역이나, 장애인 시설, 청계천에서 공연 활동을 계속하고 있고, 사회와 교류를 하고 있습니다.

여행을 좋아하시는 분 계세요? 여행 좋아하시는 분. 항상 신상명세서에 취미활동을 여행이라고 쓰시는 분. 여행은 무엇 때문에 하죠? 누구 한 사람 큰 소리로. 대답하면 A학점 준대요. 자, 여행 떠나는 목적을 물어보면요. 채우러 간답니다, 자기의 지식 욕구를 채우러, 그리고 외국의 문화를 배우러 간다는 사람도 있고요. 또 한 무리는 비우러 간다고도 해요. 좀 철학적인 얘긴데, 욕심을 아예 비우러 간다. 여행 가서 모든 마음속에 있던 때까지 다 비우고 온다는 사람이 있고. 또 하나는 발견하러 간다. 자기 자신의 모습을 발견하러 간다. 자기 자신의 모습은 자기 안에서는 발견할 수 없거든요. 그래서 밖으로 나감으로써 상대방하고 비교하게 되고 그에 따른 자신의 특성을 발견한다는 얘깁니다. 우리나라 안에서만 있어서는 우리나라가 어떤 모습인지 잘 보이지가 않습니다. 그러나 밖에 나가보면 '아, 우리나라가 이런 나라구나'라는 걸 확연하게 느낄 수가 있거든요. 그래서 발견하러 간다고 얘기하는 사람이 있는데. 순서가 이게 단수가 있다면 아마 밑으로 갈수록 높은 고단자가 아닐까. 여행의 고수가 아닐까, 이런 생각을 해 봅니다. 사실 여행이라는 건 제가 생각하기엔 인간의 원초적인 본능 같아요. 인간의 역사가 보통 오백만 년이라고 그러는데요. 5백만 년 가운데 인간이 정착해서 산 시기는 1만 년도 안 되거든요. 나머지 499만 년은 사실 정착한 게 아니고 항상 돌아다니면서 살았습니다. 그러니까 아직도 인간의 유전자 속에는 499만 년 동안 쌓여온 수렵활동의 유전자가 남아 있다고 보거든요. 그러니까 본능적으로 다 떠나길 좋아하는데, 그런데 정착하면서 생긴 권력에 대한 욕구, 안정에 대한 욕구. 이런 게 남아 있어서 마음대로 못 떠나는 거죠. 그렇지만 누구나 떠나고 싶은 욕망은 다 가지고 있을 거라고 생각합니다.

공새미 가족의 세계 일주 여행기

자, 여행을 다니면서, 저희들 사물놀이를 하면서 찍은 사진들인데요. 사실 세계 일주를 했다고 하지만 갔던 부분은 지금 표시되어 있는 부분입니다. 1년이 엄청 긴 거 같죠. 그런데 나라별로 나누고 하다 보니까 길지가 않더라고요. 31개국을 304일 동안 다녔으니까, 한 나라에 평균 열흘. 한 나라에서 3개 도시를 다녔거든요, 평균. 그러니까 한 도시에서 3일. 하루는 사물놀이 공연을 해야 되요. 이틀 여행을 해야 되는데, 그렇게 하다 보니까 진짜 빡빡한 일정이었어요. 배낭을 다섯 개를 지고 다니면서 풀고 싸고 하다 보니까 시간이 다 가는 거예요. 주로 저희 집사람이 그 일을 많이 해서 불만이 뭔지 아십니까? 일주일에 한 번은 쉴 줄 알았는데, 하루도 안 쉬고 여행을 다닌다고 그게 너무 힘들다고 이런 불만을 토로할 정도로 상당히 힘든 여행이었거든요. 그렇지만 그래도 저희들이 본 부분은 상당히 일부분이죠. 6개 대륙을 다 돌아 다녔는데, 아직 일부분이고 아직 여행에 대한 갈증이 남아있습니다. 못 가본 데, 특히 몽골에서 시베리아. 여길 앞으로 또 가고 싶고요. 미국을 또 한 번 횡단 하고 싶고. 아프리카도 한번 가고 싶고. 이런 게 남아 있습니다. 앞으로 시간이 되면 꼭 갈 생각입니다. 아니 시간은 많으니까 돈이 되면, 돈이 모아지면 갈 생각입니다.

자, 지금부터는 이제 여행을 다니면서, 세계 일주를 하면서, 아까 느끼러 간다고 했는데요, 과연 우리가 어떤 모습인가 우리나라가 어떤 모습인가를 나름대로 느낀 부분에 대해서 말씀드리도록 하겠습니다.

가장 한국적인 것이 가장 세계적이다. 세계적인 것이라는 걸 여행을 통해서 느꼈습니다. 특히, 제가 30대 중반쯤 됐을 때였거든요. 교보문고에 간 적이 있어요. 교보문고에 간 적이 있는데, 뒤에 주차장으로 내려가는 통로가 있었습니다. 거기 통로를 지나가다가 번쩍 눈에 띄는 표어를 하나 봤거든요. 그게 뭐냐.

"넘버원이 되기 힘들거든 온리원이 되라."

이런 표어를 딱 봤어요. 아! 그때 머리에 진짜 전율하는 느낌을 받았습니다. 그렇다, 지금까지는 모든 분야의 넘버원이 되려고 얼마나 노력했던가. 그렇지만 결국엔 못 되고 항상 실망만, 좌절만 했는데, 그것 말고 온리원이 되면 나만

할 수 있는 걸 찾으면, 나는 경쟁을 하지 않고도 그냥 일등이 된다 이거죠. 그게 요즘 기업체에서 많이 쓰는 '블루오션' 전략과 마찬가지 개념인데요. 그때부터 이제 저는 나 혼자만 할 수 있는 걸 찾았습니다.

회사에서 일을 할 때도 다른 사람들하고 어떻게 하면 다른 방법으로 해 볼까. 나만의 특징을 살려서 어떻게 하면 좀 더 새로운 방법으로 해 볼까. 이런 거에 대해서 고민을 하기 시작했거든요. 마찬가지로 이제 가족이 생기니까 우리 가족은 뭔가 다른 가족들하고 다른 취미활동을 하고 싶더라고요. 그럼 뭘 해 볼까. 처음에는 등산을 해 봤어요. 가족이 전부 다. 그런데 막내가 항상 걸림돌이 됐어요. 애가 너무 어렸으니까. 그래서 포기하고, 마라톤을 해 보다가 또 포기하고 하다가, 큰딸이 사물놀이 하는 걸 보고 학교에 따라다니면서 배웠어요. 사물놀이를 하면 가족들이 하나씩 악기를 맡으면 되겠더라고요. 가장 문제가 저거든요. 저는 음악에 대한 감각이 전혀 없었어요. 아내 같은 경우는 피아노를 좀 쳤기 때문에 어느 정도 음악 감각이 있거든요. 그래서 문제가 없었는데, 가만히 생각해 보니까 북이 제일 쉬울 거 같아요. 북보다 더 쉬운 게 징인데, 징은 사실 너무 지겨울 거 같더라고요. 한참 뒤에 한 번씩 치지 않습니까. 그래서 북은 죽어라 노력하면 되지 않겠나, 이런 생각으로 북채를 잡았어요. 처음에는 손에 물집이 생기고 피가 나도록 계속 연습을 했어요. 딸내미한테 배웠어요. 큰딸은 네 개 악기를 다 다루거든요. 그래서 큰애가 우리 가족을 다 가르치는데, 그러면서 가족이 모두 배웠어요.

이제 어느 정도 되니까 지하철역이나 장애인 시설, 이런 데서 공연도 하게 됐는데, 그렇게 하면서, 진짜 선택을 잘 했다는 생각을 했어요. 가장 중요한 게 가족이 다 참여할 수 있는 거였고, 그 다음에 한국적인 거였고, 또 마침 세계 일주를 꿈꾸고 있었을 때라 세계 일주 갈 때도 외국 문화를 가서 보기만 하는 것 보단 뭔가 우리가족이 할 수 있는 걸 알리면서 다니면 훨씬 도움이 되겠다는 생각이 들더라고요. 그래서 사물놀이를 했는데 세계 일주 다니면서 공연할 생각을 하니까 사물놀이 실력이 일취월장하는 거예요. 김덕수 선생님도 만나서 배우고, 그러다 보니까 진짜 가족 사물놀이가 엄청 발전되는 거예요. 그러니까 상상을 한다는 게, 미래에 대한 상상을 한다는 게 얼마나 자극이 되는지 몰라요.

세계 일주를 떠나기 전에 항상 런던의 템즈 강변에서, 아프리카의 에티오피아 난민촌 앞에서, 터키에서, 미국의 국회의사당 앞에서, 이런 데서 사물놀이를 하는 걸 상상을 해 보십시오. 얼마나 가슴이 뛰겠나. 그런 상상을 하면서 사물놀이 연습을 하니까, 진짜 너무 잘 됐습니다. 그래서 사물놀이 실력도 늘어났고, 세계 일주에 대한 스케줄도 잡히기 시작했고요. 사물놀이를 했던 게 진짜 다행이었던 것은, 유럽 같은 데 가 보면 길거리 예술가들이 많거든요, 거기서 만약 우리가 바이올린을 켜고 피리를 불고, 이렇게 한다고 생각해 보십시오. 물론 가족이 같이 하기 때문에 시선을 끌지는 몰라도, 영국이나 프랑스 같은 데의 길거리 예술가들의 수준은 웬만큼 대학 나온 사람들보다도 훨씬 우수하거든요. 그래서 처음 와서 잠깐 들어보고, '아, 저건 아니네, 저 정도 가지고 어떻게 길거리 예술을 하냐.' 뭐, 이런 식으로 나왔을 거예요. 그런데 우리만이 할 수 있는, 누구도 모방할 수

런던 코벤트 가든에서
2차 공연(2004.6.6)

없는 사물놀이를 하니까 너무 신기한 거예요, 그 사람들이. 와서 어깨도 들썩거리고 그러잖아요, 거기 사람들이. 그런데 딱 눈빛을 보고 있으면요. 그 사람들이 우리 사물놀이에 빠져들고 있다는 걸 알게 되는 거예요. 그러면 우리도 박자가 빨라지죠, 이제. 사물놀이는 그게 있거든요. 조절에 따라서 관중들과 호흡을 하면서 박자를 빠르게도 하고 늦추기도 하고 이런 게 있는데. 그 신나는 체험을 하고 왔거든요. 그래서 역시 우리 것을 가지고 가길 정말 잘 했다. 잘한 선택이었다는 생각을 했어요.

특히 유럽에서는 돈을 받기도 했어요. 팁 박스라고 하는 모자 같을 걸 앞에다 놔두면 와서 돈을 넣는데 처음엔 사실 창피해서 안 했어요. 우리 같으면 거지같잖아요. 구걸하는 사람이고 한데. 그 사람들은 아니더라고요, 문화가. 자기가 보다가 일이 생겼어요. 그래서 가려면 자기가 본 만큼 뭔가 대가를 지불하고 가는 게 문화거든요. 그래서 사물놀이 공연을 하는데 앞에 와서 막 찾는 거예요. 우린 어떻게 합니까. 공연하다가 말고 돈 주는데 받을 수도 없잖아요. 그죠?

그래서 우리는 봉사한다고 했지만 오히려 그 사람들한테는 폐를 끼치는 거 같더라고요. 그래서 앞에다가 모자를 딱 놨어요. 그 다음부터는 자연스럽게 와서 놓고 가고, 놓고 가고, 그러더라고요. 나중에는 거기에 재미를 붙여가지고, 이게 유럽에서는 그것만 하고 있으면 사실 거기서 먹고 자는 문제는 해결되겠더라고요. 그런데 우리 목적이 사물놀이만 하는 게 아니고 여행도 있었기 때문에 그냥 재미삼아서 몇 번 했고요. 제일 돈 많이 걷히는 나라는 영국이었어요. 왜 그럴까, 생각을 해 봤어요. 그 사람들은 체면을 많이 따지잖아요. 옆에 사람들이 1파운드. 1파운드는 동전이거든요. 그때만 해도 아주 강세일 때라 우리 돈으로 2400원, 2500원 됐어요. 그걸 딱 던지고 가면요. 그 다음 던지는 사람들은 다들 1파운드를 던지는 거예요. 그러니까 처음에 얼마를 넣느냐가 상당히 중요한 거예요, 서로 체면을 보니까. 그래서 영국에서 제일 많이 벌었고요. 그 다음에는 스페인, 이탈리아 이런 데서도 많이 벌었어요. 역시 유럽에는 남쪽 사람이 정열적이거든요. 사물놀이를 진짜 좋아해요, 그 사람들은, 춤도 추고 그래요.

사물놀이의 북, 북이 인간의 심장박동하고 같은 소리라고 그러거든요. 그래서 그것도 인간의 원초적인 걸 건드려 주는 건데. 태아 때, 여러분은 못 느끼겠지만, 태아 때는 엄마의 심장 박동 소리를 듣고 자라는데, 그 소리가 북소리와 같답니다. 그러니까 엄청 크게 들리는 거죠. 초음파로 검사할 때 심장 뛰는 소리 들어 보셨겠습니다만, 북소리랑 그게 유사하대요. 그래서 사람들이 북소리를 들으면 흥분하는 게 자기도 모르는 태아 시절에 어머니한테서 들은 심장소리를 듣는 거예요. 그러니까 막 흥분도 되고 안정감도 느끼고 하는 게 요즘 정설로 받아들여지고 있습니다.

어쨌든 그런 식으로 해서 여행을 할 때 사물놀이를 하게 되었습니다. 배낭 외에 사물놀이 악기를 들고 다니는 게 진짜 힘들었지만 그 힘든 피로가 한 번 공연을 하고 나면 다 풀어지는 거예요. 외국 사람하고 만날 수 있는 게 사실 제한되어 있지 않습니까? 길 가는 사람한테 달려가서, 야, 우리 좀 대화 하자, 하고 물어 볼 수도 없는 거고. 그죠? 그런데 음악이 매개체가 되니까 자연히 몰려요. 몰려오면 막 궁금한 걸 서로 물어보는 거예요. 그리고 언어 이상의 뭔가가 통하는 거예요. 자기네가 갑갑하면 어디 가서 한국말 하는 사람을 데리고 와서 통역을 시켜줘요. 사물놀이 옷 색깔이 무슨 의미를 갖는 거냐, 북이 어떤 악기냐, 장구가 어떤 뜻을 가지고 있냐, 이런 걸 물어보면 우리가 또 대답해 주고.

가장 좋았던 것은 브라질에서였어요. 사실 삼바가 아프리카에서 넘어 온 건데요. 그게 또 북장단에서 대부분 만들어진 거예요. 저희들이 삼바 학교에서 초대를 받고 사물놀이 공연을 하는데, 그 삼바 악기를 갖고 주위에 막 몰려오는 거예요. 그래서 같이 공연을 했어요. 이상하게 정확하게 맞아 떨어지더라고요. 저희들도 삼바 공연을 들어보니까 우리랑 같은 가락이 너무 많은 거예요. 그래서 우리도 같이 가서 공연을 했죠.

즉석에서 삼바하고 사물놀이가 같이 어우러지면서 공연을 할 때의 느낌, 그 쾌감. 이게 저도 그랬습니다만, 저희 아이들의 생각에, 한국의 문화가 우수하다, 뭐 하다, 교과서에서 들어도 사실 실감이 안 나잖아요. 그런데 외국에 나가 봄으

◁ 브라질 상파울로 삽바학교에
서 삽바 리듬과 사물놀이 리듬과
의 만남(04.12.8)

로써, 한국의 문화도 엄연하게 세계의 문화들과 어울릴 수 있는 문화다. 한국의 문화만 우수하고 다른 나라의 문화는 열등하다는 게 아니고 똑같이 세계 문화의 하나로서 한국의 문화도 얼마든지 앞으로 발전할 수 있다는 걸 느낀 거 같아요. 그게 바로 우리 문화에 대한 자신감인 거 같고. 그런 걸 아이들이 사물놀이를 통해서 많이 느끼고 왔고요. 세계에서 우리가 세계의 일원으로 활동을 하려면 진짜 우리만 할 수 있는 것을 해야 인정해 주는 것 같더라고요. 남이 하는 걸 모방해서는 결코 그 사람을 따라갈 수가 없거든요. 그게 우리 문화뿐만 아니라, 개인에게도 적용이 된다고 전 보거든요. 아까 제가 말씀드렸던 넘버원이 되기 힘들거든 온리원이 되라는 게 바로 나만이 할 수 있는 걸 찾아야만 여러분이 사회에 공헌을 할 수 있고, 그게 전 사회적으로 봤을 때 엄청난 이익이 된다는 거죠. 여러분의 발전뿐만 아니라 그게 바로 사회 발전의 원동력이 된다는 겁니다. 결국 여러분이 잘 할 수 있는 것. 나만의 특성을 찾아서 거기에 매진하는 것이 성공의 비결입니다. 모든 성공한 사람들은 그런 애기를 다 하더라고요.

다음 두 번째. 세상에서 가장 살고 싶은 곳이 어디냐는 이런 질문을 많이 받거든요. 세계 일주를 하고 왔는데, 만약 이민을 가게 되면 어디로 가고 싶냐, 이런 질문을 많이 받는데 저도 세계 일주를 떠날 때 그런 생각을 했어요. 이번 세계 일주를 다니다 좋은 데가 있으면 점찍어 났다가 나중에 여차하면 이민이라도 가자. 이런 생각을 해서 갔는데요. 결론이 어딜 거 같습니까? 스위스요? 또. 자 한번, 경치가 아름다운 데라든가 그런 데를 한번 보겠습니다.

저희들이 사진 찍어 온 덴데, 홍콩의 야경이거든요. 홍콩에서는 밤 8시가 되면 도시 전체가 이런 식으로 레이저빔을 쏘고 야경 레이저쇼를 하는데요. 롯데월드에서 레이저쇼 하는 식으로 음악이 나오면서 한 30분 정도 합니다.

중국 상하이고요. 상하이 야경. 동방명주탑이라고 아시아에서 가장 높은 탑이라고 그러는데. 중국의 계림입니다. 동양에서 제일 아름다운 천하일품 경치라고 합니다.

이건 아프리카 열차, 탄잔 열차라고, 한 50시간 탔습니다. 이 열차를 2박 3일 동안 탔어요. 안에서 식사가 다 나오는데, 나중에는 물이 다 떨어져서 날씨는 더운데 고생을 많이 했습니다. 이건 아프리카 해변이고요. 그 유명한 세렝게티입니다. 동물의 왕국 촬영하는 데 있죠?

이게 가장 살고 싶어 하는 곳 1위 스위스 알프스 자락에 있는 마을이고요. 네덜란드 풍차 마을이고요.

물의 도시 베네치아. 이게 남미 칠레인데요, 세계 최남단 파이네 국립공원이라고, 정말 아름다워요. 스위스나, 그런데 비교할 바가 안 됩니다. 너무 아름다워요. 이것도 파이네 국립공원의 일부인데요. 빙하가 이런 식으로 떠다니고 있거든요.

세계 3대 미항 가운데 하나인 리우 데 자네이루. 커다란 예수상 있는 거 아시죠? 거기에서 본 도시 모습이고요. 그 다음에 시드니 오페라 하우스하고. 남미에 있는 이과수 폭포인데요. 세계에서 가장 큰 폭포인데 지금 보이는 게 전체 폭포의 3분의 1 정도랍니다. 그러니까 이 만큼 두 배가 더 있다고 보시면 됩니다.

자, 이렇게 여러 곳 가운데 가장 살기가 좋은 곳은 어디냐. 결론적으로는 우리나라만큼 좋은 데가 없더라고요.

스위스에서 이런 적이 있었어요. 디지털 카메라를 가지고 갔거든요. 디지털 카메라하고, 노트북 조그만 걸 갖고 다니면서 홈페이지에 일기도 쓰면서 관리를 했어요. 디지털 카메라에서 촬영한 사진들은 노트북에 다 저장을 했거든요. 하루는 디지털 카메라 충전기가 고장이 난 거예요. 가기 전에 웬만한 것은 다 대비해서 가지고 갔거든요. 충전지도 가져가고. 그런데 미처 충전하는 기기가 고장 날 줄은 몰랐거든요. 그래서 스위스 취리히에 있는 전자제품 상가는 모든 곳을 다 둘러봤어요. 그런데, 없어요. 그것도 니콘 카메란데. 그래도 꽤 이름이 있는 카메란데 부품이 없더라고요. 그래서 하는 얘기가 이건 부품이기 때문에 일주일을 기다려야 된대요. 그런데 우리가 일주일 동안 있을 수가 없잖습니까. 서울 같으면 용산만 가도 째고 쨌잖습니까. 물론 정품은 아니지만 얼마든지 살 수 있는데, 거긴 그런 게 전혀 없어요. 그러니까 융통성이 없는 거예요. 무조건 원칙대로만 다 하는 거예요. 한국에서 살 때는 정품이 아닌 가짜도 사 보고 여러 가지를 해 보는데, 그리고 그런 데 길들여져 있기 때문에 도저히 적응을 못하는 거예요. 그래서 결국은 한국에 있는 사람한테 연락해서, 용산에서 사서 거기로 택배로 붙였거든요. 우리가 다음날 갈 일정이 독일 프랑크푸르트여서 그 쪽의 아는 사람한테 보내 달라고 해서, 결국 거기서 받아서 다시 사진을 찍었어요. 일단은 내 눈에 익숙하지 않은 곳이니까 상당히 힘들더라고요.

프랑스나 독일이나 이런 데 여행해 보신 분들은 알겠지만 저녁 6시만 넘으면 가게 문을 다 닫습니다. 밥을 먹으려고 해도 밥을 못 먹어요. 호텔도 못 들어가요. 6시만 넘으면 호텔 주인이 문 닫고 집에 가 버리거든요. 그러니까 우리처럼 밤늦게까지 여행 다니는 사람들은 도저히 안 되겠더라고요. 그래서 유럽에서는 아예 차를 한 대 렌트를 해서, 텐트를 뒤에 싣고 다니면서 계속 캠핑장에서 잤거든요. 여름이니까 문제가 없었고 또 유럽의 캠핑장들은 부엌시설도 잘 되어 있고, 샤워시설이나 화장실도 아주 깨끗해요. 이용하는 데 전혀 불편함이 없더라고요. 그리고 여행 온 사람들을 거기서 자연스럽게 만날 수 있기 때문에 캠핑장이 훨씬 좋습니다. 그래서 저는 혹시 유럽 여행을 가실 분이 계시면 여름이라면 캠핑장을 권하고 싶어요. 24시간 언제든지 가도 되고 항상 열려 있고 세 사람만 되면 렌트가 유레일패스보다 훨씬 싸거든요. 그런 식으로 렌트를 하고 다니면 편할 것 같고.

우리나라는 24시간 동안 오픈하는 음식점도 많죠. 가게들도 24시간 오픈하는 데 많죠. 이런 데 익숙해져 있다가 거기에 가니까 도저히 갑갑해서 살 수가 없겠더라고요. 아무리 선진국이고 아무리 좋아도, 결국 우리 몸에 익은 데서 살아야지. 물론, 내가 거기 가서 몇 년 정도 살면 오히려 거기가 더 익숙해질지도 모르죠. 하지만 지금으로선 우리나라만큼 살기 좋은 나라가 없어요. 또 가장 중요한 게 치안. 밤에 12시 넘어서 돌아다닐 수 있는 나라가 세계에서 몇 나라안 되거든요. 우리나라랑 일본 정도고요. 나머지 나라는 아예 어두워지면 나갈 생각을 말아야 돼요. 뭐, 미국도 마찬가지고. 여러분도 다 아시다시피 상당히 위험하잖아요. 그래서 그런 치안 문제라던가 이런 걸 다 고려하면 우리나라가 역시 가장 살기 좋은 나라구나, 라는 생각을 했어요.

공새미 가족, 왔다 가다

그 다음에 좀 부끄러웠던 것. 세계 일주를 다니면서 항상 우리나라에 대한 자부심만 가지고, 우리 문화에 대한 자부심만 가지고 다닐 수는 없죠. 부끄러웠던 적도 많은데요.
여기 이 다리가 스위스의 루체른에 있는 다린데요. 이 다리가 유럽에서 가장 오래된 목조 다리래요. 근데, 난간에 기둥들이 다 세워져 있는데요. 목조기둥이죠 물론. 근데, 거기에 빽빽하게 낙서가 되어 있어요. 기둥이 백 몇 개 되는데요. 다니면서 한번 찾아 봤어요. 과연 우리나라 사람들의 낙서가 없는 기둥이 몇 개나 될까. 그런데 실패했어요. 봤더니 전부 한국 사람들 낙서는 다 있는 거예요. 뭐, 누구누구 언제 왔다 가다, 대표적인. 그리고 끝나고 여기서 기다렸죠. 와이프가 뒤에서 오니까 내가
"역시 한국 사람들 낙서하는 데는 천부적인 소질을 타고

났어. 여기 기둥에 보니까 한국 사람들이 낙서 안 한 기둥이 하나도 없더라"

라고 했더니 와이프가

"나도 했는데…." 청중 웃음

여기 어디 공새미 가족 왔다 가다. 뭐, 이런 식으로 썼나 봐요. 역시 한국인들 피는 어쩔 수 없나 봐요.

여기가 그 유명한 독일 하이델베르크에 있는 하이델베르크 학생 감옥이라는 데거든요. 한 200년 전에는 하이델베르크 대학이 유럽에서 가장 유명한 대학이었대요. 그래서 대학 자치권이 인정됐답니다. 그래서 대학에서 잘못을 저지른 학생은 경찰서나 교도소로 가는 게 아니라 대학 내에 감옥이 있어서 여기에 구금이 되는 거예요. 그 학생들이 길게는 7일, 짧게는 2~3일 이 감옥에 구금되어 이렇게 낙서를 남겨 놓는 거예요. 근데 이게 재밌는 게, 저도 독일어를 하는 친구가 있어서 같이 가서 봤는데 이런 내용들이에요. 예를 들면, 경찰이 철거하는데 그거 하지 말라고 몇 번 항의했더니만 경찰이 잡아들여서 감옥에 왔다. 이런 내용들도 들어 있고요. 억울한 내용들이 많이 있어요. 우리나라 70, 80년대 학생운동 하다가 감옥 가면 상당히 영웅시 됐잖아요. 그런 것처럼 이 감옥에 온 걸 상당히 영광으로 생각하는 거예요. 여기에 빽빽이 그런 게 다 씌어 있어요.

근데 여기 보면 신기한 게 날짜들이 1836년 이런 식으로 날짜가 다 남아 있거든요. 그런 거 보면 진짜 유럽 같은 데는 옛날부터 서기를 썼잖아요. 일찍부터 서기를 썼기 때문에 그게 면면이 다 딱 내려오는 거예요. 그런데 우리나라 같은 경우는 사실 서기를 쓴 게 5·16이 일어나서 그때부터 썼기 때문에, 임진왜란이 임진년에 일어났다, 이러지만 감이 잘 안 오잖아요. 그런데 여기서는 정확히 연도가 쓰여 있으니까 역사가 몇 년이 흘렀구나, 라는 걸 많이 느꼈습니다.

또 하나는 유럽에 있는 도시들 건물을 보면 옛날 건물들이 대부분 그대로 있거든요. 도로, 시내 모습이 옛날 모짜르트와 베토벤이 태어날 때의 모습 그대로 간직되어 있어요. 그것을 어떻게 알 수 있냐면, 모차르트 박물관에 가보면 그때 모습을 그대로 그려놨어요. 미술에 가장 중요한 것은 있는 그대로의 자연적인 것을 그려 놓는 거였습니다. 그때 거리 모습들 지금이랑 똑같습니다. 단지 거리를 걸어가는 사람들이 와이셔츠를 입고 차를 타고 다니는 것이 아니고 중절모에 말을 타고 다니는 모습만 달라졌을 뿐이고, 거리나 집은 옛날 모습과 똑같았습니다. 그것을 보면서 그 사람들은 진정한 역사의 계승자다. 역사의 흐름에서 나는 일부분이라는 것을 확실히 느낄 수 있었습니다.

그런데 우리는 어떻습니까? 옛날 것이 다 파괴되어 버렸습니다. 옛날의 서울 모습과 지금의 모습을 연결시켜 보려고 해도 전혀 매치가 안 되잖아요. 그 사람들은 옛날 집 그대로 대대로 살아오고 있는데, 우리 같은 경우는 집들을 전부 새로 지었다는 점에서 역사가 단절되었다는 것입니다. 그래서 부모세대와 얘기가 안 통하는 겁니다.

세계 일주를 하면서 가장 하고 싶었던 것은 세계의 중심에 있는 뉴욕 맨해튼 거리에서 공연을 하고 싶었습니다. 그래서 우여곡절 끝에 공연하게 되었습니다. 그리고 잉카 제국의 수도였던 쿠스코 광장에서도 공연을 했는데요. 옛날 잉카의 신전이 있던 자린데 스페인 사람들이 신전을 무너뜨

▷ 뉴욕 맨해튼 거리공연
(2004.10.12)

◁ 페루 쿠스코
아르마스광장
앞에서 공연 뒤
어린이들과 함께
(04.11.13)

리고 그 위에 성당을 지었습니다. 여기서는 한국을 알리는 공연이 아니고 옛날 잉카인들의 원혼을 기리기 위한 공연을 꼭 해보고 싶었습니다. 허가도 안 받고 공연을 했습니다. 순수한 잉카인들이었습니다.

　요즘 많이 힘드시죠. 교육 받는 것도 힘드시고 불투명한 미래, 취직한다는 것에 대해서 상당히 많은 고민을 하고 계실 텐데요. 중요한 것은, 저는 이렇게 생각합니다. 단기적인 결과에 너무 집착을 하다보면 인생을 잘못 사는 경우가 많습니다. 그래서 여러분이 지금 진짜 소중하게 생각해야 할 것은 강의 들어가기 전에 여러분께 꿈을 물어봤듯이 꿈과 비전을 위해서 어떻게 하루하루를 살아갈 것인가, 이것이 중요합니다. 당장 닥치는 일에 너무 신경을 쓰다 보면 큰 흐름을 잃어버린다는 것입니다. 너무 단기적인 결과에 집착해서 친구보다 1, 2년 빨리 취직해서 나가는 것이 중요한 것이 아니라, 여러분이 진짜 하고 싶은 일, 진짜 적성에 맞는 일을 찾을 수 있다면 1, 2년 늦어도 괜찮아요. 지금 시기에 정말 여러분이 어떻게 살 것인지에 대해 좀 더 큰 그림을 그려야 합니다. 점점 그 그림을 그릴 수 있는 시기가 늦어지면 인생을 허비하게 됩니다. 장기적인 안목을 봐서 바른 방향으로 가는 것이 여러분의 성공의 비결이라고 생각합니다.

꿈을 가지면 어려운 현실을 이길 수 있습니다. 이런 말이 있습니다.

"작전이 필요할 때 작전을 세우면 이미 너무 늦다. 꽃이 필요할 순간에 꽃씨를 뿌리는 것과 같은 이치다. 언제나 꿈을 가진 사람은 훗날을 도모하기 위하여 땅 속에 미리 씨앗을 버리듯이 묻어 놓아야 한다."

이상 강의를 마치겠습니다.

Yes, You Can!

가천노

리더십코리아 대표

무엇을 원하는가?

어느 마을에 중풍에 걸려 누워 있던 노인이 한 사람 있었
어요. 그 노인은 몸이 그렇게 불편하면서도 늘 뒷동산 계곡
에 있는 약수터에 가야 한다고 입버릇처럼 말하곤 했습니
다. 시원한 약수를 떠다가 자신도 마시고, 사랑하는 자식들
에게도 주고 싶다는 것이었어요. 자식들은 답답해서 하는
소리일 거라고 생각했을 뿐 그 말을 마음으로 믿지는 않았
어요.

그러던 어느 날 새벽, 노인은 마음을 다져먹고 약수터 행
을 결행했습니다. 자식들이 잠든 사이에 한쪽 손에 약수를
담을 노란 주전자를 들고 약수터를 향해 출발했어요. 감각
없는 한쪽 팔, 다리를 움직여 겨우 문지방을 넘었지만 그만

노인은 마루 아래로 구르고 말았어요. 황급하게 뛰어나온 자식들은 "이러시다 큰 일 납니다!"고 노인을 말렸어요.

그러나 얼마 뒤 그 노인은 다시 마음을 다져먹고 새벽의 약수터로 또 향했어요. 그 날은 힘들게 문지방을 넘을 수 있었고, 마당을 지나 노란 배추꽃이 만발한 텃밭 어귀까지 이를 수 있었어요. 그러나 그 날도 예외 없이 쓰러졌고 놀란 자식들이 뛰어나와 그 노인을 방으로 모셨습니다. 자식들에게 업혀 온 그 노인의 한쪽 팔에는 여전히 노란 주전자가 들려 있었답니다.

여기 쓰러지면서도 계속 일어나는 노인에게는 원하는 것이 있었어요. 자신뿐 아니라 사랑하는 사람들에게 마시게 할 약수를 떠오는 것이었어요.

무언가를 원하는 사람이 어찌 이 노인뿐이겠습니까. 이 세상을 사는 모든 사람은 원하는 것이 있습니다. 이 세상 사람치고 원하는 것이 없는 사람은 단 한 사람도 없을 것입니다. 갖고 싶은 것도 많고, 하고 싶은 것도 많을 겁니다. 아름다워지고 싶고, 돈도 많이 벌고 싶고, 건강하기를 바라고, 행복하기를 원합니다.

또, 만약 신앙인이라면 신앙인으로서 이루고 싶은 것이 있을 겁니다. 어떤 사람들은 그리스도를 닮은 참 신앙인이 되기를 원합니다. 남들이 부러워하는 능력 있는 복음전파의 큰 성과를 거두기를 희망하는 사람도 있을 수 있고, 또 어떤 사람은 주님이 이루신 것보다 더 큰일을 이루기를 바라기도 할 것입니다. 물론, 당신도 원하는 것을 가지고 있을 것입니다. 당신이 지금 원하는 것은 무엇입니까?

뿐만 아니라 참으로 놀랍게도 모두 그가 바라는 것을 이루기를 소망합니다. 어느 나라, 어느 시대, 어떤 환경 속에서 살아가는 사람들이라 하더라도 예외는 없습니다. 인종이 다르고, 남녀가 다르고, 나이가 다르고, 생활수준이 서로 달라도 이 소망만은 전혀 다르지 않습니다. 그렇다면 이것은 단순히 우연의 일치일까요?

이것은 단순히 문화적인 현상으로 설명하기가 어렵습니다. 문명의 차이라고 주장할 수도 없어요. 집단적으로 조작된 의식이라고 해도 믿어지지 않습니다. 누가 강제해서 될 일도 아니죠. 도대체 어떻게 그럴 수가 있을까요? 그것은 사람이 그렇게 만들어졌기 때문입니다! 그것은 우리 인간이 갖고 있는 본능이기 때문입니다. 본능이기 때문에 그 누구도 부인할 수 없는 보편적인 것입니다.

그런데 본능이 있는 곳에는 반드시 그 본능을 만족시킬 수 있는 대상이 있습니다. 목이 마르면 그것을 만족시킬 물이 존재하고 배고픔을 느끼면 그 배고픔을 풀어줄 음식물이 있습니다. 건강을 원하면 그 건강을 만족시킬 건강상태가 있는 법입니다. 또 돈에 대한 욕구가 있으면 반드시 이 세상에는 그것을 만족시키는 재화가 있습니다. 따라서 모든 인간에게 원하는 것이 있다는 것은 그것을 만족시킬 대상이 있다는 것입니다. 사람은 원하는 것을 이루도록 설계되어 있는 존재입니다. 그런 의미에서 당신은 당신이 원하는 것을 이루기 위해 이 세상에 태어났습니다!

바로 이 원하는 것을 이루는 것이 성공입니다. 성공을 의미하는 말 가운데에서 prosper라는 영어 단어가 있어요. 이 단어만큼 성공의 의미를 잘 설명하는 단어도 없습니다. 이 단어는 '~위하여(for)'라는 뜻의 pro와 '희망(hope)'을 뜻하는

sper라는 라틴어 어근이 만나서 만들어졌습니다. 결국, 그 prosper의 의미는 '원하는 것을 이룬다'는 뜻입니다. 그래서 이 말은 '성공하다', '번영하다', '형통하다'로 사용됩니다.

이런 '성공하다'의 의미로 사용되는 또 다른 대표적인 단어는 succeed가 있어요. 이 말 역시 '밑에(sub=under)'라는 말과 '가다(cedere=to go)'라는 말의 합성어예요. 즉, '밑을 가는 것'이 성공이라는 의미입니다. 도대체 어떻게 성공이 '아래를 가는 것'일까요? 그것은 원래 신의 뜻이 위에 있고 그 아래를 가는 것이 성공이라는 말일 것입니다. 즉 하나님의 뜻, 하나님의 방식, 하나님의 능력 밑에서 이루어지는 것이 성공이라는 말입니다. 참다운 성공은 하나님의 뜻과 원리 아래를 갈 때 이루어집니다.

성공하기 위해 태어났다

이런 맥락에서 성공을 추구하고 그것을 이야기할 때, 다음 세 가지가 분명해야 합니다. 즉 그 성공을 하나님이 원하시는가? 우리가 성공하려는 이유가 무엇인가? 어떤 방법으로 이 길을 가려고 하는가에 대한 명쾌한 대답을 가지고 있어야 합니다. 그렇지 않으면 그 성공을 향한 여정이 혼란스러워 질 뿐 아니라 이룬다 해도 그것은 참다운 성공이라 할 수 없습니다.

그렇다면 우리는 왜 성공해야 할까요? 그리고 성공은 꼭 해야 할까요?

이런 질문을 하면 어떤 사람들은 오해를 합니다. 성공에 대한 부정적인 이미지가 그 본질을 흐리는 것입니다. 예컨

대, '성공을 원하는 것은 영적이지 못하다', '성공한 사람은 겸손할 수 없다', '성공하려면 수단과 방법을 가리지 않아야 한다'라고 생각합니다. 또한 어떤 사람은 자신과 성공은 어울리지 않는다는 저급한 자기 이미지로 그 성공을 피해 달아나기도 합니다. 또 어떤 사람은 성공을 위해 자신이 치러야 할 헌신이 두려워 뒤로 물러나기도 합니다. 또 지금 생활에 만족하여 단순히 성공의 필요성을 전혀 느끼지 못하는 사람들도 있습니다.

그러나 다시 한번 질문해 봅시다. 당신은 성공이 싫은가요? 당신은 성공할 수 있는데도 성공하지 않겠습니까? 솔직하게 말해서 성공하는 것보다 실패하는 것이 더 좋은가요? 성공은 당신에게 해로운 것인가요? 성공은 탐욕적인가요? 성공은 너무 이기적이기 때문에 하나님께서 진노할까요? 그러나 엄밀히 말하면, '하나님께서 성공을 원하시는가?' 하는 질문에 대한 대답은 당신이 정말 성공하기를 원하는가에 달려 있습니다.

사실, 성경은 가장 오래된 성공 이야기입니다. 성경에는 영원한 삶을 위해서 자신을 성공적으로 변화시킨 많은 사람들이 등장합니다. 모세와 다윗, 베드로와 바울 등을 생각해 보세요. 성경의 많은 인물들은 우리가 성공한 사람들이라고 생각하는 사람들입니다. 그들은 하나님이 지으실 때 의도했던 대로 삶을 살아서 자신뿐 아니라 다른 사람들에게도 크게 영향력을 끼친 사람들입니다.

성공한 사람만이 남에게 기여할 수 있습니다. 우리가 사는 매일의 삶은 성공 아니면 실패입니다. 이때, 실패한 사람들은 자기 존중감에 손상을 입습니다. 자기를 존중할 수 없는 사람은 다른 사람을 존중하기가 어렵습니다. 타인에 대한 존중 의식이 불가능한 사람은 타인에 대한 진정한 사랑도 가능하지 않아요. 결국, 실패의 결과를 통해 남에게 기여하기는 불가능한 일입니다.

성공해야 하는 실용적인 이유도 있습니다. 실제로 성공의 비용보다 실패의 비용이 더 비싸게 먹힙니다.

미국 시사주간지 《Time》은 어떤 범죄자가 30세에 감옥에 들어와서 70세까지 복역하는 비용이 한 사람이 명문학교를 졸업하는 비용보다 더 많이 든다는 통계를 제시합니다. 다시 말해 그 수감자를 위해서는 시설이 필요하고, 옷이 필요하고, 음식을 제공하는 등의 비용이 필요합니다. 이 경우에 드는 비용이 어떤 사람이 태어나서 미국에서 가장 등록금이 비싸다는 스탠포드 대학교(Stanford University)를 졸업할 때까지의 비용만큼 많이 든다는 것입니다.

사실 우리는 삶에서 발생하는 성공과 실패에 대해 늘 비용을 지불하고 살고 있습니다. 성공을 위해서 비용을 들여야 하는 것처럼 실패를 위해서도 비용은 필요합니다. 보통 우리들의 삶은 성공을 위해 비용을 지출하기보다 실패한 뒤 그 실패를 보상하느라 훨씬 많은 비용을 지출합니다. 따라서 어차피 비용을 지출해야 한다면 처음부터 성공을 위해 비용을 쓰는 것이 실패를 보상하느라 힘을 쓰는 것보다 훨씬 현명한 거죠.

대개 보통 사람들은 자기 잠재력의 10퍼센트도 쓰지 못한다고 합니다. 이것은 우리의 능력을 그 정도 밖에 쓰지 못한다는 의미이고, 대개 그 정도를 성취한다는 뜻입니다. 아울러 이 말은 우리가 이 세상의 모든 것에 대해서 10퍼센트만을 체험한다는 말입니다. 다시 말해 살아서 경험하는 즐거움과 행복도 10분의 1이하만 느낀다는 말이죠. 결국, 대개의 경우 우리는 진정한 의미의 삶을 살아보지도 못하고 죽어가고 있다는 뜻이기도 합니다.

반대로 이것이 의미하는 바는 우리가 가진 잠재력의 90퍼센트는 아직 사용되지 못하고 있다는 뜻입니다. 아니, 사용되지 못했을 뿐만 아니라 아직 발견되지도 못했다는 말입니다. 만약 그렇다면 그것은 그 가능한 능력을 개발하기만 한다면 엄청난 인생이 우리 앞에 펼쳐질 수 있다는 또 다른 표현이기도 합니다. 우리 모두에게 정말 기쁜 소식이고, 놀라운 소식이 아닌가요?

지상 최강의 성공 집단

우리는 이런 인간의 잠재력을 탁월하게 사용하여 놀랄 만한 결과들을 만든 사람들을 알고 있습니다. 그들은 다름 아닌 유대인들입니다. 그들은 지금까지 무슨 제국을 건설하지도 않았고, 무슨 세계적인 건축물을 남기지도 않았습니다만 그러함에도 유대인들은 오늘날까지 각 분야에서 탁월한 업적과 공헌을 남기고 있습니다. 유대인을 배제하고 우리의 현대 문명을 말하기는 어렵습니다.

현재 유대인은 전 세계에 약 1천3백만 정도가 살고 있는 것으로 알려져 있는데요 이것은 세계전체 인구 약 60억의 0.2퍼센트 정도에 해당합니다. 그 얼마 안되는 인구로 유대인들은 역사상 가장 많은 창조적 인물들을 배출하며 세계 역사에 공헌해 왔습니다. 구체적으로 유대인들은 노벨상에서 경제학 65퍼센트, 의학 23퍼센트, 물리 22퍼센트, 화학 12퍼센트, 문학 8퍼센트의 수상자를 배출하였습니다. 유대인들은 또 세계 최강대국 미국 인구의 2퍼센트에 지나지 않지만 부호 상위 400가족 가운데 24퍼센트, 최상위 가족의 경우는 42퍼센트를 차지합니다. 모든 미국 유대인 세대의 소득 수준은 전국 평균의 2배 수준입니다.

그래서 이름만 대면 우리에게 익숙한 사람들 가운데 많은 사람들이 유대인입니다. 사상 분야에서 마르크스, 스피노자, 베르그송, 비트켄슈타인, 샤무엘슨, 촘스키 등이 있습니다. 또한 심리학을 만들어 낸 프로이드, 아들러 등과 자연과학 분야의 뉴턴, 아인슈타인, 오펜하이머가 역시 유대인입니다. 예술 분야에서도 멘델스존, 쇼팽, 말러, 번스타인 등의 음악가들과 모딜리아니, 샤갈 같은 미술가도 있죠. 문학 분야에서 하이네, 프루스트, 카프카 등과 영화계의 아이젠슈타인, 채플린, 스필버그 등이 역시 유대인입니다.

경제 금융 계통에는 로스 차일드, 듀퐁, GE, IBM, 머독, 소로스, 골드만 삭스, 앨런 그린스펀 등이 유대인입니다. 언론 출판계에도 유대인들은 퓰리처를 비롯하여 로이터, 뉴욕 타임즈, 워싱턴포스트 등을 소유하고 있으며, 미국 4대 일간지의 경영, 필진의 35퍼센트를 차지하고 있습니다. 그리고 정치계의 레닌, 디즈레일리, 키신저 등도 빼놓을 수 없겠죠. 또 미국 동부 명문, 아이비리그 총장 및 교수의 40퍼센트, 워싱턴과 뉴욕의 종합법률사무소(로펌)의 45퍼센트 이상을 차지하며 강대국 미국을 통해 세계에 영향력을 행사하고 있습니다.

이런 유대인들을 지상에서 가장 성공한 집단이라고 불러

도 지나치지 않을 것입니다. 그렇다면 이 지상 최강 성공 집단의 경이적인 그 힘이 어디서 나오는 것일까요? 어떻게 그것을 이룰 수 있었을까요? 아무리 생각해 보아도 그들에게는 보통의 경우와는 다른 사람들을 놀라게 하는 무엇인가가 있습니다. 왜 그럴까요?

오늘날 이스라엘 민족은 다름 아닌 야곱의 후손들입니다. 야곱이 바로 그 유대 민족의 시조인 것입니다. 그렇다면 유대인들이 살아온 그 민족의 역사적 운명과 야곱이 '이스라엘'이 되는 과정은 무관하지 않을 것입니다. 그렇다면 유대 민족의 성공과 선조 야곱과는 어떤 관련성이 있을까요? 야곱으로부터 유래하는 비밀은 무엇일까요? 그들이 선조 야곱을 바라보고 오랫동안 살아오며 그들이 만들어 온 지혜와 능력의 패턴은 무엇일까요?

이런 질문에 대한 닻 구실을 했던 것이 바로 성경에 나오는 야곱의 일생입니다. 그 야곱의 이야기가 바로 이 책(성경)의 항로를 인도하는 지도 구실을 했습니다. 그의 이야기에서 퍼 올린 영감들이 성공이라는 목적지로 인도하는 나침반이었습니다. 그 야곱의 이야기는 영웅담이 아니어서 친근합니다. 그래서 야곱의 이야기는 우리들의 이야기입니다. 그러함에도 야곱의 이야기는 우리를 흔들어 깨우는 놀라운 영감과 성공의 패러다임을 제공합니다.

성공에도 패러다임이 있다

야곱의 생애는 자식이 없었던 아버지 이삭의 간절한 소원에서 출발합니다. 그의 출생 자체가 간절히 바라는 것이 이루어진 결과였습니다. 그의 출생뿐 아니라 그의 성장 과정과 이스라엘의 선조로서 한 민족을 이루어 가는 과정도 원하는 것을 이루어간 것이었습니다. 야곱, 그는 자기의 상황을 탓하거나 상황 때문에 이루어야 할 것을 포기하지도 않았습다.

대부분의 사람들은 무엇을 소유해야만 성공할 수 있다고 믿고 있습니다. 그래서 성공하지 못하는 이유를 자신의 소유 여부에서 찾습니다. 나는 돈이 없어서, 나는 배움이 없어서, 나는 외모가 없어서, 나는 기회가 없어서…. 대부분의 사람들이 이렇게 성공을 기본적으로 소유의 문제로 생각하고 그런 방향에서 접근하고 있는 게 사실입니다. 어찌 보면, 인간 사회에서는 겉으로 보이는 조건들이 우리의 성공을 좌우하는 것 같기도 합니다.

그러나 하나님께서는 이러한 조건들을 성공과는 전혀 별개의 문제로 다루십니다. 야곱의 이야기가 우리에게 감동을 주는 것은 세상의 그런 방식과 다르기 때문입니다. 인간의 소유나 상황과는 전혀 상관없이 하나님은 당신을 온 마음으로 찾는 자를 축복하십니다. 그래서 야곱의 이야기는 성공을 어떤 소유의 문제로 생각하고 그것 때문에 절망하는 우리들에게 주는 희망의 메시지입니다.

야곱과 같이 하나님 안에서 성공하려는 모든 사람은 이 소유(Have)-행위(Do)-존재(Be)의 패러다임을 바꾸어야 합니다. 이 패러다임은 무엇인가 소유해야 무엇을 할 수 있고, 무엇을 할 수 있으면 무엇이 된다는 방식입니다. 그러나 유대인들은 로마에게 정복당한 이후 나라 없이 떠돌며 보낸 2천여 년 동안 이 땅에서 무엇을 소유하기가 어려웠던 민족이었습니다. 만약 이 패러다임대로라면 유대인들의 성공을 설명하기가 어려워집니다.

그렇기 때문에 이 소유(Have)—행위(Do)—존재(Be)의 패러다임은 사람들에게 널리 지지를 받고 있다 할지라도 그것은 수정되고 극복되어야 합니다. 즉 존재(Be)—행위(Do)—소유(Have)의 패러다임으로 바뀌어야 합니다. 이 패러다임에 따르면, 성공하기 위해서는 먼저 무엇인가가 되어야 합니다. 무엇인가가 되고, 누군가가 되고 나면 그것에 걸맞은 행동을 하게 됩니다. 그런 반복적인 행위가 소유를 끌어와서 원하는 것을 현실화시키는 방식입니다.

패러다임이란 일반적으로 문제풀이 공식과 같은 것입니다. 어떤 문제가 주어지면 그 문제를 풀기 위해서 생각하고 접근하고 해결하는 어떤 일정한 방식이 있습니다. 그 문제의 특성에 따라서 이해하고 해석하는 방식도 있고, 그 나름의 풀이 방식이 있게 됩니다. 따라서 어떤 문제에 대한 풀이 방식이 적절하지 않으면 해답이 나오지 않는 것은 자명합니다. 설령 그릇된 풀이 방식으로 답을 얻었다 하더라도 그것으로부터 정답을 기대할 수는 없습니다.

마찬가지로 원하는 것을 이루기 위해서도 그것에 합당한 패러다임이 있습니다. 여기서 소개하려는 패러다임은 'X^3 패러다임(Triple/Cubic Paradigm)'입니다. 이것은 한 요소가 세 번 더해 진 것이 아니라 세 번 곱해진($X \cdot X \cdot X$) 것입니다. 덧셈의 개념이 아니라 곱셈의 개념이죠. 이 패러다임은 원래 만들어진 인간의 모습을 보여주고 그 능력을 나타내는 패러다임입니다.

이 패러다임을 이해하기 위해 자동차를 예로 들어보겠습

니다. 원래 자동차가 탄생할 때는 동물이나 사람이 끄는 마차에서 비롯되었습니다. 이 마차는 동력이 되는 동물과 물건을 싣는 부분이 서로 떨어진 채로 더해진 구조($\sim X + X$)입니다. 그것이 더욱 발달하자 동력을 일으키는 엔진이 차체 안에 들어오게 되었습니다. 즉 동력과 차체가 더해진 것이 아니라 곱해지자(X^2) 그것은 자동차(Auto+mobile)가 되었습니다. 앞으로 만약 자동차가 스스로 생각(X)하여 움직일(X) 수 있는 차체(X)를 갖게 되면 그것이 바로 X^3의 구조의 자동차가 될 것입니다.

이 패러다임은 원래 사람이 창조될 때 만들어진 패러다임입니다. 사람은 영, 혼, 육으로 구성되어 세 가지가 하나(X^3)가 되어 살아가는 존재입니다. 그 세 가지 요소가 따로 떨어지면 죽음이 되고, 세 가지가 하나로 되면 생명이 됩니다.

그런데 이 생명의 원형은 하나님입니다. 하나님은 성부, 성자, 성령이 한 분으로 존재하십니다. 이러한 하나님의 신성이 인간이 창조될 때 인간 안에 들어오셔서 인간의 속성이 된 것입니다. 따라서 사람이 성공하려면 창조된 본래대로 그 작동 원리대로 살아야 하지 않겠습니까!

몸값을 올려라

김혜경

태경토지컨설팅 대표이사

안녕하세요, 여러분! 반갑습니다.

지금까지 주로 나이 지긋하신 분들 앞에서 재테크에 대한 강의만 하다가 풋풋한 스무살 대학생들 앞에서 강의를 하는 것이 제게는 너무 신선한 경험이라서 강의 의뢰를 받고 대단한 기대에 찼답니다. 또 무슨 이야기를 할까 고민도 많이 했습니다.

개인적으로 가장 돌아가고 싶기도 한 스무 살, 바로 여러분의 나이부터 서른 아홉 현재까지의 제 경험담을 들려드릴까 합니다.

몸값 올리기 비법

저는 여러분처럼 대학을 스무 살에 간 것이 아니라 직장

생활을 하다가 스물다섯에 결혼하면서 공부를 시작하여 스물여섯에 입학했답니다. 더군다나 입학과 동시에 임신 소식을 접해야 했으니 대학생다운 대학생이 아니었음은 상상하시겠죠? 이십대의 열정과 청춘의 시절을 만끽하면서 대학생활을 해보지 못한 아쉬움이 있기에 제 인생에서 되돌아가고 싶은 시절은 바로 여러분의 시절, 대학 1학년이랍니다. 스무살, 꽃과 같은 나이에 대학생이 되었다는 것은 지극히 평범한 일이지만 동시에 너무나 축복받은 삶이라는 것을 여러분께 말씀드리고 싶군요.

대학 1학년은 바로 꿈을 꿀 수가 있고 그 꿈을 마음껏 이야기해 볼 수 있는 나이이기에 축복받은 시기라 할 수 있습니다. 미래를 준비할 수 있는 때이니까요. 지난 시간에 '성공의 원리'라는 주제로 강의가 있었듯이 앞으로는 더더욱 부자와 성공에 대한 많은 관심을 갖는 시대가 될 것입니다.

그래서 저는 '몸값을 올려라'는 강의 제목을 잡았습니다.

진정한 성공과 부자가 되기 위한 가장 바람직한 방법은 자신이 일하는 분야에서 최고가 되는 것이고 그 결과로 얻는 부인데요, 그 과정이 바로 자신의 몸값을 올리는 방법이고 그것은 끊임없이 자신을 계발해야만 가능한 것입니다.

여러분은 졸업 뒤에 희망하는 연봉이 얼마인가요? 3천만 원이요? 만족하시겠어요? 5천만 원이요? 네, 좋습니다.

실제로 직장인의 대졸 초임은 2천만 원에서 3천5백만 원입니다. 5년차는 4천만 원에서 5천만 원선이고요, 사업가나 대기업 임원의 연봉은 10억 원선입니다. 그럼, 동물원으로 가볼까요? 동물원의 기린, 황새의 몸값은 2억이고, 코끼리는 2억 5천만 원이고요, 코뿔소와 오랑우탄은 3억 원이랍니다.

그렇다면 가장 비싼 몸값은 어떤 동물, 얼마일까요? 5억이요? 또, 11억이요? 훌륭합니다. 바로 로랜드고릴라로 10억 원입니다. 수입가 3억 5천만 원과 부대비용을 포함해서입니다. 우리가 대학을 졸업하고 밤늦게까지 일한 연봉의 열배가 오랑우탄의 몸값입니다.

우리가 동물보다 못한 인간들이라구요? 로랜드고릴라의 초특급 몸값의 이유는 멸종위기의 귀하신 몸값이기 때문이지요. 동물의 세계에서도 수요와 공급의 법칙이 통한답니다. 우리 인간도 독보적이고 창의적인 자는 당연 최고의 몸값을 누리고 있죠? 그것은 무슨 힘인가요. 바로 이 시간의 주제인 자기 계발로 일구어낸 결과이지요.

스포츠 선수들 가운데 가장 많은 몸값을 받는 선수는 누구인가요? 박찬호 선수요? 강호동이요? 네, 강호동 선수도 지금 자신의 적성을 잘 찾아 제 2의 전성기를 누리고 있는 것 같습니다. 박찬호 선수 800억 원, 하인스 워드는 1,000만 달러의 몸값을 누렸다죠. 박지성 선수는 1골에 1,000만 원을 받았었고 맥주광고로 5억 3천을 벌어들였답니다. 2006년 현재는 1주일에 1억을 버는 몸값이 되었습니다. 영화배우 줄리아 로버츠는 2천만 달러, 멜 깁슨은 3천만 달러의 몸값을 누리며, 존 트라볼타는 대저택에 미니공항을 소유하고 점보 제트기가 두 대에 비행사까지 있다고 합니다.

조사한 시점이 달라 현재 연봉과 다를 수 있지만 여기서 말하고자 하는 것은 정확한 연봉 숫자가 아닙니다. 이 가운데 분명 액수가 틀리다고 제기하는 사람도 있을 텐데, 제가 유명인사들의 연봉을 거론하는 것은 이유가 있습니다. 우리는 유명 인사들의 표면적인 몸값에만 관심을 가질 것이 아니라 뒤에 숨겨진 그들의 피나는 노력과 연마를 놓쳐서는 안 되는 것입니다. 성공한 사람들은 반드시 이유가 있어요. 성공한 화려한 모습만을 볼 것이 아니라 발레리나 강수진과 박지성 선수의 피나는 노력의 결과인 아름다운 발까지 보라는 겁니다.

하인스 워드는 말했어요.

"MVP 달성에 대해 사람들은 하프타임 때 잠깐 뛴 것으로 생각하지만 그것은 풀타임 자리다. 365일 계속 노력해야만 성과를 보일 수 있는 직업이다. 내가 이룩한 것은 그저 이룬 것이 아니라 노력해서 얻은 것이다.

나는 어려서부터 나를 괴롭히고 놀리면 가만히 있지 않았다. 그럴수록 나를 성장시키려는 원동력으로 삼았다. 혼혈인으로 태어난 내게 선택권은 없었다. 창피한 것은 혼혈이 아니라 혼혈을 차별하는 것이다."

저도 일반적인 대졸초임의 연봉에서 1억 연봉에 도달하였고, 지금은 높게 잡아 10억 연봉을 목표로 삼고 있습니다. 높은 목표가 있는 연봉의 액수는 자신에게 무한한 능력을 발휘할 수 있는 원동력이 된답니다.

그럼 우리 함께 현재와 10년 뒤의 자신의 몸값을 스스로 매겨볼까요? 그리고 목표를 세워볼까요?

《몸값 TOP으로 올리기》란 책을 읽어보세요.

왜 몸값을 올려야 하는지, 어떻게 해야 하는지 내용이 있습니다. 사실 스무 살 대학생들에게 '몸값'이라는 용어 자체는 앞으로 미래에 자신이 이뤄야 할 일쯤으로 막연하게 생각할 것입니다. 지금 여러분이 가장 관심 있는 것이 무엇이죠? 시험이요? 네, 현실이죠. 물론 시험 잘 봐야죠. 목표는 5년 뒤, 10년 뒤 자신의 모습을 그린다면 왜 몸값을 올려야 하는지도 현실적이라는 것을 감지할 거예요.

왜 몸값을 올려야 하는지에 대해서 이 책에서는 세 가지로 요약해서 소개합니다.

첫 번째, 퇴출이나 경영위기, 구조조정 등 이제는 평생직장 개념이 사라지고 있어요. 당장 시험과 취직이 문제지 퇴출은 먼 훗날의 이야기라고요? 그렇지 않습니다. 요즘의 퇴출 연령이 40대도, 30대까지도 해당한답니다. 지금부터 실력과 준비를 갖춘 자만이 임원진으로 살아남거나, 독립하거나, 두세 가지 직업을 병행할 수가 있습니다. 선택되는 것이 아니라 스스로 자신의 미래를 결정할 수 있답니다. 그러니까 퇴출은 남의 얘기가 아니라 이십대인 여러분 자신의 가까운 미래라는 걸 인정하고 준비하여야 한다는 말입니다.

두 번째, 평균수명이 늘어나면서 세컨드 커리어, 곧 40대 이후의 제 2의 인생을 어떻게 설계할 것인가 하는 것인데요. 20대에는 자신에게 투자를 해야 할 것이며, 30대에는 재테크에 투자를 하고, 40대에는 제 2의 인생에 투자하라는 겁니다. 잘 새겨두세요. 20대의 시간을 헛되이 보내는 자는 40대에 가장 큰 후회를 할 것입니다.

세 번째, Fast Track System을 적용받는 핵심인재, 우수인재가 되기 위해 노력하는 것입니다. 그 분야의 최고가 되고자 하는 의욕이 있다면 연계공부를 이어나가게 될 것이고, 그러다 보면 재원이 되지 않겠습니까. 인재와 부자는 학벌로 이뤄지는 것이 아니라, 특정 분야의 맥을 짚어 전문성을 키워나가서 독자적인 위치를 확보한 사람을 일컫습니다.

결론적으로 말해 불확실한 생존경쟁에서 자신의 몸값을 올리기 위해 끊임없이 노력하고 준비하는 자만이 진정한 부와 명성을 얻을 수 있다는 겁니다.

위기 속에서 기회를 잡다

제가 20대에 프로그래머로 일을 할 때는 일반 고졸자보다는 월급이 좀 많았어요. 그러나 그때는 컴퓨터 앞에서 단순한 프로그램만 짜야 하는 나의 무능력에 좌절했었지요. 그렇다고 일을 하는 동안에 직무능력이 형편없었다거나 게으름을 피운 건 아닙니다. 주어진 일엔 언제나 최선을 다하자는 게 제 철학이니까요. 나의 20대는 프로그래머로서 일하는 자부심은 있었으나 일에 대한 만족도는 없었지요. 일터가 대한생명 63빌딩에서 25층이라 환경도 좋았고, 직장동료들과의 대인관계도 좋았고 많은 취미 생활로 직장생활은 재미있었어요. 하지만 일에서의 비전과 만족감, 열정보다는 뭔가 욕구가 충족되지 않은 상태로 20대를 보냈어요.

지금 생각해보면 그 일은 내 적성에 가장 맞지 않는 일이었어요. 자기 자신한테 맞는 일을 찾아야 열정적으로 일에 임할 수 있으며 시너지효과 또한 크답니다.

20대 초에 첫사랑의 쓰라린 실패 경험도 있었죠. 어리석게도 일시적으로 자살도 생각해보고, 수녀가 될 생각으로 수녀원에서 하루를 보낸 적도 있었답니다. 인생이 끝난 것처럼 절망에 빠졌었죠. 특히 마음이 여린 여학생 여러분, 사랑에 실패했다고 인생도 실패한 것은 아닙니다. 바보 같은 짓이죠. 사랑할 때는 열정적으로 하고 실연을 당하면 빨리

털고 자신을 추스르세요. 그 누구도 자신보다 소중한 사람은 없답니다. 물론 남학생도 마찬가지고요.

결혼을 하고 30대가 되어 학습지 교사를 했고 책방을 경영했습니다. 이때 저는 소규모의 가게가 아니라 사업을 해봐야겠다, 그 기회를 잡기 위해 준비를 해야겠다고 결심했습니다. 그래서 스포츠센터에서 영업을 하면서 능력에 따른 고수익 창출에 대한 비전을 배웠답니다.

이어서 자신의 몸값을 올리는 가장 좋은 방법은 자기계발임을 깨달으면서 부동산업에 입문하게 되었습니다.

무엇보다도 자신이 몸담고 있는 분야의 전문가가 되기 위해 노력하는 자만이 성공할 수 있음을 깨달았고 그 경험담을 책으로 내기로 결심했지요. 출간한 뒤에는 작가, 강사, 칼럼니스트로 활동했고, 그 활동은 또다시 컨설팅회사와 건설회사 등에 연계된 다양한 일을 할 수 있게 해 주었답니다. 세 가지 직업만이 아니라 자신의 능력은 계발할수록 무한하다는 것을 저는 체험하고 있는 중입니다.

현재는 또 다른 새로운 사업을 구상중이며, 저의 목표는 열 개의 계열회사를 이루는 것이고 최종목표는 장학재단을 세우는 것입니다. 제때에 공부를 못한 것이 한이 되었고, 적어도 집안 형편이 어려워 대학도 못가는 수재들에 대한 안타까움이 큰 탓도 있습니다. 지금은 중학생 몇 명을 보조해 주고 있는 정도이지만요. 자기 분야에서 전문가가 되려면 끊임없는 공부가 필요하지요. 무엇보다도 스스로 연구가 필요하답니다. 현재 내 나이 서른아홉. 이제는 저도 제 2의 인생을 구축하기 위해 더욱더 정진해야겠죠.

여러분, 가난한 아빠의 말처럼 열심히 공부해서 좋은 회사에 취직하는 것에 만족하는 것이 아니라 부자 아빠의 말처럼 열심히 공부해서 좋은 회사를 차리기 위해 노력하는 사람이 되세요.

그럼 제 경험담을 구체적으로 이야기해 볼까요?

어릴 적 제 꿈은 선생님이 되는 거였어요. 중학교에 입학하여 국어 선생님을 존경하면서부터 그 꿈은 좀 더 구체화되었지요. 국어선생님이면서 소설가가 되는 꿈에 젖어 있었답니다. 형제들이 많아 늘 집이 시끄러운 가운데에도 방학 때면 저는 동서양의 고전을 읽는 삼매경에 빠졌답니다. 그 시절 우리 집 형편은 그리 넉넉한 편이 아니었어요. 우리 가족 모두가 검소하고 부모님은 맞벌이를 했는데도 그랬죠. 서민들의 삶이 다 그렇죠. 그런 형편에 형제까지 많았으니 현대판 흥부네 집이라고 해도 좋을 만했죠. 어머니는 전국 1등하는 수재인 큰언니를 동생들 뒷바라지해야 한다는 명목을 붙여 대학진학을 포기하게 만들었어요. 가난한 수재인 언니를 은행원으로 취직시키는, 전쟁 같은 현실을 목격한 뒤 자동으로 저는 대학을 포기했죠.

결국 저는 교육대학이나 사범대학에 진학하지 못했고, 저의 꿈도 그대로 허공 속에 묻혀버렸어요. 적성에 맞지는 않았지만 프로그래머로 직장생활을 하다가 결혼했죠. 그리고 대학에 진학하면서 임신을 했어요. 배불뚝이 대학생활과 시어머님에 대한 감사의 글을 신문에 올린 적이 있었는데 선정이 되어 상품도 탔답니다. 그리고 대학 때 받은 장학금과 책을 내고 난 뒤 첫 강의를 했을 때의 강사료를 시어머님께 드렸을 때는 참 뿌듯했답니다.

어릴 적부터 환경적 약점을 안고 있던 저는 가난을 대물

림해서는 안 된다는 신념을 갖게 되었어요. 다시 말해서, 어떤 일이 있어도 돈 때문에 내 자식이 꿈을 포기하는 일이 있어서는 안 된다, 라고 생각했죠. 결혼하면서 시댁의 도움으로 작은 아파트를 장만하고 신혼생활이 시작되었지만, 10년 동안 재테크에는 관심이 없었고 우리집 아파트 값도 제자리였답니다.

결혼 4년차였던 어느 날 집으로 차압 통보가 날아왔어요. 남편이 나 모르게 친구 보증을 서주었고, 남편 친구는 사업이 망하면서 사라졌대요. 그래서 은행은 연대보증인인 남편에게 채무자의 대출금 장기 연체 사실과 함께 집과 월급을 차압하겠다는 내용을 보내온 거예요. 아파트가 전 재산이었던 제게 이 소식은 청천벽력과도 같았답니다. 채무자인 남편 친구는 이미 행방을 감춘 뒤였으니 저의 속은 더 까맣게 타들어 갔죠. 느긋한 성격을 가진 남편은 친구가 나타날 것이라고 믿고 있었지만, 한 번 줄행랑을 놓은 친구는 떠나간 함흥차사가 되어 소식이 두절되었어요. 저 혼자서 동분서주하며 채무자를 찾아 나선 지 열흘 만에 만날 수 있었습니다. 하지만 채무자는 알거지나 다름없는 처지가 되어 있었었습니다. 원금은 물론이고 눈덩이처럼 불어나는 연체 이자까지가 고스란히 우리의 빚이 되었습니다.

다행히 시댁의 도움을 받고 일부 빚을 얻어 급한 불은 껐습니다만 이 일을 겪으면서 비상시에 내놓을 목돈 하나 마련해 놓지 않고 살아왔다는 나 자신의 경제관에 대해 느낀 바가 많았습니다.

얼마의 빚이 있는데다가, 남편이 벌어다 주는 박봉만 믿고 전업주부로만 살 수 없었습니다. 궁리 끝에 학습지 교사를 하게 되었어요. 결혼한 뒤 처음 갖는 직장생활은 너무 힘겨웠어요. 세 살배기 아이를 어린이집에 데려다 주느라 아침마다 전쟁을 치러야 하는 일이 그 가운데 제일 고통이었지 싶습니다. 중학교 국어선생님은 못 되었지만 초등학생 논술까지 가르쳤으니 반 소원풀이를 한 거나 다름없다고 마음을 달래가며 마음을 추슬렀지요. 그렇게 열심히 하다 보니 목이 혹사당했고 급기야는 목소리가 전혀 나오지 않게 되었어요. 목에 혹이 생긴 것이었지요. 혹이 더 커지면 수술을 해야 한다는 이비인후과 의사의 경고를 받고 끝내는 학습지 일을 그만두게 되었습니다.

목을 사용하지 않으면서 할 수 있는 일을 생각하다가 책방을 하기로 했어요. 집을 전세로 놓고 시댁으로 들어가면서 자금을 마련하여 책방을 차렸어요. 학습지교사를 하면서 시간에 쫓기며 식사도 제대로 못하고 몸이 혹사당하는 것에 견주면, 책방은 천국이었어요. 음악을 들으며 커피를 마시고 책을 읽는 저의 생활은 평온 그 자체였답니다.

그러나 1년쯤 지나면서 슬럼프가 오기 시작했어요. 투자금이 없던 학습지 교사와 비교하면 금융비용이 발생하므로 수입이 별반 차이가 없었어요. 수입에 만족을 못하니 책방을 하면서 그룹과외까지 했지요. 결국 투자금을 회수하고 순수 노동력으로만 벌 수 있는 일을 찾아보기로 했답니다. 보증금을 회전시키고 월급을 받는다면 한꺼번에 두 사람 몫을 받는 거나 같다는 계산이 섰지요. 능력제인 일을 찾고 싶었고 그때 운동을 하기 위해 갔던 스포츠센터에서 홍보이사로 발탁되어 영업과 회원관리를 맡는 일도 1년 정도 해보았어요. 하지만 수입이 없었어요. 영업 실적이 좋아 받을 돈이 많았는데, 센터에서는 직원들 월급을 지급하지 못했죠. 스포츠 센터 오픈이 오래도록 지연되면서 오히려 제가 가입시킨 회원들에게 미안한 마음에 사비로 운동용품을 선물로 샀지요. 그때 깨달은 것이 나의 잘못이 아닌 회사로 말미암아 고객과의 신용이 무너졌다고 할지라도 나 개인이라도 그 신용을 깨지 않기 위해 최소한의 노력이라도 해야 한다는 것입니다.

성공한 사람은 단순히 부를 이룬 사람이 아니라 자신을 아끼고 언제든지 자신을 발 벗고 도울 수 있는 신뢰가 쌓인 사람을 주변에 많이 둔 사람이라고 생각합니다. 그 점에서 저는 아직 많이 부족하고, 많이 깨달아가고 있는 중입니다.

그럼, 재테크에는 어떻게 관심을 갖게 되었는지 말해 볼까요?

예전에는 40, 50대가 투자자의 주류였다면 요즘은 20대부터 재테크를 한답니다. 저는 나이 서른이 넘도록 목돈을 마련하는 방법이라고는 은행에 적금 붓는 것밖에 없는 줄 알았어요. 3년 만기 적금통장을 개설하고 나면 그 돈을 탈 생각에 먹지 않아도 배부른 느낌이 들었어요. 월급을 받으면 그 돈부터 떼어내 불입한 뒤에 남은 돈으로 생활했지요. 비정기적인 수입은 그것대로 모아 좀 더 길게 걸리는 5년 만기 정기 적금을 부었고 세금혜택이 주어지는 신상품이 나오면 어떻게든 쪼개서 1,000만 원짜리 적금이라도 하나 더 드는 악착을 떨었어요. 은행 이율보다 더 나은 재테크 수단을 모르던 그 시절에 저는 정말 개미처럼 일만하며 살뜰히 모았어요. 그런데도 목돈이 쥐어지지 않았지요. 계약할 때는 가슴이 뿌듯할 정도로 큰돈이었으나 적금을 타기도 진에 쓸 곳이 늘 대기 중이어서 결국 목돈을 헐게 되었어요. 또한 처음 계약할 당시의 현실 금리를 따라잡지 못하는 것도 늘 부자가 되지 못하고 제자리걸음을 하게 만드는 요인으로 작용했던 겁니다. 저는 부자가 될 수 없었고 아파트 평수도 늘려가지 못했으니 지금 생각하면 모순이 아닐 수 없지요. 당시 저의 재테크 방법론으로는 답이 안 나왔던 겁니다.

저는 그때 월급쟁이 입장에서 중요한 걸 깨달았어요. 은행 저축만으로는 죽었다 깨어나도 오르는 집값을 따라 잡을 수 없다는 겁니다.

무조건 안 쓰고 안 먹는 것만이 능사가 아니라는 사실을 알고 나서 다른 방법을 찾아보기 시작했어요. 주위에서 재산 증식에 성공한 사람들을 눈여겨보니까 대개는 부동산 재테크를 하고 있더군요. 그때 나는 부은 지 10년이나 지난 1순위 청약통장을 손에 쥐고도 아파트 청약을 할 엄두를 못 냈어요. 왜냐하면 시세 1억 가는 20년 된 18평짜리 아파트를 좀 더 넓은 평수로 갈아타기 위해서는 두 배가 넘는 아파트 분양가에 대비한 잔금이 있어야 했기 때문에 시도를 못했어요.

저는 아파트에 관심을 갖고 공부하기 시작했어요. 원래 갖고 있던 아파트는 그대로 놔두고 한 채 더 마련해보자는 계획이었죠. 분양광고만 나오면 통장을 모두 꺼내놓고 중도금에서 잔금을 여유자금과 대비해서 계산해 보다가 잔금을 맞출 자신이 없어 포기한 것이 여러 번이었죠. 잔금이 모자라면 입주 전에 권리금을 받고 판다는 생각은 아예 엄두도 못 냈답니다. 내가 들어가 살 집을 분양받을 생각만 했고 중도금 치를 목돈이 없다면 그것도 아예 불가능한 일이라 생각했지요. 10퍼센트 계약금을 건 뒤 대출로 중도금을 치르고 분양권 전매를 해서 돈을 버는 것은 꿈도 꾸지 못했지요. 이른바 '분양권전매'라는 것을 전혀 몰랐답니다.

일단 일반 청약을 시도했고, 청약한 아파트 발표가 나기 전에 또 다른 아파트에 관심을 돌렸지요. 두드리면 문은 열리게 되어 있는 법, 이번에는 조합 아파트 쪽을 알아보았어요. 조합 아파트는 일반 청약 아파트보다 싸요. 조합 분으로 할당된 것에 권리금 1,000만 원을 얹어주고 사도 일반 아파트보다 이익이 남으며, 일반 청약 분보다 로열층을 배당받았지요.

또한 미분양 아파트 분양공고를 보니 계약금 5퍼센트만 내면 나머지 계약금 5퍼센트와 무이자 중도금은 대출이 가능해서, 모델하우스를 보고 계약을 했어요. 재테크에 문외한이었던 제가 한 달에 아파트 청약을 세 건이나 하는 사고를 쳤답니다. 있는 돈을 모두 끌어다 아파트 청약을 한 것이지요. 두 채는 분양권 전매를 하여 조금 수익을 남기고 그 가운데 가장 입주가 빠른 아파트에 들어갔어요. 그동안 1,000만 원 적금을 타기 위해 3년을 꼬박 기다렸는데 아파트 분양권 투자는 제게 놀라운 사실을 알게 해 주었답니다. 재테크에 대한 획기적인 인식의 전환이 된 것이지요. 돈은 묻어두는 게 아니라 굴리는 것이라는 점을 깨닫는 계기가 되었답니다.

바로 그거예요. '보관'과 '굴림' 사이에는 제가 미처 알지 못했던 엄청난 재테크의 노하우가 숨어 있었던 것입니다. 돈은 눈덩이 같아서 가만 놓아두면 사라져 버리지만 굴리면 불어나는 것이라는, 이른바 '돈=눈덩이'라는 새로운 개념이

제 머릿속에 자리 잡았답니다.

Feel＝Fail, 그리고 새로운 도전

18평 낡은 아파트를 팔고 시댁으로부터 약간의 도움을 받아 35평 새 아파트를 마련하여 서울에서 일산으로 이사하고 나니 꿈만 같았어요. 그러나 아파트 관리비는 배나 더 들었고 씀씀이도 더 커져 생활비가 더 들었지요. 생활비 충당을 위해서라도 돈을 벌어야 했어요. 얼떨결에 집을 뻥튀기하고 나니까 내가 모르는 또 다른 어딘가에 눈먼 돈이 굴러다닐지도 모른다는 엉뚱한 생각까지 들었답니다.

저는 또 다시 낯선 분야에 도전해 보고 싶었지요. 어떤 분야에 대한 투자는 경험과 공부가 밑바탕에 깔려 있어야 안전한 법입니다. 그런데 이미 저는 헛된 자만심에 빠져 있었던 것 같아요.

'나에게는 남이 못 가진 필(Feel)이 있지 않은가. 타고난 경제적 촉수가 감지해 내는 대로 따라가면 될 것이다.'

이런 허황된 생각으로 도전한 것이 주식투자였어요. 한두 번 이익을 보기는 했으나 결국 1년 만에 원금은 고사하고 빚까지 진 상태로 손을 털게 되었지요. 막상 주식에서 손을 떼고 나니까 '계란을 한 바구니에 담지 말라' 같은 주식시장의 격언들이 귀에 들어오기 시작했어요. 그 평범한 진리를 왜 진작 깨닫지 못했을까? 대세를 읽을 만한 안목도 키우지 못한 채, 회사의 재무 상태에 대한 아무런 지식이나 관심도 없던 사람이 대중적인 인기만 보고 부화뇌동한 셈이었지요. 그 무렵엔 남편이 사업을 하고 있던 때였는데 실적이 별로 좋질 않았어요. 결국 남편은 사업을 접었어요. 생활비조차 카드로 돌려 막으며 사는 신세가 되었지요. 저는 다시 목돈을 날리고 빈털터리가 되었답니다.

여유자금을 모두 탕진하고 카드 빚에 쪼들리게 되자 다시 취직을 해서라도 만회를 해야겠다는 조급증에 시달렸어요. 그러나 이제 책상 앞에 가만히 앉아서 사무만 보는 일은 내키지 않았어요. 능력을 발휘한 만큼의 보수를 받고 싶었고 좀 더 진취적인 일을 하고 싶었어요.

그때 문득 아파트 청약을 하면서 부동산 중개사무실에 드나들었던 기억이 났습니다. 그 부동산 중개사무실에서 한번 일해 볼까 하는 호기심이 발동했지요. 자격증도 없고 경험도 없는 터라 조건이 좋지 않겠지만 어차피 일을 배우기로 한다면 못할 것도 없지 싶었어요. 음료수를 한 박스 들고 찾아갔지만 일을 배우고 싶다는 말이 쉽게 나오지 않더군요. 많이 망설이다가 이야기를 꺼냈어요. 사장과 실장은 내게 복부인이 될 기질이 다분히 있다고 부추겨가면서 아파트를 계약하러 왔을 때부터 같이 일해 보고 싶었노라고 시원시원하게 앞길을 열어주었어요.

사장은 부동산학과 대학원을 나와 대학에 출강하는 유능한 공인중개사였고, 실장은 그 지역에서 아파트 중개 경험이 풍부한 실력자였답니다. 나는 제대로 길을 찾아왔구나 하는 생각이 들었지요. 부동산 업무만이 아니라 그들이 손님을 대하는 표정과 태도도 관찰했어요. 단아한 옷차림을 한 실장은 친근하면서도 넘치지 않도록 절제하는 태도로 고객을 응대했어요. 큰 계약건의 잔금을 받는 마무리 작업 날에는 미장원에 가서 드라이를 받고 오더군요. 실장은 손님과 법무사, 은행 직원, 세무사 등을 모두 한자리에 모아놓고 아주 자연스럽게 일을 주재했어요. 유능한 컨설턴트의 면모가 유감없이 발휘되는 순간을 목격한 저는 컨설턴트가 되기로 목표를 세웠답니다.

아파트 중개 일을 열심히 하다 보니, 내 나이 서른다섯이 되더군요. 주부 초년병 시절에 가졌던 소박한 꿈이 세월의 강을 지나오면서 물줄기도 커지고 조금은 거세어졌는지도 모르지요. 몇 년간 호황을 누리던 주거용 부동산 시장이 강력한 제재를 받자 여유자금이 토지시장으로 몰렸어요. 저는 아파트 중개에서 토지 중개로 영역을 넓혀 나갔지요.

토지는 아파트와는 개념이 달랐어요. 뭐랄까, 전체적으로 무겁고 크고 방대해서 투자자나 실무자들 모두 접근하기 어려웠습니다.

맨 처음 토지 컨설턴트로 입문했을 때는 무작정 땅을 보러 다니기 바빴어요. 땅을 보는 안목을 키우는 게 가장 급선무라고 생각한 까닭이었죠. 물론 단시간에 해결되는 문제가 아니란 것을 금세 깨달았지만요. 초보 때 한창 땅을 보러 다닐 때는 꿈속에서도 나대지, 곧 건물이 지어져 있지 않은 맨땅만 보면 땅 주인이 누굴까 궁금해졌어요. 그 위에 내가 멋진 건물을 짓는 상상도 해 보았죠. 경쟁력 있는 땅을 보는 눈이 아직 없기 때문에 우선 토지를 전문으로 하는 다른 부동산 중개사에게 자문도 구할 겸, 저는 접수 받은 물건은 물론이고 일요일에도 땅을 보러 다녔어요.

지주들이 내놓은 땅을 보고 돌아오는 길에 제 마음은 마치 내 땅을 보고 오는 것처럼 땅 부자가 된 듯 들떠 있었어요. 정말 이렇게 좋은 직업이 있을까 싶을 정도로 신이 났습니다. 이 땅은 이래서 좋고 저 땅은 저래서 좋고 모든 땅들이 그저 제 눈에는 다 좋아 보이더군요. 땅을 소유한 사람들은 마음까지 땅만큼 넓을 것만 같았어요.

아파트 중개는 사무실과 인근 아파트가 주무대였다면 토지 중개는 운전을 하면서 전국의 땅들을 보아야 한답니다. 시간과 비용이 많이 들었고 여자이면서 주부로서 제약이 많이 따랐지요. 이렇듯 아파트 중개보다는 훨씬 고되었지만 일에 매력을 느꼈어요. 능력에 따라 고수입도 가능했지요. 또한 고객에게 신뢰를 얻기 위해 토지 컨설턴트로서 전문 지식과 자부심이 필요했어요.

베스트셀러 작가가 되다

사람은 직업에 열의를 가지면 그에 알맞은 안목도 생겨나게 마련인가 봅니다. 내가 무슨 일을 하느냐에 따라 세상을 향한 관심과 바라보는 시선이 맞추어지더군요. 학습지 교사를 할 때는 거리에서도 온통 아이들만 보이고, 책방을 운영할 때는 잘나가는 책에 대한 궁금증뿐이었답니다. 스포츠센터에서 일을 할 때는 사람들을 만나면 어떤 운동을 좋아하는지 묻게 되었지요. 세상을 향한 관심과 바라보는 시선이 자신이 하는 일에 맞추어지더군요. 일종의 직업병이죠.

저는 나 자신을 한 단계 업그레이드하기 위해서, 또 고객에게 신뢰를 주기 위해 책을 쓰기로 마음먹었어요. 그때가 부동산 중개에 입문한 지 3년 만의 일이었어요. 주변의 동료들은 짧은 경험으로 책을 쓰는 것은 시기상조라고 반대를 하며 출간을 염려했지요. 그러나 저는 뜻을 굽히지 않았어요. 오히려 오기가 나더군요. 이 계통에 한 10년 종사한 뒤에 책을 쓸 수도 있으나 초심, 초보자의 경험을 사실대로 표현해 내는 것도 의미가 있겠다는 생각이 들었어요. 10년 뒤에 높은 산 하나를 넘는 것보다는 작은 산봉우리를 1년에 한 번씩 오르리라는 생각으로 많은 시행착오를 겪으면서 1년에 한 권씩 출간하리라 마음먹었어요. 무엇보다도 책을 쓰면서 나 자신에게 많은 공부가 되리라는 확신이 들었기 때문이었지요.

집필을 하는 동안에는 전혀 일을 할 수 없기 때문에 경제적인 어려움이 발생했어요. 또한 대학시절 빼고는 글을 쓰는 일을 해 보지 않아서 시간만 흘려보내며 애를 썼어요. 그러나 포기할 수가 없었죠. 벼랑 끝에 선 기분이었고, 무엇보다도 중도에 포기하면 나 자신에게 가장 자존심이 상했기 때문이죠. 토지 중개는 고객을 만나기 위해 광고비, 교통비 등의 끊임없는 투자가 필요한데, 미래에 대한 비전 없이 무작정 일을 할 수는 없었어요. 집필을 그만두고 수입을 이어가기보다는 더 나은 미래에 투자를 하자는 쪽으로 마음을 다잡고 원고를 쓰기 시작했어요. 초고는 수없이 써 나가도 가닥이 잡히지 않았고, 숱하게 원고를 고쳐야 했지요. 초고를 마치고 원고를 몇 군데의 출판사로 보냈어요.

이렇게 해서 저의 처녀작 《보통아줌마의 아주 특별한 부동산 투자》는 2003년 8월에 처음 쓰기 시작해 2004년 4월에 출간을 하게 되었지요. 제가 구상한 컨셉이 독자들에게 어필을 했고 말 그대로 보통아줌마의 부동산 투자 성공기는 많은 매체를 타고 기사화해졌어요. 출간 뒤 한 달가량은 거의 잡지사나 TV, 라디오 인터뷰를 해야 했으니 이만하면 처녀작으론 성공한 셈이었지요.

한편, 《보통아줌마…》 출간을 하지 않은 시점에 다른 출판사에서 토지를 집중적으로 집필을 해보겠냐는 의뢰를 받았지요. 당시의 부동산 재테크 서적은 종합선물처럼 토지, 상가, 땅을 모두 망라해서 내용을 다루었던 시기였지요. 토지만 다룬다는 것은 그만큼 독자층이 좁아서 큰 기대를 할 수 없었고 책 부수에도 큰 욕심을 낼 수가 없었어요. 그러나 《보통아줌마…》가 아직 출간을 안 한 상태지만 첫 작품이라서인지 시행착오를 겪으면서 스스로 만족도가 떨어지는 《보통아줌마…》에 대한 보완과 완성도를 높이기 위해서 토지에 관한 책을 쓰기로 했어요. 한마디로 책 부수와 상관없이 스스로의 만족도가 더 높았던 시도였지요.

그렇게 준비하여 2004년 6월에 《집 없어도 땅은 사라》가 출간되었어요. 전문서이지만 초보자도 쉽고 편하게 읽을 수 있도록 사진과 사례를 최대한 활용했어요. 부동산 투자의 호황기였던 2004년과 타이밍이 맞아 출간 즉시 베스트셀러가 되었어요. 인터뷰나 텔레비전 출연 녹화 중에도 출판사에서 인쇄소식들이 날아와서 대박임을 예감했죠. 출간 뒤 1개월 만에 교보문고 종합순위 3위, 경제서 1위까지 순위에 올랐어요. 사심 없이 순수한 마음으로 집필한 책이 베스트셀러 대열에 오르면서 저는 부동산업계에서 신데렐라가 되었어요.

신데렐라. 저는 신데렐라를 좋아하지 않습니다. 저는 힐러리나 오프라 같은 강하면서 부드러운 그리고 스스로의 힘으로 자신의 성공을 이루는 여자들을 좋아한답니다. 오프라 윈프리는 자신의 역경을 딛고, 자신을 발전시켜 인기와 존경과 돈을 모두 얻은 진정한 성공을 이루었죠.

혹시 시집 잘 가기 위해 대학에 다니는 여학생 있나요? 제가 고등학교 때 선생님 가운데 한 분이 시집 잘 가기 위해 공부 열심히 하라고 하더군요. 여학생이 꿈속에서 못생긴 남편의 얼굴을 보고 화들짝 놀라 깨어나 '열심히 공부하면 남편의 얼굴이 바뀐다'는 급훈을 보는 광고를 보고 웃은 적이 있어요.

여러분! 무엇보다도 자신의 꿈을 이루기 위해서 열심히 공부하시기 바랍니다.

《보통아줌마…》 책은 인터뷰 요청이 쇄도했고 《집 없어도 땅은 사라》를 출간한 뒤에는 강의와 상담 요청이 밀려들었어요. 출판사는 바로 2탄 집필을 요구했으나 강의와 컨설팅으로 몸은 녹초가 되었어요. 당연히 토지 컨설턴트라는 내 본업도 더욱 바빠졌죠. 밤낮으로 일을 해야 했어요.

2004년, 그해 11월에는 급기야 한 달 동안 멈추지 않는 기침 때문에 기업체 직원들을 위한 재테크 강의를 펑크 내게 생겼어요. 약을 먹으면 나아지리라 믿었는데 강의 당일 날까지 나오지 않는 목소리로 겨우 그 사실을 전화로 말씀드렸더니 기업체 사장님은 손수 나를 만나러 와서 한의원에 데리고 가 침을 맞게 하고 한약까지 지어주셨지요. 세상엔 원칙과 일만 있는 게 아니라 인정과 아량을 베풀 줄 아는 사람도 있다는 것을 새삼 깨닫는 계기가 되었고 많은 용기를 얻는 기회가 되었답니다.

내친 김에 다니던 회사에서 독립하여 내 컨설팅 회사까지 차렸지요. 그 뒤로도 저돌적으로 일을 하다보니 저는 세 차례나 쓰러졌어요. 쓰러지면 일주일가량을 앓아누웠고, 후유

증은 한 달이 갔죠. 그때마다 일로 연계된 분들이 한약을 꼭 지어주시고는 했죠. 바빠서 운동을 전혀 할 수가 없었으니 건강은 계속 악화되었죠. 바쁠수록, 몸이 고될수록 운동을 해야 한다고 스스로 독려하고 다시 테니스를 하면서 몸이 회복되었습니다. 자랑 같지만 저는 원래 실제의 나이보다 한 5년은 젊게 보아주는데 비결은 바로 운동에 있지 싶군요. 요즘은 스쿼시와 필라테스를 하고 있습니다. 저는 악기를 다루고, 운동을 즐기는 것은 건강한 취미생활로도 좋지만, 인생을 더욱 활기차고 멋지게 보낼 수 있는 방법이 된다고 생각해요.

컨설팅 회사를 운영하면서 어려움이 많았지만 출판사와 독자들의 요구에 부응하고자 2005년 5월에 《집 없어도 땅은 사라》 2탄을 출간했어요. 1탄이 베스트셀러가 되고 토지시장의 호황과 더불어 다른 저자들이 땅 투자 관련 책들을 많이 출간하던 때라서 2탄은 심혈을 기울여 집필을 했지요.

그러나 2005년 8월에 가장 강력한 부동산 시장의 규제정책으로 말미암아 2006년에 본격적으로 부동산시장의 침체가 시작되면서 2탄은 1탄만큼 나가지는 않았어요. 사실 욕심이 없었던 1탄의 집필과는 달리 2탄은 기대도 많았으니 실망도 있었죠. 그 뒤로 2005년 말부터 2006년 7월까지 몇 번에 걸쳐 집필을 시도했지만 원고가 잘 써지질 않더군요. 그도 그럴 것이 《보통아줌마…》와 《집 없어도 땅은 사라》 1탄을 집필할 때의 순수한 마음이 아닌 베스트셀러가 되기 위한 책을 만들기에 욕심이 앞서서 더 그랬던 것 같아요. 2005년 후반부터 그 욕심을 버리기까지 오랜 시간이 걸리더군요.

지금은 초심으로 돌아가 집필을 하고 있답니다. 부동산

분야만이 아니라 자기계발 분야와 그 밖에 다양한 분야에도 시도하려 합니다. 가장 쓰고 싶은 순수소설 분야는 좀 더 성숙하고, 인생을 더 살아본 뒤에 꼭 도전해보고 싶습니다. 제 인생의 목표 가운데 하나이기도 하고요.

견문을 넓히고 성숙된 인격을 갖추기 위해 책을 많이 읽고, 자신만의 시간을 갖고, 사색을 많이 하세요. 오프라 윈프리의 성공비결이 바로 끊임없는 지적탐구, 곧 독서랍니다. 또 지금부터 친구들과 배낭여행 적금을 들어서 넓은 세계를 경험하는 기회를 만들어 보세요! 인생이 달라질 겁니다.

나이에 맞는 재테크 방법

그러면, 재테크 잘하는 방법을 알려 드릴까요? 인터넷에서 참고한 내용인데 연령별로 할 수 있는 재테크 방법을 말씀드릴게요.

사회초년기에는 결혼자금 준비와 자신의 미래를 위한 자기계발에 투자하는 데 주력해야겠죠. 이를테면, 자격증이나 전문직 도전 공부나 어학공부, 자기분야의 연계공부, 자신의 적성에 맞는 일을 찾아 취미에서 특기로 발전시키는 것도 좋은 방법입니다. 또한 20대부터 일단 주거래은행을 정해 한 은행과 집중 거래를 하세요. 그리고 근로자 우대저축을 가입하고 내 집 마련 주택부금을 소액이라도 매월 불입하세요. 신용카드보다는 월 급여 이체실적에 따른 마이너스 대출을 활용하는 것도 좋습니다. 결혼 뒤에도 역시 집 마련, 집 평수 늘리기와 목돈 마련하기에 주력을 하고 주택관련 예금은 빨리 가입하세요. 비과세나 세금우대저축을 활용해

세후 이자 수입을 늘려 나가세요.

30대 직장인 때는 집 마련과 자녀 양육비 준비하기에 주력을 하게 됩니다. 30대에는 본격적인 재테크를 할 때입니다. 청약부금에 우선 가입하고 목돈을 마련하기 위해 비과세 상품을 활용하세요. 저는 베스트셀러 작가가 된 뒤에는 주거래은행에서 담보 없이 순수 신용대출로만 저금리로 5천만 원까지 마이너스 대출을 받아 땅에 투자를 했답니다. 소득의 3분의 1 이상은 반드시 저축을 하세요. 또한 이때부터는 아파트만이 아니라 상가나 토지 재테크에도 관심을 갖고 시도해 보세요. 각종 재테크 교육이나 동아리 등의 활동도 겸하는 것이 좋습니다.

40대 직장인 때는 주택 넓히기와 자녀 교육비 마련에 힘쓰게 됩니다. 40대는 주택을 넓힐 수 있는 최적기랍니다. 지나친 주식투자 등의 공격적 재산관리는 위험을 자초한다는군요. 목돈을 잘 굴려야 큰돈이 되겠죠. 금리를 읽은 다음 재테크 방법을 선택해야 합니다. 40대에는 재정적으로 안정적이어서 주식, 부동산 등의 재테크에 투자할 여력을 가질 수 있어야겠죠. 40대에는 제 2의 인생 준비에도 투자를 해야 할 시기이니까 말입니다.

50대 직장인 때는 노후생활을 준비하고 자녀 결혼비용을 마련해야 합니다. 노후생활에 본격 대비를 해야 할 시기이지요. 원금이나 이자를 떼일 위험이 있는 재산은 그 규모를 줄여야 합니다. 이 시기에 진 빚은 큰 부담을 낳습니다. 자녀들이 소득이 있을 때는 자녀명의로 저축을 하는 것이 좋습니다. 만일의 사고나 질병에 대비한 보장성 보험은 더욱 필요하겠죠.

다섯째, 노후자금준비가 이미 완료된 단계일 겁니다. 재테크에 자신이 없으면 연금저축제도를 활용합니다. 안전성과 환금성에 중점을 둔 투자를 하고 상속문제를 결정할 시기입니다. 금융 비서를 고용하는 것도 좋은 방법이겠습니다.

부동산 투자의 성공과 실패담이 아주 많죠. 투자에 성공한 사람도 실패한 사람도 있죠. 그러나 성공한 사람이나 실패한 사람이나 같은 점은, 부동산에 투자하기 위해서는 투자처를 찾기 위해 직접 발품을 팔거나 신뢰할 사람을 만나거나 적어도 종자돈을 투자한 뒤 마음 졸이는 심정은 모두 같습니다. 다만 실패한 뒤의 대처방안이 다를 뿐입니다. 과거 한때 실패를 한 경우, 그 원인을 타산지석으로 삼고 시행착오를 겪다가 성공한다면 성공한 사람이 되는 것이고, 다시 시도하지 못한다면 곧 그 사람은 부동산투자 해서 실패했다, 라고 결론지어지는 것이죠. 다시 말해 부동산 투자에서 성공할 팔자 실패할 팔자가 따로 있는 것이 아니라 본인이 성공하고 말겠다, 라는 근성으로 연구 노력하면 성공하게 되어있다는 것입니다.

우리나라처럼 부동산시장에 정부가 직접적으로 개입하는 상황에서는 투자자들은 부동산정책에 민감할 수밖에 없죠. 부동산 시장의 사이클과 사고파는 타이밍도 중요하지만 진정한 부자는 시장상황에 예민하게 반응하기보다는 여유자금으로 투자하고 느긋하게 기다린답니다.

아파트는 1가구 다주택에 대한 보유세나 양도세 세금부담이 가중되지 않았던 시절에는 투자하기에 아주 좋았답니다. 입주하기 전의 아파트는 등기비용도 내지 않고 등기하기 전에 사고파는 이른바 분양권 전매를 할 수가 있었죠. 기존 아파트의 경우는 저금리 은행 대출과 전세를 끼고 자기자본은 10~20퍼센트로 투자하여 아파트 한 채 값으로 열 채도 보유하던 시절도 있었답니다. 지금은 부동산강화정책으로 불가능하지만요. 현 정권에서 아파트 값을 잡으려고 하면 할수록 아파트 값은 치솟아 오르기만 했죠. 땅도 실제 사고파는 실거래가가 아닌 실거래가보다 몇 배나 낮은 공시지가로 신고하니 보유세나 양도세에 대한 부담도 없고, 오른 땅값이 그대로 수익이 되었으니 땅을 사 놓으면 부자가 된 것이었죠. 따라서 개발이 된 땅으로 말미암아 벼락부자 또는 졸부라는 말도 나온 겁니다. 그러나 지금은 땅도 모두 실거래가로 신고한답니다. 앞으로 부동산 투자에서 대박을 맞거나 벼락부자가 되기는 어렵죠.

2000년에 들어 부동산시장은 전국의 개발호재와 투자자들로 큰 호황을 누렸고, 2006년에 들어서는 그동안 수차례의 정부 부동산대책이 효력을 발생하기 시작했답니다. 여러분은 아직 부동산투자에는 관심이 없겠지만, 지금부터라도 뉴스나 신문지상에서 부동산에 관한 이야기가 나오면 귀담아 듣는 습관을 가지세요. 훗날 많은 도움이 될 겁니다.

제가 만난 투자자들 가운데에는 2, 3천만 원에서부터 500억 원의 투자자도 있었답니다. 3천만 원으로 땅에 투자하여 2개월 만에 4천 5백만 원에 땅을 팔아 다시 6천만 원의 땅을 산 투자자도 있었지요. 1억을 투자한 분은 1년 만에 두 배의 수익을 올리기도 했고, 2억으로 5억을 만든 땅도 있었답니다. 그러나 땅에 투자해서 쉽게 팔리지 않고 장기간 묶이는 경우도 많답니다.

땅을 사서 그대로 파는 경우보다는 개발을 하여 파는 경우 더 많은 수익을 얻기도 하는데, 2006년부터는 부동산정책으로 많은 제한이 있어 매매도, 개발도 어려움이 많은 것이 사실입니다.

그러나 부동산시장은 부동산 정책을 강화하고 완화하는 사이클이 있습니다. 여러분 가운데 훗날 부동산업에 종사하는 사람도 있겠지만, 부동산업에 종사하지 않더라도 반드시 재테크와 부동산시장에는 관심을 갖기 바랍니다. 재테크는 선택이 아니라 필수이니까요. 여러분이 살고 있는 집과 땅은 죽을 때까지 여러분 삶과 무관하지 않기 때문이죠. 재테크에 관한 책을 읽거나 인터넷 사이트나 동호회에서 정보를 얻거나, 부모님이나 지인들의 재테크에 관심을 갖는 것도 좋은 방법입니다.

진정한 부자란?

《시골 의사의 부자경제학》의 저자는 말하더군요.

"부동산이나 주식 같은 유형자산보다 무형자산이 더욱 중요합니다. 무형자산은 길거리에 나앉게 되더라도 일어설 수 있는 능력이며, 또 유형자산을 잘 굴려서 자산 보존에 그치는 것이 아니라 자산 증식을 가능하게 하는 능력입니다. 진짜 부자는 무형자산에서 결판이 납니다."

또한 진정한 부자는 10억도, 20억도 아니고, 부를 늘리는 데 관심이 없으며 더 이상의 부를 필요로 하지 않는 사람들이라고 저자는 말합니다.

이 관점에서 보았을 때 당신은 부자인가? 이 질문에 "예"

라고 대답할 수 없다면 당신은 부자가 되는 방법을 찾기보다 먼저 '왜 부자가 되어야 하는가?', '내가 생각하는 부의 목표치는 어느 정도인가?', '그것은 어떤 근거로 산출된 것인가?'를 생각해야 한다고 합니다. 앞으로 어떻게 부자가 될 것인지, 또 그것을 어떻게 지킬 것인지는 그 뒤에 생각해야 한답니다.

20대부터 자신이 생각하는 진정한 부자의 모습을 그려보기 바랍니다. 단순한 부의 축척만이 아닌 빌 게이츠나 워렌 버핏 같은 부자가 있음을 기억해 두세요.

IT 황제 빌 게이츠의 재산은 약 480억 달러, 원화로 환산하면 약 52조 원에 달하지요. 투자의 신 워렌 버핏의 현재산은 약 410억 달러, 원화로는 약 45조 원에 달해요. 두 사람의 재산을 합치면 우리나라의 한 해 예산과 맞먹는다죠. 그러나 두 사람은 세계 최고의 부자라는 타이틀에 별 흥미를 느끼지 못한답니다. 순위란 언제나 바뀔 수 있고 부자라는 사실이 그들 생활에 큰 변화를 주지도 않기 때문입니다.

두 사람은 최고의 부자이면서 동시에 재산을 사회에 환원하는 자선가이기에 많은 사람들에게 감동을 준답니다. 두 사람은 검소한 생활로 유명한데 특히 워렌 버핏은 햄버거와 콜라를 즐겨 먹고 값싼 스테이크를 즐기며 오래된 중고 자동차를 직접 운전하고 다니고 50년 전에 3만 달러를 주고 산 집에서 여전히 살고 있답니다. 그들은 자신이 그저 좋아서 선택한 방식대로 살고 있다고 말한답니다. 지금보다 더 많은 재산을 가져도 생활에는 큰 변화가 없을 것이며 반면에 그 모든 부를 당장 잃어도 그리 바뀔 것이 없다고 자신 있게 말한답니다. 부지의 여유라고 하기에는 좀 모자란 그야말로 '현인'의 여유라고 하더군요.

빌 게이츠와 워렌 버핏은 정상에서도 끊임없이 자신을 계발하고, 자신이 좋아하는 일에서 성공하여 세계 최고의 갑부가 될 만큼의 부를 이루었어요. 그리고 그들은 분명 이 시대의 사표로 삼아도 좋을 만한, 진정한 부자로서 그들만의 아름다움이 있습니다. 질병 퇴치에 힘쓰고 재산을 아낌없이 사회에 환원하면서도 여전히 최고의 부자 반열에 올라 최고의 몸값을 누리며 건재하니 이만하면 이 시대 최고 멋쟁이가 아니겠습니까?

여러분 가운데에도 제 2, 제 3의 빌 게이츠와 워렌 버핏이 나올 수 있다고 생각합니다. 여러분, 도전해보지 않겠습니까? 가능하답니다. 여러분의 능력을 계발하고 최고의 몸값을 누리십시오! 유한대학과 이교원 교수님의 도움이라면 가능하지 않겠습니까? '나는 할 수 있다'고 마음먹고 목표를 세운다면 여러분의 몸값은 방금 전과 분명히 달라져 있을 것입니다.

청소년기의 건강관리

홍정용

풍산의료재단 이사장

안녕하세요. 반갑습니다.

유한대학의 설립 이념이 얼마나 훌륭합니까. 대한민국에서 유일한 박사님이라고 하면 어떤 사람도 존경해 마지않는 분입니다. 그분이 설립한 학교에 다니는 여러분과 이곳에 와서 강의를 하게 된 저는 모두 영광입니다.

에이즈와 건강

여러분이 인터넷을 보면 성(性)에 관련된 것이 굉장히 많이 나와 있습니다. 근데 특히 강조할 것 몇 가지 가운데서도 굉장히 중요한 것만 말씀드리겠습니다. 가장 중요한 것부터 이야기하겠습니다.

윤리적인 면보다는 저는 과학적이고 질병적인 면을 말씀

드리겠습니다.

지금 우리나라에서 가장 문제가 사실 에이즈입니다. 여러분은 잘 모르실 것입니다. 에이즈에는 혼테인탈이 있고 어콰이어드가 있는데 혼테인탈은 선천성, 어콰이어드는 후천성으로 얻은 것입니다. 어콰이어드(Acquired)는 AIDS의 A를 뜻하고, I는 Immune, D가 Deficiency, S가 Syndrome 이렇게 됩니다. 이것이 후천성 면역 결핍증입니다. 반대로 선천성 면역 결핍증이 있죠. 이것은 드뭅니다.

지금 에이즈가 세계적으로 창궐하고 있습니다. 여러분은 모르고 있지만 나라가 무너지고 있습니다. 태국 같은 나라는 에이즈 때문에 발전할 수가 없어요. 아프리카는 빈곤 등 여러 가지 문제로 어렵죠. 거기에 일조를 하고 있는 것이 에이즈입니다.

그럼 우리나라는 무풍지대냐? 우리나라도 큰일 났어요. 현재 우리나라 에이즈 환자가 공식적으로 4천 명입니다. 공식적이란 말은 등록된 숫자입니다. 그렇다면 어떻게 에이즈란 것을 알게 되었을까요? 그냥 길가다 헌혈 하고 난 다음 알게 되는 경우가 많습니다. 이것은 보건복지부 통계입니다.

그런데 문제가 하나 있습니다. 우리나라가 십 년 뒤에는 몇 명이 될 것인가? 라는 것입니다. 100명에서 1,000명이 되는 것이 오랜 시기가 걸린다고 하지만 보통 이런 이야기가 있습니다.

물풀이 반이 덥힐 때까지 5년이 걸렸다면 연못이 다 덥힐 때까지는 몇 년이 걸리겠느냐고 누가 이런 문제를 냈어요. 대답은 10년이라 하겠지만 아닙니다. 한 달이 걸립니다. 기하급수적으로 늘어나니까요. 암세포도 마찬가지입니다. 3센

티미터가 될 때까지는 오래 걸리지만 그 뒤로 죽을 때까지는 별로 오래 걸리지 않습니다.

예전에는 원양어선을 타고 나가 해외에서 걸렸다 이런 분들도 계시고, 헌혈해서 걸렸다 하는 사람들도 있었지만 지금은 이성 사이에 접촉으로도 많이 걸립니다. 꼭 동성애자만 걸리는 것이 아닙니다.

문제는 에이즈가 어떤 사회적인 악영향을 끼치느냐?

첫째는 너무 돈을 많이 써요, 의료비도 만만치 않고, 약값도 비싸고, 사회적으로 비참합니다. 그래서 국가 경제가 무너집니다. 아직 우리나라에 보균자가 조금 적은데 이대로 가면 매우 많아집니다. 그런데 제일 답답한 것이 등록된 4천 명 관리를 하느냐? 관리를 안 하고 있습니다. 왜 안 하는지는 저도 모르겠습니다. 보건복지부에 등록은 되어 있는데 그 사람들이 어디에 가 있는지 하나도 모릅니다. 인권에 문제라는 겁니다. 법적인 것은 잘 모르겠습니다만 제 생각에는 정말 인권을 생각한다면 그 사람들을 한군데로 모아야 합니다. 왜냐, 안 걸린 사람들 인권은 인권이 아닙니까? 어떤 사람들은 오냐 나 혼자 죽긴 아깝다, 하면서 아무하고나 관계를 맺습니다. 더 무서운 것은 자기가 걸린 줄도 모르고 성관계를 한다는 것입니다. 부인이 남편으로부터 전염되기도 합니다. 온 집안이 난리가 납니다. 가장 불쌍한 사람은 모르고 걸리는 사람입니다.

우리나라를 외국과 견줄 때 총을 소지하거나 마약을 하는 경우는 적습니다. 에이즈도 그렇게 되어야 하는데 그렇게 하기 위해 고등학교에 이런 말을 많이 하러 다닙니다.

그렇다면 지금 어떻게 전염되느냐? 성관계디. 성관계의

도덕적인 이야기는 그만 두고, 여러분이 언젠가는 하게 될 것인데, 그럼 어떻게 할 것이냐?

우리나라에서는 이것을 순결을 지켜야 한다, 안 지켜도 된다로 문제 삼습니다. 그런 문제를 여기서 거론할 필요는 없습니다. 한다면 언젠가 할 것인데, 한다면 그것도 지켜야 할 룰이 많습니다.

여러분, 성관계가 놀이라고 생각하는 사람도 있고 여러 가지 생각을 하는데 그것은 자유입니다. 예를 들어 산에 올라가더라도 어떤 사람은 체력을 단련하기 위해, 어떤 사람은 아름다운 경치를 구경하기 위해 등 목적은 다 다릅니다. 목적은 다 틀리지만 산에 올라가는 과정은 다 같습니다.

그렇다면, 여러분 보십시오. 나는 성관계를 즐기기 위해서 한다, 나는 2세를 위해서 한다, 나는 사랑을 확인하기 위해서 한다, 여러 가지 이유가 다 있다고 하더라도 중요한 것은 그 과정입니다. 산에 올라갈 때 슬리퍼 신고 올라갈 수 있습니까? 배낭, 비상식량, 등산화 등을 다 갖추고 올라가야 사고가 없습니다.

마찬가지로 성관계를 할 때에도 최소한의 장비를 갖춰야 합니다. 그리고 상대방의 존중도 필요합니다. 청소년들이 언제 성관계를 하느냐? 나도 잘 모르겠다, 기억이 없다. 이게 가장 나쁜 겁니다.

중요한 것은 우리가 예의를 갖춰야 하는 것이 첫째고, 또 하나는 놀이라든가 스포츠도 좋지만 상대방을 존중하는 마음이 있어야 합니다. 제가 강조하는 것은 경건한 마음까지는 아니더라도 최소한의 예의는 지키자는 것입니다.

그래서 우리가 주장하는 것이 콘돔입니다. 콘돔에 대해

부정적인 이야기를 많이 하지만 이것은 상대방에 대한 예의입니다.

여러분께 결혼하기 전까지 순결을 지키라든가 이런 이야기를 할 때는 지났습니다. 본인의 사고방식과 인생관으로 사는 것은 괜찮습니다. 하지만 예의는 꼭 지킵시다. 산에 맨발로 갈 수 있습니까? 그러면 사고 납니다. 진짜 사고 나면 죽습니다. 내가 사귀는 사람이 어떻다는 것은 아무도 모릅니다.

성관계를 할 때 콘돔이 꼭 필요합니다. 왜냐? 성병이란 것이 있습니다. 여러 가지 원인이 있는데 대개는 성관계를 해서 걸리는 병입니다. 성병은 조금 창피해도 고칠 수가 있어요. 그런데 에이즈는 고칠 수 없습니다. 성병이란 것은 일부일처제로만 살아 왔다면 없어졌을 것입니다. 하지만 그렇지 않기 때문에 성병이 생기는 것입니다. 성병 가운데 매독이란 것이 있습니다. 지금은 많이 사라졌지만 유럽에서는 매독이란 병으로 많은 사람들이 죽었습니다. 2차 매독의 경우 반점이 생기고 3차가 되면 뇌로 퍼집니다. 이 밖에도 임질이라는 병도 있습니다.

가장 중요한 것은 안 걸리는 것입니다. 우리나라에서 가장 문제는 너무 성에 대해 억누르고 있다는 점입니다. 그러다 보니 우리의 준비가 부실해졌고 위험에 많이 노출되어 있습니다. 여러분은 어떻게 하든지 최소한 사랑하는 사람과 할 텐데 상대방을 위해 또 자신을 위해 꼭 콘돔을 쓰세요.

여러분이 이 학교에 입학해서 앞으로 어떻게 살고 싶습니까? 부자로 살기를 바란다면 세 가지만 지키면 됩니다.

첫째, 건강해야 합니다. 건강하지 않으면 부자가 될 수 없습니다.

둘째는 백 원을 벌더라도 버는 것보다 적게 쓰십시오.

셋째 신용을 잃지 마십시오. 그 사람에게는 영수증을 안 받아도 돈을 빌려줄 수 있도록 평가를 받는다면 부자가 될 수 있습니다.

그럼 어떻게 하면 건강할 수 있느냐? 지금 제가 건강 얘기를 하러 온 것은 굉장히 어려운 일이었습니다. 하지만 건강은 지금이 제일 중요할 때입니다.

어떻게 하면 몸짱을 만들 것이냐? 습관입니다. 많은 질병이 변해버렸습니다. 지금은 세균이 아닌 바이러스로 말미암은 병이 많이 생겼습니다. 에이즈나, 조류독감 등이 대표적인 바이러스 병입니다. 우리나라에서 에이즈로 매년 100명씩 죽어가고 있지만 별 다른 방법이 없습니다.

지금 미국이 제일 걱정하는 병이 뭐냐? 바로 비만입니다. 비만도 질병입니다. 비만, 고혈압, 당뇨 모두 생활 습관으로 말미암은 병입니다. 고혈압, 당뇨가 기하급수적으로 늘어나고 있습니다. 여러분 가운데도 검사하면 한 5퍼센트 정도 나옵니다. 지금이 문제가 아니라 지금 어떻게 습관을 들이냐에 따라 40대가 되었을 때 고혈압과 당뇨에 안심할 수 있습니다.

비만을 일으키는 원인이 뭐냐? 식생활, 운동부족 때문에 일어납니다. 비만을 어떻게 해결할 것인가? 운동을 해야 합니다. 비만의 문제는 국가의 문제입니다.

그래도 지금 여러분 세대는 괜찮은 편입니다. 지금 초등학교 1학년에 가면 소아비만이 무섭습니다.

이 비만을 어떻게 해결할 것인가? 비만의 계산법으로는

키에서 100을 빼십시오. 여기서 0.9를 곱하십시오. 몸무게가 그것보다 더 나오면 비만입니다. 운동을 하십시오!

에이즈의 경우는 방법이 없습니다. 약은 나와 있지만 이것은 5년 살 것을 10년을 살 수 있게 해주는 약일 뿐입니다. 성관계를 할 때 여러분은 꼭 콘돔을 사용하십시오.

금연과 건강

마지막으로 흡연에 대해서 말씀드리겠습니다.

어느 학교든 마찬가지만 흡연율이 높은 것 같습니다. 남성 흡연율이 높은데 담배를 피우면 냄새가 많이 나고 폐암 확률이 높습니다. 요즘 여성분들도 많이 피우고 있는데 안 피우는 것이 좋습니다. 여러분에게도 부탁하고 싶습니다. 다른 것은 몰라도 담배만은 피우지 말아 주십시오. 그리고 콘돔을 꼭 사용해 주십시오.

이것으로 오늘 강의를 마치겠습니다. 지금까지 들어주셔서 감사합니다. 항상 건강하세요.

인생은 경영이다

김대성

도드람B&F 고문

이렇게 젊은 학생들 앞에 서게 된 것을 기쁘게 생각합니다. 또한 '유일한 강좌'처럼 좋은 기회를 만들어 주신 유한대학과 이교원 교수님의 학생사랑에 깊은 감동을 느낍니다.

저는 오늘 '인생은 경영이다'라는 제목을 가지고, '인생은 운명이 아니라, 내가 주인이 되어 나의 장점과 나만이 가진 독특한 자원으로 최대의 성과를 이끌어 내는 경영이다'라는 관점에서 말씀드리겠습니다.

시작에 앞서 가장 소중하게 여기는 사람에게 꼭 들려주고 싶은 다음 세 가지를 먼저 이야기하겠습니다.

첫째는 '지금 무슨 일을 하든지 최선을 다하라'는 것과, 둘째는 '지금 누구를 만나든지 그 사람에게 정성을 다하라'는 것, 그리고 셋째는 '칭찬할 일, 박수칠 일이 있을 때는 누구보다도 열렬하게 하라. 특히, 박수는 5초 이상 힘치게 쳐라' 입니다. 참고하시기 바라며 여러분 한 번 힘차게 박수 쳐 주십시오. _{청중 박수} 네, 감사합니다.

축산 사료업계 회사 입사

그러면 먼저 대학 졸업 뒤 저의 인생경영에 대해서 잠깐 말씀드리겠습니다.

지금부터 40여 년 전 가수 남진의 '저 푸른 초원위에 그림 같은 집을 짓고 사랑하는 우리 님과 한 백년 살고 싶어' 라는 노래가 유행했습니다. 그런 목가적 생활을 꿈꾸었던 나는 축산학과를 졸업하고 축산관계 회사에 입사했습니다.

목장은 '부부가 함께 집을 비우면 동물이 굶을 수밖에 없고, 매일 먹고 싸는 배설물 처리가 주업인' 현실이었습니다. 하지만, 4년 공부했기 때문에 꼭 여기에 매달려야 하나? 직업을 바꾸면 어떨까, 라는 고민을 했습니다. 그리고 2년을 근무 한 뒤 인생경영의 장을 바꾸기로 결심하였습니다.

세계를 보기 위해 항공회사로

그 당시 해외에 나간다는 것은 정말 어려웠던 때여서, 선진국인 미국, 일본, 유럽 등에도 가볼 수 있으리라는 기대는 정말 가슴 뛰는 일이었습니다. 무엇보다도 '가슴 뛰는 일', '세계와 경쟁하는 일'이라는 생각에 주저 없이 직장을 옮기기로 하고 부족한 영어 실력에도 불구하고 항공회사에서 두 번째 인생실습을 시작하였습니다. 입사 2년 만에 처음 가본 미국 본토와 하와이에서는 멸시 받는 한국인의 설움을 겪으면서도 꿋꿋하게 외국 항공사 직원들과 협상하는 용기로 일관했습니다. 그 당시 대만, 태국, 필리핀, 싱가포르 사람들에게 무시 받으면서도―우리가 그들보다 항공역사도 짧고, 국력도 약하고, 언어도 미숙했기 때문에―미국, 일본, 영국, 프랑스, 스위스, 인도네시아, 태국, 나이지리아 등 여러 나라를 여행하면서 부자나라 선진국 국민이 되지 않으면 언제나 찬밥 신세를 면치 못한다는 걸 절실히 느꼈습니다.

입사한 지 4년이 지나 일본 도쿄에서 주재원으로 근무하게 되었습니다. 일본어 한마디 못하면서도 일본 운수성의 항공스케줄 담당으로 일했던 것은 용기, 시쳇말로 '깡' 하나로 버틴 셈입니다.

그래서 일본어 공부를 시작했고 함께 한국에서 온 동료직원 대여섯 명과 일본어 공부 클럽을 만들어 점심시간에 서로 가르쳐 주었던 것은 지금 생각해 보면 좋은 추억거리입니다. 덕분에 일본에 가서 굶어 죽지 않을 정도의 생존 일본어를 할 수 있게 된 것은 다행이었습니다.

다시 축산업계로

해외 근무 그리고 국내보다 세 배쯤 되는 월급, 이런 점에서 항공회사 근무는 매력적이었지만, 그 당시 약 만 명의 종업원 가운데 한 명으로서 부속품처럼 일한다는 생각에 항상 무언가 공허한 감이 많이 있었습니다. 그러다 보니 나의 자원, 나의 긍정적, 적극적, 도전적 성격과 추진력을 가지고 어떻게 인생을 경영할 것인가, 하는 생각이 항상 머리에 맴돌았습니다.

그때 마침 첫 번째 직장의 상사로부터 한국에 들어와서 축산업계에서 일하면 좋겠다는 스카우트 제의를 받고 아내와 상의하고 바로 결단을 내려 실행에 옮겼습니다. 그때 항공회사에서는 남들이 다 원하는 해외근무를 포기하고 국내로 들어간다니 나에게 참 이상한 사람이라고 말들이 많았습니다. 그러나 내 인생은 내가 경영하는 것이고 하루를 살더라도 내가 내 인생의 주인이 되어야 한다고 생각했습니다. 그리고 조직이라는 틀 안에서 사는 것은 내 생리에 맞지 않았기 때문에 지금 생각해도 잘한 결정이었다고 생각합니다. 그때 다른 부인들과 달리 선뜻 응해준 집사람이 고맙습니다. 그래서 세 번째 직장 생활을 시작하였고, 약 7년 동안 다른 업종, 다른 나라 생활의 어려움을 극복하서서 배운 선진국의 좋은 점을 우리에게 접목시키는 직장 생활을 하게 되었습니다.

창업의 결심

해외에서 돌아와 축산업계에서 일하는 동안 처음에는 많은 어려움을 겪었습니다만 시간이 지나면서 좋은 실적을 낼 수 있었습니다. 그래서 몇 군데 회사에 스카우트되었고, 그런 가운데 회사 경력 30년이 되는 해인 1991년에 이젠 내가 주인이 되어 내 회사를 창업해 봐야겠다는 결심을 하였습니다. 인생에서 무언가 이루고 그동안의 경험과 지식을 바탕으로 업계에 도움이 되는 차별화된 서비스와 차별화된 경영에 도전하자는 생각으로 다시 인생 경영의 항로를 변경하였습니다.

다시 한번 샐러리맨에서 사업가로 방향전환을 한 것이었습니다. 막상 결심을 하고 나니 만약 잘못되면 모든 것을 잃지 않을까 두려움이 엄습하였고, 내가 할 수 있는 것, 내가 가진 것을 되돌아보니 부족한 것이 한두 가지가 아니었습니다. 자금도, 같이 일할 사람도, 도와줄 사람도, 사업을 해본 경험도, 모든 것이 부족한 상태에서 시작하였습니다.

하지만 모든 것을 긍정적, 적극적으로 풀어보자, 이렇게 마음먹고 모든 것을 해 낼 수 있다고 생각을 고쳐먹었습니다. 20세기 인류 최대의 발견이라는 윌리엄 제임스의 말을 빌리자면 "생각을 바꾸면 행동이 바뀌고, 행동이 바뀌면 습관이 바뀌고, 습관이 바뀌면 운명이 바뀐다"고 하지 않았는가, 라고 생각하니 내게는 많은 자원과 장점들이 있었습니다. 나를 전적으로 믿고 따라주는 가족, 나의 추진력과 신뢰성을 믿고 적극적으로 자금지원을 해주겠다는 친구, 항상 새로운 것을 찾아 도전하는 나의 특성을 알아주고 성원해주는 주위의 동료, 학창생활과 사회생활을 통해 쌓아 온 인맥, 무슨 일이든지 일관성과 끈기 있게 추진하는 나의 성격, 비교적 튼튼한 몸, 긍정적인 사고방식 등등, 이런 모든 것을 잘 엮어내면 할 수 있겠다는 자신감을 가지고 사업구상에 들어갔습니다.

가장 먼저 부닥친 일은 무슨 사업을 할까였습니다. 내가 가장 잘 알고, 잘 할 수 있는 사업, 앞으로 5년 뒤, 10년 뒤에도 없어지지 않을 사업, 그리고 다른 회사와 차별되는 독특하고 경쟁력 있는 회사가 무엇일까에 역점을 두었고, 그 결과 사람과 소화기관이 가장 비슷하고, 전 세계적으로도 고기 소비의 절반 이상을 차지하고 있으며, 우리나라에서는 복이 있다고 알려진 돼지를 전문으로 하는 사업을 하기로 하였습니다. 돼지는 죽어서도 웃는 얼굴을 하기 때문에 제 사상에서도 웃는 얼굴이고, 돼지꿈을 꾸면 복이 온다는 동물입니다. 우리나라에 900만 마리 정도가 있고 우리나라 인구 4,300만 명이 먹는 양과 똑같은 연간 약 450만 톤의 사료를 소비하고 있습니다.

다음은 자금이 문제였습니다. 사업에 필요한 자금을 조달하기 위하여 창업투자회사(캐피탈 벤처회사)와 은행, 그리고 이 사업을 개시하면 이 회사의 고객이 될 양돈 농가를 주주로 영입하는 전략을 세웠습니다. 지금까지의 사료회사와는 개념이 다른, 고객이 주주가 되는 회사, 영업사원을 두지 않는 회사, 대리점을 통하지 않는 직거래, 고객이 제조과정, 제품설계과정에 직접 참여하고 경영에도 참여하는 회사를 경영하여, 경쟁회사 대비 20~30퍼센트나 가격이 저렴하면서도 고객이 품질을 보증한 제품을 생산함으로써 업계에 큰 반향을 불러일으키게 되었습니다. 그래서 1991년에 창업한 지 겨우 5년 만인 1996년에 코스닥에 등록하였고, 매년 30퍼센트 이상 신장하여 2002년에는 매출액을 1,000억 원까지 올릴 수 있었습니다.

물론 이렇게 급성장하는 과정에서 몇 차례의 위기를 맞기도 했습니다. 한 개뿐인 공장에 불이 나서 생산이 중단되어 고객농장의 돼지를 굶길 수밖에 없었던 일, 법정 전염병인 구제역이 발생하여 일본으로의 돼지고기 수출길이 막히고 수많은 돼지를 살처분하고 매장했던 일, 그래서 양돈 산업이 침체하고 업계가 어려움에 처했던 일, 1998년 IMF 외환위기로 한국에 대한 신용이 실추되자 일체의 수입신용장 발급이 곤란하게 되어 원료조달이 잘 안 되었던 일, 주주이면서 고객이었던 양돈농가들의 집단 이탈로 매출의 약 40퍼센트까지 떨어졌던 일 등 회사가 기로에 처했던 적이 여러 번 있었습니다.

그럼에도 오뚝이처럼 다시 일어나서 지속적인 성장과 발전을 할 수 있었던 것은, 안전과 안정을 경영의 최우선 방침으로 실천해 온 덕택이며, 무엇보다도 회사의 존립은 고객이 돈을 벌고 성공해서 행복해 하는 데 있다는 고객성공 신념을 줄기차게 실천함으로써 고객의 신뢰를 얻었던 때문이었습니다. 그리고 회사의 몸을 가볍게 하는 경영체질을 일찌감치 확립한 것 예를 들면, 외상없이 판매하는 무외상, 가격할인을 안 하는 무할인, 노사가 함께 경영하는 무노조 등 3무 방침으로 회사가 풍부한 현금을 보유할 수 있었던 것이 튼튼한 기반이 되었습니다. 무엇보다 할 수 있다는 임직원들의 자신감과 합심이 가장 큰 힘이었다고 생각합니다.

흙에서 제 2의 인생을 시작하다

2003년 창업 12년이 되면서 나와 우리 임직원이 창업해 만든 도드람비엔에프가 세계적인 회사로 도약하기 위해서는 더 훌륭한 기업가가 경영하는 것이 좋겠다고 생각하여 2003년 7월 곧바로 회사의 지분을 정리하고 경영자문을 맡기로 하였습니다. 다시 한번 방향전환을 한 것입니다. 기업가에서 경영자문 역으로. 그리고 인생 후반기, 제 2의 인생을 지금까지 몸담았던 조직, 산업, 사회, 국가에 다른 방법으로 기여하는 일을 택하기로 한 것입니다.

　이것은 인생은 경영이며 선택이라는 사실을 내게 다시 한 번 깨우쳐 준 결단입니다. 먼저 우리 국민 모두가 농업과 흙에 대해 더 잘 이해하고 행동하는데 미력이나마 보태고, 성공적으로 인생을 경영하고 있는 사람들을 찾아내고 연구해서 기회가 있을 때마다 널리 알리는 것을 시작해 보기로 했습니다.

　그런 생각이기 때문에 먼저 농업과 흙에 대해 잠깐 말씀 드리겠습니다.

　흙은 우리가 평상시 잘 생각하지 않지만 '생명의 근원'이라고까지 말할 수 있는 중요한 자원입니다. 우리는 항상 곁에 있는 것의 소중함을 잘 모르는 경우가 많습니다. 물, 공기, 흙, 가족, 학교, 친구, 선생님 등 항상 옆에 있으니까 소중한 줄 모르지만 막상 없어지면 살 수 없는 것들 살기 불편한 것들입니다. 흙 속에는 많은 미생물이 살고 있고 또 많은 양분이 있어서 식물이 이를 이용하고 탄소동화작용을 하여 생장하고 열매를 맺습니다. 사람을 비롯한 동물은 식물로부터 의식주에 필요한 대부분을 얻어냅니다. 동물은 식물에서 얻은 열매, 과실, 섬유, 목재 등을 섭취 또는 이용하고 그 배설물은 자연으로 환원합니다. 흙은 이러한 유기자원을 분해해서 흙의 생명력을 높입니다. 또한 흙은 빗물 등 지상의 물을 정화해서 깨끗한 지하수를 만들어 주는 구실을 합니다.

　그런데 산업화, 화학비료농업, 농약농업을 하면서 흙을 망가뜨리고 있습니다. 흙은 아무 데나 널려 있고 쓸데없는 것 같지만 흙은 몇 천 년, 몇 만 년 동안 지구가 만들어낸 생명을 잉태하는 소중한 자원입니다. 불과 10센티미터의 흙을 만들어 내는 데도 2,000년에서 3,000년이 걸립니다. 비가 오고 바람이 불어 흙이 패이고 깎여 쓸려 내려가면 흙은 다시 재생되지 않습니다. 그보다도 더욱 심각한 것은 화학비료와 과도한 농약 사용에 따른 농업경영과 산업폐기물, 비닐 등 썩지 않는 것들을 흙에 버려 흙 속의 미생물을 죽이고 흙의 성질을 바꾸어 흙의 생명력을 빼앗아 가는 일입니다.

이러한 흙의 위기에 대해서는 1980년대 생태학자이던 마가렛 미첼 여사가 쓴 환경소설 《잃어버린 봄(The lost spring)》으로 전 세계적인 반향을 일으켰으며, 약 10년 뒤 3인이 공저한 《도둑맞은 미래(Our stolen future)》로 그 심각성을 널리 알리게 되었습니다. 요즈음 사람들에게 원인을 알 수 없는 몸의 이상이나 아토피성 피부염, 젊은 남성 정자의 수정률 저하는 모두 흙이 죽어가기 때문에 생기는 일입니다. 또 봄이 되어도 새들의 알이 부화하지 않고 기형이나 불구인 새끼들이 태어나는 이유를 추적해 본 결과 흙의 오염 때문으로 밝혀졌습니다. 화학비료, 화학농약, 산업폐기물 등의 독성물질이 흙으로 들어가고 흙에 있는 이런 성분을 흡수한 식물의 뿌리, 줄기, 열매 등을 섭취한 곤충, 벌레, 새, 짐승 등이 위와 같은 현상을 보이게 되었다는 것입니다. 다시 말해, 자연의 순환현상을 왜곡시키고 이상한 물질을 사용함으로써 생긴 일입니다. 이런 일은 나와는 상관없는 일이 아니고 우리의 생명, 우리 자손의 생명과 직결되는 일입니다.

이러한 위기 앞에서 흙을 원상회복시키기 위해서는 많은 노력과 시간이 필요합니다. 흙에 대한 관심과 애정을 가지고 풀어 나아가야 할 문제입니다.

　그것보다 우리 바로 앞에 닥친 문제는 농업과 쌀에 대한 것입니다. 우리의 농업문제 또한 일부 농민들만의 문제는 아닙니다. 농업은 농촌에서 하지만 농촌은 도시의 뿌리이고 도시를 도시답게 하는 중요한 구실을 하고 있습니다.

　우리가 숨 쉬는 것은 산소를 우리 몸속에 받아들이기 위해서입니다. 그런데 그 산소는 식물의 탄소동화작용으로 만들어집니다. 이러한 산소의 공급원으로서 농작물이 차지하는 영향은 결코 미미하지 않습니다. 외국에서 들어오는 농작물들은 산소까지 우리나라로 가져오지 않습니다. 그러므로 우리의 생명유지에 필수적인 산소의 가치까지 더한 것이 우리 농작물의 가격인 것입니다. 단순히 쌀, 콩이 얼마다, 라고 계산해서는 안 되는 것입니다.

　우리나라에는 논이 약 36억 평쯤 된다고 합니다. 그 논은 벼를 키울 뿐 아니라 저수지 구실도 합니다. 홍수가 나거나 비가 퍼부을 때는 우리나라 최대의 댐인 소양강댐의 5배 이상의 저수용량으로 홍수피해, 토사유출 피해를 막아주고 비가 안 올 때는 대기 중에 습기를 공급하는 구실도 합니다. 앞으로 닥쳐올 물 부족 시대를 대비하여 선진 외국에서는 터널을 파서 물을 저장하는 방법을 추진 중인 데 견주어, 우리가 농업을 포기한다면 현재 있는 저수용량마저도 없애는 것과 다름없는 일이 될 것입니다.

　우리나라는 수도권에 인구가 밀집되어 있습니다. 이러한 인구 밀집은 여러 가지 사회 문제를 일으킵니다. 과밀도시로 말미암아 발생하는 교통 문제, 공해 문제, 주택 문제, 상하수도 문제, 범죄 문제, 그리고 이 밖에 여러 가지 부작용이 뒤따릅니다. 농업으로 농민 소득을 어느 정도 이상 올릴 수 있도록 하는 것은 국가예산을 효율적으로 쓰는 한 방법입니다. 과밀한 도시문제를 해결하는 예산의 3분의 1만 있으면 가능한 일입니다.

우리 농산물을 애용하고 우리 농작물 생산체계를 유지 발전시키는 일은 우리 국민의 건강 차원에서도 반드시 해야 할 일입니다. 우리 농산물도 몇 가지 안정성 문제가 있고 이는 개선되어야 하지만, 외국에서 대량 수입되는 농산물은 수확, 보관, 운송 과정에서 변질을 막기 위해 과다한 농약을 사용하기 때문에 우리 몸에 직접적인 위해를 가져올 수 있습니다. 그래서 외국에서 수입한 포도는 밖에 6개월 동안 그냥 놔두어도 썩지 않는 경우가 많습니다.

국토의 유지, 관리 측면에서도 농업은 유지되어야 합니다. 국토의 구석구석까지 관리하기 위해서는 농업이 꼭 필요합니다. 한때 옥수수 생산국이었던 나이지리아는 옥수수 농사를 포기하는 바람에 국토가 황량해졌지만, 산이 전 국토의 90퍼센트 가까이 차지하는 스위스는 농·축산업을 육성하고 국토를 잘 관리해서 항상 맑은 물이 담긴 호수를 도시 가까이에 두게 되었고 불리한 환경을 기회로 삼아 낙농업을 일으켜 치즈·버터를 전 세계로 수출하는 나라가 되었습니다. '위기는 기회'라는 말을 실현한 사례라고 할 수 있습니다.

식량안보차원 또한 무시할 수 없습니다. 겨우 20년 전만 해도 항상 곡식이 모자라 자급자족을 목표로 녹색혁명을 성공시킨 나라가 우리나라입니다. 그런데 이제는 남아서 줄여야 하고 가격이 비싸다고 수입하자고 합니다. 멀지 않은 장래를 본다면 너무 성급한 일이 아닐 수 없습니다. 우리의 이웃인 중국의 현재 일인당 GDP가 미화로 1,200달러 정도인데, 이것이 앞으로 5, 6년 사이에 두 배인 2,400~2,500달러가 되면 전 세계의 석유가 동이 나고 전 세계의 곡물 값이 천정부지로 뛸 뿐 아니라 아예 구할 수 없을지도 모른다고 합니다. 선진국들은 이런 사태를 대비해 해외에 자국의 농업기지를 이미 확보하고 어떤 사태에서든지 자국 국민의 식량은 조달한다는 목표를 세워놓고 있습니다. 지금은 남아도니까 소중한 줄 모르지만 단 하루라도 안 먹고는 못 사는 것 아니겠습니까? 왜 이런 얘기를 국민들에게 널리 알리고 국민적 합의를 이끌어내지 못하는지 알 수 없습니다.

농업을 위해 모든 것을 희생시키자는 것이 아닙니다. 우리나라의 미래를 위해 FTA체결은 꼭 필요하고 추진해야 합니다. 그러나 우리 국민생활에 없어서는 안 될 농업을 유지하고 육성하면서 FTA를 체결해야 합니다. 우리가 가진 국가 자원을 정부가 잘 배분해야 한다는 말입니다. 농민을 살리라고 빨간 띠를 동여매고 죽창으로 경찰을 공격하는 농민들을 옹호할 생각은 없습니다. 그렇게 되면 다른 목적을 가지고 순수한 농민을 이용하는 단체에 농락당하는 꼴이 되고, 농민은 오히려 정부의 보호를 못 받게 됩니다. 우리는 우리나라가 성장 발전하고 국민이 건강하게 살자는 큰 뜻에 동의합니다. 다만, 방법에서 작은 차이가 있을 따름입니다. 그런데도 작은 차이만 부각해서 돌아설 수 없는 길로 나아가는 것은 우리 모두의 손해입니다.

단점을 장점으로 바꿔라

다음은 몇 가지 '인생 경영 사례'를 말씀드리겠습니다.

　주위에 있는 평범하다고 생각한 사람들 이야기, 또 몸이 불편한 지체장애자들의 이야기도 있습니다.

　먼저 최근 신문에 보도된 지체장애인 세 사람에 대해 말씀드립니다.

　오른팔과 왼쪽 다리를 쓰지 못하는 김광현 씨는 2급 장애인입니다. 몸을 움직이는 것이 불편해 아무것도 할 수 없다고 포기했던 김광현 씨는 왼팔과 오른쪽 다리는 쓸 수 있으니까 쓸 수 있는 몸을 이용해서 지금은 인터넷을 이용해 운동화를 판매하고 있습니다. 월간 1,000만 원 매출을 올리고 있는데, 장애인이라는 처지에서 운동화 신고 벗기가 얼마나 힘들었는지, 어떻게 하면 손쉽게 운동화를 신고 벗을 수 있는지를 연구해서 운동화 착용법 설명서를 상세하게 작성하여 인터넷에 올렸습니다. 설명서 읽기가 어려운 장애인을 위해서는 아예 애니메이션 동영상을 제작하여 인터넷에 올렸습니다. 이러한 정성이 소비자를 감동시켜서 꾸준히 매출이 오르고 일하는 보람, 즐거움을 느끼면서 살고 있습니다.

　청각장애 2급 고광채 씨는 '위트라이프'라는 주방가전 전문점을 경영하고 있습니다. 일자리가 없어 고심하던 그는 우연히 주방용품 관련 일을 하시던 아버지의 물건을 보고 사업 아이디어를 얻었습니다. 브랜드는 없지만 사용하기 편리하고 가격도 싼 상품이 많다는 데 착안했습니다. 하지만 이를 알릴 방법도 마땅치 않았고 물어보는 데 답할 수가 없어 답답했습니다.

　그래서 '보여주자'는 생각을 해서 제품의 기능과 색상, 디자인을 꼼꼼하게 사진을 찍어 인터넷에 올렸습니다. 그 반응은 폭발적이어서 인터넷 옥션에서만 한 달에 500만 원 이상의 매출을 올리는 '파워 셀러'로 힘차게 살고 있습니다.

군에서 장교로 복무하던 중 무릎인대 파열로 제대한 이효권씨는 남들보다 사연도 많고 실의도 많았습니다. 처음엔 신체의 불편함을 견디기도 받아들이기도 힘들었습니다. 보험회사, 무역회사 등을 잠깐 다니다 시작한 주식투자는 그에게 신용불량자라는 딱지까지 붙여주었습니다. 실패의 원인을 생각하던 그는 '친절한 투자 설명이 있었더라면…' 하며 아쉬워 하다가 새로운 사업 아이디어를 떠올렸습니다. 저마다 다른 상황과 여건에 처한 사람들에게 꼼꼼하고 상세한 정보가 궁금증 해소와 신뢰형성에 큰 도움이 될 것이라 생각했습니다. 그래서 창업자금이 거의 들지 않는 인터넷 창업을 시작해서 의류, 주방용품, 온라인 전문매장 '알리바바 쇼핑몰'을 운영하며 월 700만 원 이상의 소득을 올리고 있습니다.

다음은 중국에서 '매일 중국어' 사업을 성공적으로 경영하는 강성훈사장의 이야기입니다. 강 사장은 1997년에 한 벤처중소기업의 중국 주재원으로 나갔다가 회사가 어려워지자 2001년에 회사를 그만두게 되었습니다. 한국에 되돌아가도 취업하기도, 사업하기도 어렵다고 생각하여 조그만 개인사업(무역업)을 했지만 신통치 않아 고심하고 있었습니다. 그러다가 문득 든 생각이 우리나라 사람이 중국에 와서 많이 일하고 있는데 중국어 실력이 부족하다는 것이었습니다. '싸고 쉽게 중국어를 배울 수 있는' 서비스를 제공한다면 충분히 승산이 있겠다고 판단하고 2005년 초 '인터넷 기반 전화 중국어교습 서비스' 사업을 시작했습니다. 새벽 5시 30분부터 중국 명문대 출신 중국인들이 한국인을 상대로 1 대

1 중국어 새벽강습을 하고 있습니다. 무엇보다도 다양한 강의 프로그램이 핵심이며 언어구사 수준(8단계), 학습목적(자유대화, 비즈니스 중국어, 한어수평고사, 작문), 수강생 계층(직장인, 학생, 주부 등)별로 나눠 30여 과정으로 구성하고 있습니다. 앞으로 미국, 일본에도 진출할 계획입니다.

현대해상의 보험왕 김휘태 씨의 경우도 독특합니다. 대기업에서 12년 동안 근무하다 퇴사한 뒤 개인사업에 실패하여 살고 있던 집과 퇴직금을 모두 날릴 정도로 혹독한 시련을 겪었습니다. 1999년 새로운 각오로 보험회사에 입사해서 매년 승승장구해서 2006년도에는 보험왕을 차지했습니다.

펀 마케팅(Fun Marketing) 실천의 일환이자 일상에 지친 주부들의 관심을 끌고 마음의 벽을 허물기 위해 주택가를 방문할 때는 나비넥타이를 하고 머리에는 노란 스프레이를 뿌립니다. 고객은 무조건 '이모' '형님'으로 불러 빨리 친할 수 있도록 노력합니다.

효과적인 시간관리를 위해서 고객의 라이프스타일에 맞추어 하루 일과를 짜서 오전 10시부터 오후 2시까지는 근로자와 개인 사업자를 방문하고, 오후 3시부터 오후 5시까지는 음식점, 오후 6시부터 오후 9시까지는 가정집, 오후 9시부터 새벽까지는 회사 기숙사, 야간 근로자, 자영업자를 방문하여 고객의 여유시간에 만날 수 있도록 일정을 맞춥니다.

작은 도움일지라도 전화나 문자메시지보다는 고객을 직접 만나 얼굴을 보며 대화를 나누는 것을 원칙으로 했습니다.

이렇게 해서 1년 만에 1,500명의 고객을 만들고 3,000여 명 고객에게서 연 보험료만 21억 원, 연 수입은 억대가 넘는 성과를 이루고 있습니다.

신한생명 박영숙 씨는 전화 하나로 억대 연봉을 받는 텔레마케터입니다. 하루 평균 140여 명의 고객과 통화합니다. 회사 규정시간보다 50퍼센트 더 일하는 억척스런 분이죠. 전라남도 진도에서 1남 5녀 가운데 다섯째로 태어나 여자상업고등학교를 졸업한 뒤 사무직 6년, 채권추심 업무 4년 경력을 가지고 보험텔레마케팅에 발을 들인 보통사람들과 다름없는 분입니다. 하지만 심한 사투리를 고치기 위해 늦은 밤까지 볼펜을 입에 물고 발음교정 훈련을 하는 노력을 게을리 하지 않는 억척스러운 분입니다. 또 고객 심리를 파악한 마케팅 전략을 구사했는데, 남편이 출근하고 난 다음 여유가 있을 때 주부들에게 전화하는 것이 반응이 좋다는 것을 파악하여 성과를 높이고, '바쁘다'는 고객에게는 다음 통화시간을 약속잡고 바로 끊는 등 고객의 심리 상태에 적절한 대응을 하여 성공한 사례입니다.

한국보다는 외국에서 더 잘 알려진 한국 B-boy 팀 '갬블러'는 독일의 '배틀 오브 더 이어(Battle of the year)'를 비롯한 전 세계 B-boy 대회를 석권하고 있습니다. B-boy 팀 '갬블러'는 전 세계 45억 명의 시선이 집중될 2008년 베이징 올림픽 개막식 전야제에서 단독 공연을 해달라는 제안을 받은 바 있습니다. '라스트 포 원'도 2006년 4월 중국 상하이에서 열린 대한민국 패션대전 행사에서 2,000명이 구름 같이 모여든 가운데 공연을 해서 갈채를 받았습니다.

자기가 좋아하는 것, 자기가 잘 하는 것을 계발 훈련해서 성공한 사례라고 하겠습니다.

전 세계 시장의 테스터마켓이 되고 있는 한국시장, 인터넷 환경발달, 즉각적인 반응을 보이는 국민성 등등 우리가 가진 것을 잘 살피면 성공적인 인생을 살 수 있습니다.

인생경영 법칙

마지막으로 여러분에게 도움이 될 만한 몇 가지 이야기를 하고 마치려 합니다.

첫 번째는 대화의 1, 2, 3 법칙입니다.

'1분 말하고, 2분 듣고, 3번 고개를 끄덕여라'는 의미입니다. 남의 이야기를 잘 듣고 맞장구쳐주면 많은 사람에게 환영 받을 수 있습니다. 지도자들 가운데 가장 훌륭한 지도자는 남의 말을 잘 듣는 지도자입니다. 미국의 클린턴 대통령도 섹스 스캔들 문제 때문에 어려움을 겪었지만, 남의 말을 경청하는 장점 때문에 위기를 무사히 넘길 수 있었다고 합니다.

두 번째는 LEADER(리더)를 영어 철자 순으로 풀어 본 이야기입니다.

첫글자 'L'은 listen입니다. 앞에서도 얘기했지만 경청은 포용력입니다. 다음은 'E'는 explain입니다. 잘 설명해서 분명하게 어떤 일을 할 것인지 잘 알게 하라. 'A'는 assist입니다. 일을 잘 할 수 있게 도와라. 'D'는 develop입니다. 자질을 향상하고 발전하도록 육성하라. 다음 'E'는 evaluate입니다. 성과 평가를 공정하고 적절히 해라. 마지막 'R'은 reward입니다. 평가 결과에 따라 적합한 보상을 하라고 합니다.

리더가 되실 여러분이 간단히 기억하셨으면 합니다.

세 번째는 성공하는 인생을 경영하는 데 도움이 될 요즘 우리 사회에서 쌍기역(ㄲ)으로 시작하는 몇 마디를 참고하기 바랍니다.

'꿈'입니다. 꿈은 비전, 목표라고도 합니다. 그런데 그 꿈에 날짜를 적으면 목표가 되고, 목표를 잘게 나누면 계획이 되고, 계획을 실천하면 꿈을 이룰 수 있다고 합니다.

'끼'입니다. 무언가 꼭 하겠다면 그 일에 미친 듯이 빠지더라도 '끼'가 없는 사람은 이루어 내기 힘들답니다.

'깡'입니다. 용어가 좀 점잖지 못하지만 '용기'를 말합니다. 무얼 할까 말까 망설이는 것보다는 결단을 내리는 용기가 중요합니다.

'끈'입니다. 요즈음 표현하자면 네트워크(Network)라고 할 수 있습니다. 가족, 친지, 친구, 동창, 학교 모든 네트워크를 어떻게 잘 쓰느냐는 것입니다.

'꾀'입니다. 지식도 중요하지만 '삶의 지혜'가 더욱 필요합니다.

'꼴'입니다. 타고난 외모보다는 정숙한 자세, 단정한 모습 등이 필요하다는 얘기입니다.

이제부터 나의 능력 계발과 전진은 나의 장점을 찾아서 강화하자는 것입니다. 나의 단점을 고치는 방식보다는 나의 장점을 강화하고 살리는 것이 우리가 해야 할 일입니다.

우리나라의 지정학적 위치로 볼 때 우리나라에서 반경 1,000 킬로미터 이내에 인구가 10억 명이 가깝고 거대도시 또한 여러 개입니다. 영어는 기본, 일본어, 중국어는 필수입니다. 유럽의 강국들 틈에서 성공한 스위스, 네덜란드, 벨기에 등 소국들의 국민들은 4~6개 정도의 외국어는 모두 잘한다고 합니다. 우리는 밖으로 나아가야 합니다. 외국어는 필수입니다.

　지금 세계는 노마드(유목민) 시대라고 합니다. 돈 많은 사람은 여행을 위해, 돈을 벌 사람은 직장을 위해 많이 돌아다니는 시대가 되었습니다. 특히 90일 체류단기 비자를 받는 것을 이용해 일본에서 90일 직장생활, 중국에서 다시 90일, 그리고 한국에서 몇 달 등 이렇게 생활하는 사람이 점점 많아집니다. 세계를 보는 눈이 없어서는 안 됩니다. 밖에는 많은 기회가 있습니다.

　마지막으로 무엇보다 중요한 것은 건강입니다. 건강을 잃으면 아무것도 이룰 수가 없죠. 그래서 건강 박수 몇 가지를 소개하겠습니다.

　손 전체 박수를 쳐 보세요. 혈액순환에 좋습니다.

　손목 박수를 쳐 보세요. 정력에 좋습니다.

　손등 박수를 쳐 보세요. 허리, 척추 건강에 좋습니다.

　주먹 박수를 쳐 보세요. 어깨, 견비통에 좋습니다.

　손바닥 박수를 쳐 보세요. 내장에 좋습니다.

　손가락 박수를 쳐 보세요. 눈에 좋습니다.

　모두 건강하십시오.

　이상으로 마치겠습니다. 오랜 시간 경청해 주셔서 감사합니다.

노숙자에서 사장이 되기까지

강신기

(주)슬로비 사장

여러분, 안녕하세요.

반갑습니다. 방금 소개받은, 그리고 영상에 나왔던 강신기입니다.

이름이 좀 신기하죠?

영상은 TV에 나왔던 것을 조금씩 모아서 요점만 정리한 것인데, 좀 각색이 된 것도 있고 조금 부풀려진 것도 있습니다. 마지막 음악이 조금 심금을 울리지 않습니까? 예전에 가족 찾기 같은 프로그램에서 나왔던 음악 같은데요.

여기 지금 앉아있는 여러분은 열심히 공부하고 있는 학생이고, 저는 기업인으로서 회사를 위해서, 제 개인을 위해서, 가족을 위해서, 나라를 위해서 열심히 뛰고 있습니다.

사실은 지금 제가 상당히 바쁩니다. 하지만 학교에서 학생들을 위한 강의 요청을 하면 제가 어렵지 않은 한 가까운 곳 같은 경우는 강의를 나가고 있습니다. 여러분이 앞으로 공부를 하고 사회에 나가서 여러 가지로 여러분이 하고자 하는 일을 할 때 도움이 되는 말을 해 드려야 하는데, 제가 전문 강사가 아니라서 아직은 제가 이 자리에 서 있는 자체만으로 마음이 떨립니다. 5분 정도 이야기하면 목이 마치 아궁이가 된 것처럼 타고 그렇습니다.

여러분이 들으시는 데 조금은 불편할 수도 있고 두서없이 하는 말이라서 혼란스럽기도 하겠지만, 작은 단어 하나라도 여러분의 가슴속에 남는다면 그것으로 저는 만족할 수 있지 않겠는가라는 생각이 듭니다.

영상에서 봤듯이 저는 시골에서 나고 크고, 중학교를 졸업하고, 공고를 나왔습니다. 제가 중학교를 졸업하고 안양에 와서 조그만 공업사 가내공업을 하는 곳에서 허드렛일을 하면서 지내다 보니까 그 해에 가을쯤인가 체력장을 한다면서 입시준비를 하고 있는데, 마음이 싱숭생숭 하더라고요. 그 당시 저희가 고등학교 들어갈 때쯤은 '조국근대화의 기수'라고 해서 고 박정희 대통령께서 실업계 고등학교를 굉장히 장려했었어요. 그래서 저도 고등학교에 가고 싶었고 해서 1년 그렇게 생활하다가 결국에는 천안공고를 응시를 하게 되었고 기계과에 들어가게 되었습니다.

그때 가정형편 때문에 공납금 문제로 상당히 시달렸어요. 그래서 아르바이트도 하면서 겨우겨우 공부했는데, 실업계 고등학교이다 보니까 조금 어수선하고 각 지방에서 모인 학생들이라 무슨 서클을 조직해서 엉뚱한 짓도 하고 그랬어요. 저는 그 당시에 노량진에 있는 이모님 댁에서 안양까지

통학을 했었어요. 집에서는 한 달에 쌀 서 말씩을 주기로 하고 이모님 댁에 있었는데 여러 가지로 힘들다보니까 그런 약속이 잘 안 지켜졌어요. 그래서 저는 아무래도 서울생활이 조금 어려웠고, 또 부모님께서 약속하신 그런 약속들이 안 지켜지다 보니까 어린마음에 불편했어요. 그래서 가끔 친구 자취방에서 자고 학교에 가면, 그렇게 편할 수가 없었어요.

그러다 보니 자연히 친구들하고 어울려서 소주도 마시고 안 좋은 일도 하게 되고 결국에는 서클을 조직해서 다른 학교 서클들과 큰 싸움이 있었어요. 그래서 다른 학교로 전학을 가게 되었어요. 하지만 그 쪽 텃새 때문에 졸업 때까지도 학교를 잘 다니지 못하고 그러다가 자격증도 하나 없이 졸업장만 가지고 졸업했어요. 고등학교를 3년 동안 다니면서 제 머릿속에 남은 지식 같은 것들은 거의 없을 정도로 그렇게 졸업을 했죠. 사회에 나왔지만 취업도 안 되고 제가 할 수 있는 일은 막노동밖에 없었습니다. 그래서 산판에 가서 벌목하는 일, 장마철에 비가 오면 청개천에 찌꺼기들이 많이 내려오는데 그런 것 걷는 일, 서울의 고지대에 연탄 배달하는 일 같은 일당이 비싼 일들만 했었죠. 하지만, 명절 때 친구들을 만나면 좋은 직장에 다니는 친구들이 그렇게 부러울 수가 없었습니다.

제 소원이 좋은 회사에서 근무해보는 것이 소원이었는데, 학교 다닐 때 열심히 안 해서 자격증도 없으니 신문광고에 많이 나오는 산업안전관리기사 자격증을 따려고 했어요. 그것은 전문대 이상 나와야 하고 현장에서 같은 직종에 4년 이상 근무를 해야 되는데 산업경력증을 만들어서 그 시험에

응시를 했었죠. 그래서 산업안전관리기사 자격증 2급을 따서 수자원공사에 경력사원으로 지원서를 제출했는데 합격해서 수자원공사에 다니게 되었습니다.

수자원공사는 아시겠지만 댐이나 여러분이 항상 사용하는 수돗물을 만드는 회사입니다. 또 여러분이 알다시피 공사(公社)하면 샐러리맨들 사이에서 최고 직장이 아닙니까? 저도 뿌듯하고 때로는 목에 힘도 주고 가족들도 모두 좋아하고 그랬습니다. 매일 허드렛일이나 하고 막노동만 하다가 좋은 직장에 들어가서 열심히 일하고 있었는데 1년, 2년 근무하다 보니까 진급에 대한 부담이 컸습니다. 학벌도 없고 공부도 안 하다 보니 항상 진급시험에서 누락이 되었습니다. 특히 저는 기능직이었기 때문에 고가점수에서 승진이 많이 좌우되는데, 가진 것도 배경도 없다보니 자주 좌절감 같은 것을 느꼈습니다. 직장생활에서의 비전도 많이 생각하게 되었죠. 물론 안정된 직장을 계속 다닌다면 자녀들의 학업문제는 해결이 되겠지만 남자로 태어나서 한 번쯤은 사업을 해보는 게 어떻겠는가, 라는 생각을 하게 되었어요.

첫 번째 도전

동기들 모임에 다녀오면서 백화점에 들렀다가 아까 화면에서 보았던 돌침대를 보았어요. 참 특이하고 우리나라 온돌하고 딱 맞아 떨어지면서 가격도 고가고요, 이것을 가지고 사업을 해보면 어떻겠는가, 하는 생각을 해봤죠. 고민을 하다가 그 회사에 찾아가서 사장님을 찾아뵙고 말씀드렸습니다. 이 회사에 입사원서를 내보고 싶은데 받아주시겠습니까? 하니까 이력서를 제출해 보라고 하시더라고요. 문방구에 가서 이력서를 간단하게 써서 제출했죠. 맨 끝에 수자원공사 재직 중이라고 씌어있으니까 저를 빤히 쳐다보면서 마치 장난으로 슬쩍 던져보듯이 했던 것 같아요. 쓸데없는 생각한다고, 가끔 놀러오라고 하더라고요.

저는 "저를 받아주시겠습니까?"라고 물었어요.

"당신 같은 사람이 오면 받아주죠, 그런데 그런 좋은 회사에 다니면서 이런 개인회사에 와서 무엇을 하려고 그러느냐?"

그래서 제가 "그러시다면 알겠습니다" 하고 3일 만에 수자원관리공사에 사직서를 제출하고 그 회사에 다시 나타나니까 그 사람이 깜짝 놀라더라고요.

그런데 그 과정에서 저의 집사람은 난리가 났죠. 어떤 회사인데 그 좋은 회사를 관두냐고. 제가 자초지종을 말하니까 깜짝 놀라면서, 만약에 사표를 거두지 않으면 이혼도 불사하겠다, 나중에는 가족들에게도 다 알려서 어머니, 동생들이 다 와서 만류를 하더라고요. 그런데 제 머리카락이 약간 곱슬입니다. 그리고 성이 강씨입니다. 게다가 혈액형이 B형입니다. 아주 징글징글하죠. 제 고집을 꺾을 수가 없죠. 저는 고집대로 사직서를 제출하고 혼자 올라왔습니다.

그렇게 몇 개월 고생해서 어느 정도 자리가 잡히니까 가족들도 올라왔어요. 제 나름대로는 열심히 해서 그때 그 사장님께 제가 말씀드렸습니다.

"저는 이 회사 1년 이상 근무하고 싶은 생각이 없습니다. 1년 동안 열심히 해서 사장님께서 저를 인정하신다면 저에게 대리점 하나만 내주십시오."

　이런 부탁과 함께 약속을 받고 열심히 1년 동안 일해서 6개월 만에 그 회사 영업부장 자리를 차지했어요. 그 당시 제가 그 회사 들어갔을 때 매출이 2, 3천만 원 정도였어요, 전체 회사 매출이. 그 당시에 제가 돌침대를 전국에 있는 백화점에 입점을 시키고, 대리점들을 모집해서 제가 부장 될 때는 매출이 거의 10억에 가까웠어요. 그런데 그건 제 실력이 아니라 운이 좋았죠. 그때 한두 개였던 돌침대 회사들이 우후죽순으로 생겼어요. 또 저희는 회사는 어려웠지만 다른 큰 회사에서는 TV광고도 하였기 때문에 잽싸게 백화점 같은 곳에 입점을 시키면 덩달아서 매출이 뛰어 올랐어요. 제가 그 당시 기본급 100만 원에 리베이트를 받았어요. 그 당시에는 저한테 월급을 많이 줄 수 없으니까 리베이트를 좀 크게 책정을 했었어요. 매출이 오르다 보니까 제 봉급이 많아지죠. 그러다 보니 사장님도 점점 부담이 되어서 차라리 이 친구한테 대리점을 하나 내주자, 그런 생각을 하셨던 것 같아요. 그래서 저는 약속대로 대리점을 하나 가져 왔습니다.

　말이 대리점이지 사무실도 아니고 저희 집 조그만 방에 전화기 하나만 놓고, 배낭에 전단지를 넣고 부자동네만 다니면서 아파트, 상점 같은 곳에 뿌렸어요. 어떻게 보면 참 아날로그적인 영업방식인데, 한 이틀 동안 전단지를 뿌리고 3, 4일 동안 집에서 전화를 기다렸어요. 이른바 감나무 밑에서 감 떨어지기를 기다린 것이죠. 참 무식하기도 하고, 대책 없는 방식이었죠. 그런데 전화가 오더라고요. 오더가 하나씩 하나씩 나오면서 그것이 어느 순간 한 달에 4조, 5조 이렇게 늘어나더라고요. 사실 그 당시에 돌침대를 하나 팔면

500, 600만 원 정도 됐었는데 마진이 한 40퍼센트 정도 됩니다. 괜찮았죠. 한 대만 팔아도 어디 가서 월급쟁이 생활하는 것보다 나았고, 그렇게 열심히 하다가 제가 제 브랜드를 만들어서 사무실을 냈고 직원들을 모집하기도 했는데 처음에는 아주 잘 되었어요. 정말 시쳇말로 돈을 긁는다고 하죠. 그 당시 김영삼 대통령께서 전국의 중소기업을 살리자는 의미로 중소기업박람회를 개최했어요. 그래서 저는 무겁지만 돌침대를 전시회에 깔아놓고 여러 팀들을 만나기도 하고 지방까지 다니면서 그 지역에서 판매를 하고 또 다른 지역으로 옮기는 등 이런 형태로 매출을 상당히 올렸습니다.

겨울, 서울역에서 보내다

그러나 IMF라는 것이 '97년도에 닥쳤어요. IMF, IMF 하지만 그게 도대체 뭔가, 대기업들한테만 해당되겠지 하고 방심했어요. 조그만 개인사업이라고는 해도 제 통장에 잔고도 비게 되고, 결국에는 16억 원이라는, 실질적으로는 6~7억 정도 되는 빚 때문에 길거리에 나앉게 되었습니다. 힘들게 마련했던 집도 빚잔치로 날리고 가족들까지 헤어지게 되었습니다. 제가 서른여섯 살에 첫아이를 낳았는데, 상당히 늦었죠. 저희한테는 귀한 아기였어요. 그럼에도 가족들과 헤어져 고시원이라든가 사우나를 전전하면서 피해 다니고 결국에는 핸드폰도 끊기고 오갈 데가 없게 되더라고요.

결국 제가 선택한 곳은 서울역이었습니다. 물론 그 당시에 제가 어디 가서 월급쟁이하면서 생활할 수도 있었지만 월급이 지급되었다고 하면 어김없이 빚 독촉이 옵니다. 그러다 보니 전화도 끊기고 직장생활도 할 수 없었지요. 그래서 12월 말쯤부터 서울역에서 노숙을 하게 되었습니다. 그 당시에는 '노숙' 하면 방송에도 많이 나오던 곳이 서울역이어서 그곳이 무슨 노숙하는 곳의 메카처럼 되었어요. 공익광고에 '노숙자 출신 강신기' 라고 나왔듯이 마치 노숙자가 무슨 아카데미나 노숙자 양성하는 기관에서 배출된 것처럼 '출신'이라고 해서, 그런 문제 때문에 상당히 난처했었고 가족들도 곤란을 많이 겪었어요. 제가 노숙생활을 4, 5년 한 것도 아니고, 사실 4, 5개월 한겨울만을 서울역에서 났습니다. 노숙생활을 오래 한다고 해서 저한테 좋을 것도 없고, 경력이 붙는 것도 아니고요.

상당히 추울 때 노숙을 했었는데 첫날은 갔다가 도저히 견딜 수가 없었어요. 추워서…. 물론 기온도 춥지만 내가 왜 여기 와 있어야 되는가, 내가 사랑하는 가족들과 같이 집에서 따뜻하게 잠을 자야하는데 가족들과 헤어져서, 항상 눈 뜨면 생활하던 거래처들 이웃들 친구들과 떨어져서, 사람도 없고 그저 냉기만 올라오는 서울역 지하도에 쭈그리고 앉아서 내가 뭐 하는 짓인가, 공허하기도 하고 쓸쓸하기도 하고 춥기도 하고, 이런 여러 가지 감정들이 교차하면서 결국 못 견디고 떠났어요. 사우나에 가서 몸을 녹이면서 가만히 누워서 천천히 생각해 보니 제 스스로 참 한심하기도 하고 자괴감도 들더라고요. 어떤 사람들은 노숙하면서 노동판에 가서 막일을 하면서 가족들에게 돈을 보내주는 사람들도 있다는데…, 이런 생각도 들면서 오늘 기왕에 왔으니까 하루 여기서 지내고, 내일 다시 가자. 그런 생각을 하고 다음날 다시 갔습니다.

변함없이 어제처럼 굉장히 힘들었어요. 하루만이라도 참자, 손 비비고 입김을 불어대며 자려고 노력했지만 너무 추워서 잠을 잘 수가 없었어요. 그렇게 있다가 새벽 대여섯 시쯤에 대합실에 가서 난로를 좀 쬐고, 이렇게 해서 하루, 이틀을 버텼어요. 토막잠이라고 여러분 아시죠? 한 30분 정도 자다가 추워서 1시간 정도 손 비비다가 또 졸리니까 또 잠시 졸고, 이런 식으로 하다보니까 이제는 반대가 되는 거죠. 그 환경에 이제 적응이 되는 건지 거기에 맞게 또 두어 시간 자고 몸 녹이고, 이제 점점 잠자는 시간이 길어집니다.

그때 제 옆에서 잠자던 사람들이 새벽만 되면 없어져요. 하루는 저 사람들이 어디를 가는지 물어봤어요. 인력시장에 나간다고 하더라고요. 그렇게 춥게 자고 토막잠을 자면서도 새벽 인력시장에 가서 일하고 그렇게 해서 모은 돈을 가족들에게 보내준다는 얘기를 들었을 때 코끝이 찡하더라고요. 이런 사람들은 곧 여기서 나가고 뭘 하더라도 언젠가 성공하겠구나, 라는 생각이 들었습니다. 여기서 제가 노숙생활이 자랑이라서 하는 말이 아니라, 노숙생활을 4, 5개월 하면서 느낀 것이 있습니다. 또 스스로 배운 것이 있고요. 서울역을 지나고 지하도를 지나갈 때 보면 가끔 노숙자들이 있습니다. 대부분은 지나가는 사람들한테 백 원, 이백 원 돈을 타서 그 돈으로 술을 삽니다. 안주도 없이 자기들끼리 병째 나눠 마십니다. 거의 열 명이면 7, 8명이 그렇게 마십니다. 그런데 그 가운데 한두 명은 아까 말씀드린 것처럼 토막잠을 자면서 새벽에 일어나서 인력시장에 가서 일하고 노숙생활하면서 출퇴근 하는 거죠. 그것을 봤을 때 아, 사람들은 살아가는 방식도 틀리구나, 아무리 어려운 환경에서도 꿋꿋

하게 자기 일을 하고, 적은 돈이라도 벌어서 가족들에게 보내주는 사람들이 있구나, 감명 깊기도 하고 이렇게 노숙자 생활을 하면서도 배울 점이 있구나, 하는 것을 느꼈어요.

그런데 대부분의 사람들이 백 원, 이백 원을 타고 지나가는 사람들한테 손가락질 하면서 희롱하고 가끔 TV에서 보면 안 좋은 소리도 하죠. 그런 사람들의 단체생활을 위해서 '구'나 '시'에서 그 사람들을 한곳에서 생활하게 하고 또 일자리를 줘서 일을 하게 하는데 그 생활에 적응을 못 해요. 간섭 같은 것을 싫어해서 다시 담 밖으로 나와서 서울역으로 갑니다. 누구한테 간섭받기를 싫어하는 거죠. 그러면서 지나가는 사람들한테 돈을 얻어가지고 그 돈으로 술을 마시고. 그 사람들은 처음 볼 때는 건강해 보이는데 얼마 안 가서 몸이 매우 약해집니다. 안으로도 병들어서 겨울에는 객사하는 분들도 상당히 많아요. 알려지지 않아서 그렇지 서울역 지하도에서 죽는 사람들이 많아요. 심장마비라든가 여러 가지 지병 등으로…. 아무래도 먹는 것도 그렇고 생활하는 자체가 힘드니까…. 그런데도 그런 데서 뭔가 열심히 찾아서 일하다가 다 떠납니다. 그것을 보면서 저도 아, 이제 나가자, 날이 풀렸으니까. 그래서 봄에 나왔습니다.

겨울, 지내고 봄

나와서 제가 일자리를 찾고 또 막노동을 하면서 뭔가를 하려고 준비를 하다가 아까 그 영상에서는 제가 발명하고 만든 것으로 나왔는데 사실 특허자는 따로 있습니다. 우연히 친구 사무실에 놀러갔는데 누가 뭘 타고 있더라고요. 그래서 그 친구를 불러서 이게 뭐냐, 어떻게 타는 거냐, 특허는 얻었느냐, 물어보면서 내가 투자를 받든 정부 자금을 빌려오든 해보겠다 같이 사업을 하자, 권유했더니 그분 얘기가 자기는 사업에 관심 없으니 하시려면 알아서 하십시오, 이렇게 얘기하더라고요. 그래서 그 제품을 일주일 빌려 열심히 타보니 이게 물건이 되겠더라고요. 그래서 사업에 착수했어요. 처음에는 간단한 방법으로 부자 동네 입구 도로에서 새벽 6시 반, 7시에 무조건 타고 다녔습니다. 열심히 그렇게 하고 있으면 지나가는 사람들이 또는 사업하는 사람들이 딱 보고 그게 뭐냐, 나랑 사업 한번 해보자라고 권유가 있을 수도 있고 투자를 해주겠다는 사람도 나타날 줄 알았어요. 그런데 그런 생활을 거의 4, 5개월을 했는데 전혀 없더라고요. 혼자서 쓸데없는 짓을 했더라고요.

그 다음에는 그 제품을 가지고 여기저기 공장들을 찾아다녔어요. 아는 사람 소개도 받고 전혀 모르는 공장도 찾아가서 시범도 보이면서…, 그런데 그 가운데 한 회사에서 연락이 왔어요. 다시 한번 보자, 그래서 다시 시범을 보였더니 자기 회사에서 이 제품을 만들 테니 팔 자신은 있는지 묻더라고요. 영업은 수자원공사에서 7, 8년 했으니까 자신 있었죠. 제가 한번 해보겠습니다, 충분히 자신 있습니다, 라고 해서 OEM 계약서를 갖고 개발과 생산은 그쪽에서, 판매는 제가 하기로 하고 2월 말까지 그 회사에 제품 값을 납부하는 것으로 계약을 했습니다. 드디어 시제품이 나오고 그 제품을 가지고 판매를 하려는데 판매가 그냥 되는 게 아니더라고요. 여러 가지 마케팅 비용이 들어가야 하기 때문에 자금이 필요했어요. 그런데 투자를 받으려고 하니까 쉽지도 않고, IMF를 겪고 난 이후라 굉장히 힘들었습니다. 그래서 제가 '기술신용보증'이라는 곳을 찾아가서 기술가치 평가를 받게 된 거죠. 처음에는 안 좋은 이야기를 하더라고요. IMF 직후라 자금도 많이 못 주거니와 자기들 손실이 많아서 자금조달이 어렵다는 거예요. 제품 열두 개를 가지고 다시 찾아갔습니다. 그 직원들에게 에스보드라는 것을 가르쳐주고 같이 타 보라고 주니까 이건 뇌물이라고 안 된다고 하더라고요. 제가 한 달 뒤에 찾아갈 테니까 한번 타 보십시오, 하고 주고 왔어요.

일주일 뒤에 평가 팀장한테서 연락이 왔습니다. 평가서류를 제출해 보라고. 그 뒤로 두 달 동안 서류를 제출하고 평가를 받고 두 달 뒤에 저희가 상상을 초월하는 금액을 정부로부터 받았습니다. 여러분 제가 노숙만하고 빚밖에 없는 상태에서 정부로부터 15억이라는 돈을 일시불로 받았어요. 어땠겠습니까? 정말 날아갈듯 기뻤어요. 그런데 이것이 단순하게 내가 노력하지 않고 내가 신경 쓰지 않고 남이 해주기를 바랐다면 되었겠습니까. 지금은 저희들이 클 때나 직장에 처음 들어 갈 때와 달리 지금은 인터넷을 통해서 검색하면 정보가 쏟아집니다. 여러분 인터넷 다 하지 않습니까? 지금은 각 분야별로 정부에서 지원해주고 지원자금을 대주는 사업들이 굉장히 많습니다. 저희는 지금도 상품 안내서 하나 만드는 것, 독일 같은 데, 모스크바 같은 데 일주일씩 박람회 나가는 것도 저희 자금으로 하지 않습니다. 전부 정부 지원자금으로 다 합니다. 작은 상품 안내서 하나도 자금을 지원해주는 곳을 찾아서 전부 지원 받아서 만들고 있습니다.

노력을 해서 실력을 갖추고 독창적인 아이디어를 가지고 있다면 정부 지원으로 할 수 있는 사업들이 지금은 많습니다. 가끔 방송이나 신문지상에서 그런 소식을 들을 거예요. 중, 고등학생들이 아이디어 하나로 인터넷을 통해서 사업하면서 연 매출이 10억 원을 넘는 학생들도 있고 몇 억씩 올리는 학생들도 있습니다. 이게 바로 아이디어라고 생각합니다. 창의력이죠. 저는 공고를 졸업했습니다. 졸업할 때 자격증도 하나 없었어요. 지금도 뭐 만들고 이러는 거 잘 못합니다. 그러나 아이디어는 많습니다. 물건을 만들 줄 알고 특허를 낼 줄 아는 사람을 만나면 됩니다. 그분들 손을 빌려서 이거 만들어 주십시오, 이거 특허 좀 내 주십시오, 라고 부탁하면 됩니다. 이분들이 개발자고 변리사입니다. 나에게 좋은 아이디어가 있다면 주변 사람들을 통해서 얼마든지 만들 수 있다는 얘기죠.

여러분은 지금 대학교에 다니고 있고 정말 좋은 학교에 다니고 있습니다. 좋은 학교라는 것은 다른 뜻으로 말씀드리는 것이 아닙니다. 여러분도, 사회의 20대 후반에서 40대 사이의 성인들도 유일한 박사님을 모르시는 분은 거의 없을 것입니다. 그분의 높은 기업정신을 알고 있고 배우고 있는데, 여러분은 그분이 높은 기업 정신과 뜻을 가지고 세운 배움의 전당에서 그분 뜻 아래 공부하고 있습니다. 제가 볼 때 여러분은 정말 행복하고 좋은 캠퍼스에서 공부를 하고 있다는 것입니다. 저는 대학교 문턱에도 가보지 못했습니다. 지금도 어떤 쇼 프로그램에서 대학교 다닐 때 미팅했던 얘기를 들으면 굉장히 아쉽습니다.

여러분 제가 노숙자 같이 생겼습니까? 저는 제 자신이 굉장히 잘생겼다고 생각합니다. 물론 제 가족도 그렇게 얘기합니다. 그런데 다른 사람들은 굉장히 무섭게 생겼다거나 머리가 너무 크다고 해요. 이마도 툭 튀어나왔고…. 거기다가 성이 '강'가이고 B형이다 보니까 여자들한테도 인기가 없습니다. 물론 그 당시에 제가 대학교를 다녔다 하더라도 미팅시켜 주겠다는 이야기는 아마 많이 들어오지 않았을 것 같아요. 가도 폭탄이 되지 않았을까 하는 생각이 듭니다. 청중 웃음

절망과 희망 사이에서

여러분, 제가 16억이라는 부도를 맞았을 때 또 힘들게 마련한 집을 빚잔치로 날려버리고 가족들과 헤어지게 되었을 때, 심정이 어땠겠습니까? 조금 전에 영상에서 제가 한강다리에 가서 망설이는 장면이 나왔습니다. 그것은 사실입니다. 술을 먹고 차라리 이렇게 살 바에 죽어버리자 결심하고 갔었어요. 뛰어들려고 마음을 다잡고 있는데 멀리서 들립니다. '아빠~ 아빠~'하고 제 아들이 부릅니다. 아들 목소리가 들리겠습니까? 아무리 크게 불러도. 제 마음이 약해진 거죠. 죽을 용기가 안 나는 겁니다. 그런데 또 한 가지 저는 수영을 잘합니다. 뛰어내렸을 때 한번에 죽지 않으면 분명히 헤엄을 칠겁니다. 수영을 할 거예요. 겨울이라 굉장히 추울 것이고, 밖에까지 나오려면 시간도 많이 걸리고…. 이런 별 생각을 다합니다. 그냥 죽고 싶으면 바로 뛰어내리면 되는데 여러 가지 잡념들이 하나씩 떠오른 거죠. 죽을 용기가 없는 겁니다.

때로는 수금 때문에 강원도에 갔다가 수금도 안 되고 하니까 그 '진고개'라고 하는 소금 방이 있는 산이 있어요. 그 산에 가서 약을 만들어서 항상 가방 속에 조그만 약병에 약을 넣고 다녔어요. 만약에 누구한테 잡혀서 끌려가면 차라리 죽어버리려고요. 그 약도 먹으려고 하면 제 아들이 불러요. "아빠, 아빠" 하고. 역시 용기가 없습니다. 차라리 죽기가 이렇게 힘들면 그 용기, 그런 마음을 다잡고, 열심히 한번 살아보면 어떻겠는가, 죽을 용기가 없으니까 살 용기를 가지고 차라리 한번 살아보자. 이런 생각을 가지고 한강에서 다시 발걸음을 돌려서 고시원으로 들어갑니다. 이 용기가 나 자신 하나 죽이지 못할 바에는 차라리 그 용기로 열심히 살면 되지 않겠느냐, 이런 생각을 가지고 마음을 다잡고 다잡았습니다. 그런데 직장 생활을 하면서 다시 일어설 수도 있겠지만 시간도 많이 걸리고 그 많은 빚들을 또 어떻게 갚는가. 그 생각 때문에 저는 뭔가 새로운 상품을 개발하고 싶었습니다.

제가 부도나기 직전에 킥보드라는 것이 있었습니다. 아마 여러분은 아실 거예요. 타보신 분들도 있을 겁니다. 한참 유행이었습니다. 우리나라는 청소년들이 한번 좋아하면 금세 붐을 탑니다. 거기에 조금만 더 TV에서 인기라고 하면 전부 따라합니다. 저는 그것을 염두에 두고 십분 활용했습니다. 앞으로 경기가 풀리고 경제가 좋아지면 레저 쪽으로 발전 가능성이 상당히 높을 것이라고 생각했습니다. 킥보드 봉을 잘라서도 타보기도 하고, 줄넘기를 새롭게 개발해 볼까, 인라인 스케이트를 다르게 고쳐 볼까, 이런저런 궁리를 하다가 우연히 그 보드를 본 거예요. 제기 생각했던 것괴 어느 정도 일치가 되었던 거죠. 그래서 그 친구를 만나서 계속 협상하고, 그래서 결국에는 이것을 잘만 하면 빚도 갚고 가족들과 먹고 사는 데는 지장이 없겠다는 작은 생각을 했던 거죠. 그런데 처음부터 욕심을 가지고 너무 큰 꿈을 가지고 시작했더라면 아마 저는 이 자리에 없었을 겁니다.

우선 무슨 일이든 1부터 시작하자, 그래야 어떤 비전도 있고 희망도 있고 미래가 있는 것이 아닌가, 라는 생각을 했습니다. 제가 조그만 무언가를 이뤘다고 해서 누군가의 권고로 책을 하나 냈었습니다. 그 책에 그런 내용이 나와 있습니다. '포기란 김치 담글 때만 쓰는 말이다.' 요즘은 젊은 친구들도 그렇게 나이 드신 분들도 쉽게 포기를 많이 합니다. 무얼 조금 하다가 주변에서 그런 것 해서 무슨 소용이 있겠냐고 그러면 포기하고, 조금 하다가 어렵거나 귀찮으면 또 쉽게 포기합니다. 그런데 저는 무엇이든 한 가지 기획한 것을 해야겠다고 마음먹으면 정말 해 보다가 이건 도저히 안 되겠다 싶을 때가 아니면 포기하지 않습니다. 그래서 손해를 볼 때도 많습니다. 그래도 그런 성격 때문에 지금 이 자리에 있지 않나 생각합니다. 제가 이 자리에 있는 것은 성공해서가 아니라 다른 사람과는 좀 더 다른 경험과 이력이 있기 때문에 이 자리에 있지 않은가, 라고 생각합니다. 저는 이 자리에 있지만 굉장히 행복합니다. 일을 할 수가 있기 때문에…. 일을 하고 싶어도 할 수가 없을 때는 너무나 힘들고 불편하고 남들 보기도 창피하고 제 자신이 싫었습니다. 그런데 이제는 일에 치여서 살 정도로 너무나 많은 일을 하고 있습니다. 이것이 저에게는 큰 행복이더라고요. 하고 싶어도 못하거나 할 수 없었을 때는 정말 미칠 것 같았어요.

여러분, 행복이라는 것은 아까 잠깐 학장님실에서 어느 목사님께서도 말씀하셨지만, 무엇을 이룬다거나 돈을 많이 벌거나 큰 회사를 차려서 행복한 게 아니라, 내가 하고자 하는 일을 할 수 있을 때 그리고 그것을 이뤘을 때 그것이 행복이고 성공이 아니겠는가, 라는 말씀을 하셨어요. 매우 공감이 가더라고요. 여러분 처지에서 본다면, 지금 환경에서 불평이나 불만을 갖기보다는 현재 주어진 환경에 만족하면서 미래를 위해서 내가 할 수 있는 것이 무엇인가를 많이 고민하셨으면 해요. 지금 여러분이 택한 학과가 여러분이 하고 있는 전공들이 불만일 수도 있습니다. 정말 마음에 와 닿지 않지만 지금 이 자리에 와 있을 수도 있고 이 학교에 와 있을 수 있습니다. 많은 대학생들이 어쩔 수 없이 대학에 입학했다가 다시 편입하기도 하고, 그만두고 1년 재수했다가 다시 다른 대학 자신이 원하는 학과에 들어가는 학생들도 많이 봤습니다. 여러분은 여러분이 하고 싶은 것을 해야 할 것입니다. 그러나 많은 분들이 4년을 공부하고 또는 직장을 갔다가도 나중에 전혀 다른 일을 하는 분들을 많이 보았습니다. 아니 대부분이 그렇게 하고 있습니다. 사회는 내가 원한다고 해서 원하는 것을 받아주거나, 할 수 있는 것만을 할 수 있게 하지 않습니다. 어쩔 수 없을 때는 내가 그 환경에 맞춰서 나를 적응시켜야 할 때가 많습니다.

'포기'는 김치 담글 때나 써라

저희 어머니는 4남매를 키우기 위해서 저희들이 어렸을

때부터 화장품 외판을 하셨어요. 그런데 시골이라서 동네들이 띄엄띄엄 떨어져 있으니까 그 무거운 것을 머리에 이고 동네마다 찾아다니면서 가가호호 방문하셨어요. 그래서 화장품을 팔면 현금으로 가져오거나 지금처럼 카드로 계산하는 게 아니라, 그 당시에는 쌀이나 콩 같은 현물로 대신 받았습니다. 화장품을 무겁게 들고 가고 올 때는 팔아서 받은 무거운 곡식을 가지고 오셨습니다. 어둠 속을 걸어오시다 발을 헛디뎌서 발목을 접질리셨던 적이 한두 번도 아니었습니다. 하루는 콩이 다 엎질러졌는데 그것을 다 줍고 계시더라고요. 그때 저는 어머니께 그냥 가자고 그랬는데 "이 콩이 어떤 콩인데 놓고 그냥 가냐? 이 콩 하나하나가 너희들을 위해서 다 바꿔놓은 건데 왜 너는 놓고 가자고 하냐?"면서 주우셨어요. 어머니는 하나하나 다 주우시더라고요. 가슴이 뭉클해서 어머니께 정말 효도하고 잘 해야겠다, 라고 그때 결심을 많이 했습니다. 하지만 아직도 효도를 못하고 있습니다. 아무리 부모님께 잘해 드린다고 해도 항상 후회가 될 것이고 앞으로 여러분이 지금보다 더 크고 나이가 들었을 때 그런 것을 느끼실 거예요.

여러분 아까 영상을 보셨는데 그게 다는 아닙니다. 물론 각색도 되고 부풀려지기도 했지만 정말 어려운 시골 가정에서 살았습니다. 한 평의 논, 밭도 없었습니다. 아버님이 건축업을 하셨는데 말이 건축업이죠. 남의 집 허드렛일로 조금 고쳐주고 벌어 오는 돈으로 먹고 살았어요. 그러다 제가 군대 가 있을 때 여동생이 동생들의 학비를 거의 벌고 있었는데 그만 연탄가스 중독으로 죽었습니다. 아버님이 그 충격과 사업하다 진 빚 때문에 집을 나가셨어요. 15년 만에 연락이 왔는데 병원에서 연락이 왔더라고요, 아버님이 위독하다고. 가보니까 위암 말기 환자였어요. 15년 만에 만난 아버님이 20일 만에 또 돌아가셨어요. 저는 중학교 다닐 때까지만 가족들과 같이 생활을 했지 그 이후로는 가족들이 전부 뿔뿔이 흩어져 생활했습니다. 별로 가족애가 없어요. 그러면서 동생도 일찍 잃고 아버님도 일찍 돌아가시고…. 가장으로서 남은 내 가족들과 자식과 아내를 책임져야 되는데 부도 때문에 가족들과 헤어지고 또 굉장히 힘들게 생활했습니다. 아마 제가 포기했더라면 저도 지금 이 자리에 없었을 것이고 가족들도 굉장히 힘들게 생활했을 겁니다. 예전에 졌던 빚들은 다 갚아 어려움은 없지만 그렇다고 해서 그때 어려움을 다 잊어버리고 풍족하게 살거나 흥청망청 살진 않습니다. 그때 너무나 어렵고 힘들었기 때문에 또 정부나 많은 사람들의 도움을 받고 여기까지 왔기 때문에 아끼고 좀 더 열심히 일해서 정말 어려운 사람들에게 저도 조금은 나눠 줘야죠. 항상 그런 마음을 가지고 있고요. 그러려면 제가 조금 더 열심히 일하고 조금 더 노력해야만 되지 않을까 이런 생각을 하고 있습니다.

여러분은 지금 이 시간에 교실에서 유명하신 또는 능력 있으신 교수님들의 강의를 듣고 이렇게 해야겠지만, 짧은 얘기고 단순한 얘기지만 보잘 것 없는 제가 얘기하는 것을 귀담아 들었다가 나중에 힘들 때나 곤란할 때 제가 했던 이야기를 잠시라도 생각하면서 '그래, 포기란 김장할 때나 하는 말이라고 그분이 얘기 했어. 어렵더라도 낙심하거나 포기하지 말고 조금 더 열심히 노력해야지', 한다면 여러분은 어려움을 벗어나 성공할 수 있다고 봅니다. 여러분은 하고 싶은 일을 반드시 할 수 있을 거라고 생각합니다. 노력도 하지 않고 요행을 바라지는 마십시오. 요즘 로또복권이 인기인데, 혹시나 해서 사는 사람들이 대부분이지만 당첨되는 사람은 한두 명뿐입니다. 과연 그것이 비전이 있는 일인가, 정말 비전이 있는 일이라면 내가 하고 싶어 하는 일에 최선을 다해서 노력하고 그 일을 위해서 열심히 공부하고 머리 동여매고 노력을 했을 때 이루어지지 않을까 이런 생각을 합니다. 물론 여러분이 좋아 하는 TV 프로그램도 보고, 유명 가수 콘서트하는 곳도 가고, 미팅도 하고, 요즘 인기 있는 춤도 추러 가고 그러는 것도 좋습니다. 물론 한두 번씩은 해야 되겠죠. 그런데 여러분에게는 시기가 있다고 봅니다. 저는 또 제 시기가 있고…. 여러분은 열심히 공부해서 기초를 다져야 하는 시기라고 보고 있습니다. 제가 너무나 힘들고 어렵게 했던 것도 기초가 없었기 때문에 힘들었다고 생각합니다. 공부할 때 조금 더 열심히 할걸. 조금 더 노력할걸. 어려운 가정 핑계 대지 말고 장학금 받아가면서 열심히 공부하는 학생들도 있는데 왜 그렇게 하지 못했는가. 저도 후회하고 지난 일을 되새겨 봅니다. 모든 것이 후회뿐이죠. 그런데 후회한들 무슨 소용이 있겠습니까? 이제부터라도 열심히 노력을 해야지. 이런 생각을 가지고 최선을 다하고 열심히 하다보니까 길이 열리더라는 것이죠.

처음에 제가 정부 지원자금을 받으려고 기술평가를 받을 때 정말 비관적인 이야기를 들었습니다. 그럴 때 다 포기하고 또 다른 것을 해보려고 했다면 제가 지금 이 자리에 없었습니다. 안 된다고 했지만 가능성의 일부를 봤기 때문에 열심히 더 노력했고, 찾아가서 "안돼? 왜 안돼! 한번 타 봐"

하며 직원들과 함께 제품을 가지고 가서 직원들에게 타 보게 했고 자기들이 타 보고 재밌으니까 서류를 제출하라고 했던 겁니다. 그래서 앞으로 이렇게 해서 이 정도 매출을 올리겠다고 다짐했고 조금 더 열심히 서류도 작성한 덕분에 순전히 저희 특허 제품만 가지고 제가 자금을 받을 수 있었습니다. 자그마치 15억입니다. 15억이라는 것은 정말 큰돈입니다. 제가 어디에서 15억을 가지고 올 수 있겠습니까? 조그만 아이디어 하나지만 독창적이고 발전 가능성이 있다는 그런 전제 아래 정부에서 자금을 대주었을 겁니다.

여러분 누구든지 한 사람 한 사람 무한한 가능성이 있습니다, 어느 분이든. 여러분 제가 그 사람을 비하하고 나쁜 얘기로 하려고 하는 것이 아니라, 박경림 아시죠? 제가 그 사람을 만나고 왔습니다. 그 친구를 봤을 때 인물로 보나 목소리로 보나 저 정도 인기를 끌고 발전 가능성이 있다고 생각했겠습니까? 그는 그 나름대로 자신의 단점을 장점으로 승화시킨 사람이라고 저는 높이 평가를 하고 있습니다. 또 호랑나비 춤추는 김흥국 씨 아시죠? 그분하고도 가끔 모임 때문에 만나는데 그분도 컨셉트가 있습니다. 자기 나름대로 자기 발전을 위해 노력을 많이 합니다. 노래 잘 합니까? 정말 노래 못하는 가수 가운데 한 사람입니다. 그저 으~아~ 하고 들이대는 것이 그 사람의 장기입니다. 그것 하나 가지고 자기를 세웠습니다. 자기를 성공시켰어요. 김종민 씨 아시죠? 코요테. 사석에서 만나면 얌전하고 점잖고 말수도 적어요. 그렇게 어눌하지 않습니다. 그런데 춤이면 춤, 말이면 말 모든 것을 어눌하게 해서 지금 최고의 주가를 올리고 있지 않습니까? 자기 스스로 무언가 부족하면 단점을 가지고 장점으로 승화시키는 그런 사회가 되었습니다. 그런데 여러분은 나름대로 그분들보다 장점이 많다고 생각합니다. 혹시 여러분이 박경림처럼 김흥국처럼 김종민처럼 단점이 있다 하더라도 오히려 그 단점을 가지고 장점으로 승화시키고 아예 장점을 더 큰 장점으로 만들 그런 생각과 기회를 갖는다면 여러분은 여러분 나름대로의 영역을 가지고 충분히 성공할 수 있다고 생각합니다.

얼마나 좋습니까. 유한대학. 저는 말만 들어도 유일한 박사님이 생각납니다. 여러분은 그 그늘이 있지 않습니까? 저는 어려울 때마다 기도하고 또 여러 사람들한테 기도해 달라고 하고 있습니다. 여러분은 무언가 하나씩 있지 않겠습니까? 무언가에 최선을 다하고 나 자신을 위해서 노력하고 나를 사랑하지 않으면 절대 '나'는 없다고 봅니다.

얼마 전에는 컴퓨터로 장난만 하고 게임만 한다고 했지만 지금은 게임이 어떻습니까? 우리나라 최고의 산업으로 발전하고 있습니다. 여러분 세대에 맞는 그런 일들이 무궁하게 많아지고 있습니다. 옛날 알아주던 직업들은 한 쪽에서 사라지고 있지만 또 여러분의 세대에 맞는 새로운 직업들이 하나씩 만들어지고 있어요. 예전에 B-boy나 백댄서를 얼마나 부모님들이 못하게 하고 주변에서 욕하고 그랬습니까? 지금 어떻습니까? B-boy나 팝핀이나 락킨 춤들이 많이 생기고 있지 않습니까? 제가 이 나이에 락킨까지 이야기하니까 이상하죠? 여러분은 여러분 세대에 맞게 놀 때는 놀고 일할 때는 일해야 합니다. 제가 요즘 젊은 사람들을 좋아하는 이유가 있어요. 저도 요즘 코미디 프로그램이나 쇼 프로그램 자주 보거든요. 제가 하는 사업들도 마찬가지고 아이템도 그렇고 요즘 젊은 세대들과 공감을 해야만 또 젊은 세대에 코드를 맞춰야만 성공할 수 있다고 보고 있어요.

저도 지금 조그만 엔터테인먼트를 하면서 신인가수도 발굴해서 준비하고 있어요. 여러분도 잘 알고 있는 탤런트 이상인 씨 있지요? 그분이 저희 모델이면서 저하고 형, 동생 하는 사이입니다. 올해 싱글 앨범을 준비 중에 있는데 조그맣게 시작을 하고 있습니다. 제가 엔터테인먼트를 하는 것은 그것을 해서 돈을 벌려는 것이 아니라 저희 회사와 저희 제품의 가치를 높이고 홍보하기 위해서 한 쪽에서 조그맣게 준비를 하고 있는데, 저는 조금 더 젊은 친구들과 공감대를 형성하고 여러분과 함께 발을 맞춰갈 때 제가 추구하고 있는 제 일들이 잘 될 수 있다고 생각하기 때문에 거기에 맞춰서 쇼 프로그램을 만들어 보고 있습니다. 사모님의 유행어 "운전해~ 어서~"라든지 탁재훈의 "아~ 왜~"이런 것들 많이 따라 합니다. 개그맨들이 탁재훈, 신정환 씨를 못 따라 갑니다. 그 순발력이 순간적으로 나오는 것이 아니라 수많은 연습을 통해서 되는 것이죠. 강호동 같은 사람들도 남의 아이디어를 빌어서 하고 있다고 하지만 그것도 자신의 컨셉트입니다.

여러분도 여러분의 현실에 맞게 클럽도 가고 미팅도 하고 해외여행도 가고 여러 가지 하지 않습니까? 저희가 독일 박람회에 갈 때 보면, 학생들이 유럽에 올 때 그 쪽에 많이 옵니다. 시청에 광장센터가 있는데 학생들을 만나면 얼마나 부러운지 몰라요. 저는 마흔 살이 되기 전까지는 제주도도 못 가봤습니다. 지금 에스보드라는 단일 제품 하나 가지고 온 세계를 다 다니고 있지만 여러분은 여행, 아르바이드 등 여러분이 하고 싶은 일들을 하고 있지 않습니까? 저희 때보다는 훨씬 낫다고 생각합니다. 여러분은 자신감도 많고 의욕도 좋고 저희 때보다도 아이디어도 많고 각양각색으로 신세대다운 아이디어들이 많이 있다고 생각합니다. 여러분이 조금만 노력하면 얼마든지 여러분이 추구하는 일들을 할 수 있다고 봅니다.

저희 회사는 직원들이 30대 중반 이하로만 구성이 되어 있는데, 연세가 드시고 경험 많은 분들이 싫어서가 아니라 저희 제품이 레저용품이기 때문에, 젊은 층들이 좋아하는 제품이다 보니까 거기에 맞춰서 채용하고 있어요. 젊어서 그런지 제가 상상을 초월하는 그런 아이디어를 내기도 하고 또 젊은 친구들이다 보니까 말썽도 많이 피워요. 그것도 젊음의 상징이라고 볼 수 있고, 젊기 때문에 그럴 수 있다고 생각합니다. 속도 많이 썩입니다. 예전에는 사장님 눈치 보고 상사 눈치 보고 이랬는데 이제는 그런 것 없습니다. 사장한테도 자기 할 말 다 합니다. 회의를 하면 제가 만날 직원들한테 혼나요. 사장 잘못한 것, 실수한 것, 다 얘기 합니다. 그런데 그것이 좋습니다. 저도 바빠서 회의할 시간도 거의 없어지고 한 달이면 거의 절반 정도 해외로 나갑니다. 마흔 살 전까지는 제가 제주도도 못 가 봤는데 지금은 거의 절반 정도 해외로 가 있는 것은 제가 그 만큼 노력을 했고 새로운 아이디어에 집중했기 때문입니다. 여러분에게 내재되어 있는 꿈과 아이디어를 전부 밖으로 드러내서 여러분 것으로 만들었으면 좋겠습니다.

항상 여러분에게는 가족이 있지 않습니까? 할아버지, 할머니를 비롯해서 여러분을 낳아 준 부모님과 형제, 자매들이 있을 거예요. 다들 여러분을 걱정하는 부모님이 계시기 때문에 여러분이 태어났어요. 항상 부모님 잊지 마시고 부모님의 그 따뜻한 사랑과 정을 잊지 마시고, 내가 잘못되었을 때 얼마나 가슴 아파하셨을까? 내가 열심히 하지 않거나 친구보다 항상 뒤쳐졌을 때 얼마나 안타까워했을까? 이런 것들을 한번쯤 생각해 보세요.

지금 내가 친구보다 조금 뒤쳐져 있고 한 발 더 뒤쳐져 있더라도 여러분은 실망할 필요가 없다고 봅니다. 분명히 말씀드리지만 저는 학교 다닐 때 공부는 못했습니다만 간부는 해 봤어요. 그런데 공부를 많이 하지 않았어요. 물론 공부를 잘 해서 판사, 검사도 되고 교수님도 되고 여러 분야로 성공할 수 있습니다. 그러나 꼭 공부만 잘해서 성공한다고 보지 않습니다. 여러분 나름대로 개개인이 각자의 능력들이 있어요. 재능이 있다고 생각합니다. 내 장점, 아니면 단점일지라도 그것을 어떻게 극대화 하느냐에 따라서 내 위치나 내 위상이 틀려진다고 봅니다. 여러 성공한 사람들이 많이 있습니다. 때로는 바보스럽고 희한한 것으로 어떻게 성공할 수 있을까, 이런 것들만 연구하는 사람들도 있습니다. 장점보다 단점을 가지고 성공할 확률이 높다고 하면 여러분도 그렇게 하십시오. 앞서 말했듯이 내가 하고 싶은 일을 할 수 있을 때 그것이 성공이라고 생각하는 목사님의 말씀도 상당히 일리가 있다고 생각하고 충분히 공감합니다.

여러분, 제가 전문 강사도 아니고 그렇다고 강의를 많이 해 본 것도 아니라서 두서없이 이야기했습니다. 제가 경험하고 여러 가지로 실패해서 주변 사람들을 힘들게 만들었지만 여러 많은 분들 앞에서 분명하게 살아 온 얘기를 할 수 있는 것은 제가 하고 싶은 일, 하고자 하는 일을 위해서 열심히 노력하고 그만큼 최선을 다했기 때문에 이럴 수 있다고 생각합니다. 여러분 스스로가 자신의 장, 단점이 무엇일까 생각하시고, 여러분의 미래에 대해서 하루에 한 번씩이라도 생각해 보십시오. 여러분의 미래는 여러분이 책임지는 것입니다.

최소한 유한대학 학생이라면 유일한 박사님의 기업정신과 그분의 뜻을 기억하시고 자신을 위해서 노력하세요. 스스로를 위해서 노력하기 바랍니다. 유한대학의 발전과 모든 분들의 건강을 기원하면서 오늘 강의는 여기서 마치겠습니다.

감사합니다.

내가 본 '유일한'

이교원

유한대학 명예교수 겸
전 유일한로 추진위원장

　여러분의 입학을 진심으로 축하합니다. 저는 유일한 강좌
의 진행을 맡은 이교원입니다.

　유일한. 여러분은 이분이 누구신지 이름이라도 들어본 적
있나요? 어디 들어본 학생 있으면 손 한번 들어봐요. 한 3
분의 1정도 들었네요. 그럼 지금부터 '유일한'이라는 분이
어떤 분이신지 다 함께 생각해 봅시다.

　이분은 1895년 1월 15일 평양에서 '유일형'이라는 이름으
로 태어나 아홉 살이 되는 해에 미국으로 유학을 떠납니다.
미국에 도착한 어린 유일한은 어느 목사님의 보살핌을 받으
며 초·중등학교를 거쳐 1915년 고등학교를 졸업합니다. 고등
학교 때는 미식축구 선수였대요. 미식축구는 인기가 높은
운동경기 가운데 하나 아닙니까. 운동경기 가운데 골프 같
은 경우는 각자 자기 공만 칩니다. 이 경우는 팀웍크보다도

개인기가 우선되지만 농구라든가 축구, 미식축구, 야구 등은 개인기보다 팀워크가 잘 이뤄져야 승리를 할 수 있습니다. 기업경영이란 것은 뭡니까? 사장 혼자서 하는 것이 아니잖아요. 여러 사람이 하나의 팀을 구성하여 같은 목적을 향해 달리는 것입니다.

며칠 전에 한·일 야구 경기가 있었지요. 한국이 1 대 0으로 지고 있다가 홈런을 날려서 역전시켰습니다. 이승엽 선수에게 홈런 한 방을 맞고, 기대했던 이치로 선수가 박찬호 선수한테 아웃당하는 등 일본은 망신을 당합니다. 이것이 두 사람만 잘해서 되는 것은 아니잖아요. 축구도 마찬가지 아닙니까. 혼자 넣으려고 날뛰면 공이 들어갑니까. 고등학교 시절 팀워크의 필요성을 체험한 유일한 박사님은 미시건대학 상과에 들어가면서 기업경영에 대한 공부를 합니다. 그 뒤 제너럴일렉트릭 회사에 취직하여 기업경영의 실무를 다지고 1921년 라초이 식품회사를 설립하게 됩니다.

라초이 식품회사란 숙주나물을 만들어 파는 회사였어요. 중국계 동양 사람들을 상대로 한 식품을 만들었어요. 설립 이후 4년 동안에 50만 달러라는 거금을 벌었답니다. 많은 돈을 번 박사님은 8년 밖에 살지 않은 조국 한국을 찾아옵니다. 왜 찾아왔겠습니까? 대한민국은 자기가 태어난 조국이니까요. 그리고 조국을 사랑하니까요. 유일한 박사님은 애국자였어요. 미국에서 사업을 하면 미국 사람에게만 혜택을 주는 꼴이 되니, 미국만 부자가 된다는 겁니다. 드디어 종로 2가 덕원빌딩에 사무실을 임대해서 회사를 설립합니다. 그것이 지금 현 유한양행의 시작입니다.

그러면 박사님의 어릴 때 사진(사진1)을 한번 볼까요.

아주 영리하고 똑똑하게 보이지요. 이번에는 사장이 되신 후의 모습을 다시 한 번 봅시다.

이분(사진2)이십니다. 빙그레 웃는 모습이 얼마나 인자하십니까. 이분이 유한양행과 유한학원을 창설하신 분이에요. 아주 정직한 분이셨어요. 어떻게 아느냐고요? 이 화면(그림1)을 한번 봅시다.

△ 사진 1

이 글은 유일한 박사님의 혼이 담긴 글입니다. 이 정신은 오늘날 일자리 창출의 근본이 되고 기업의 사회적 책임(Corporate Social Responsibility)의 시초가 되

사진 2

유일한 박사의 생활철학

"정성껏 좋은 商品을 만들어 국가와 동포에게
奉仕하고 正直하고 성실한 人材를 양성하여
사회에 배출하며 企業에서 얻은 이익을 첫째,
企業을 키워 보다 많은 일자리를 만들고, 둘째,
성실하게 納稅하며 셋째, 그리고 남은 것은 기
업을 키워준 社會에 환원한다."

△ 그림 1

있다고 생각합니다.

가난한 국민들이 배우려고 해도 돈이 없어 배울 수가 없
고, 일자리를 찾으려 해도 아무 기술이 없으니 찾을 길이
없었습니다. 그래서 박사님은 그 불쌍한 국민들에게 어떻게
하면 일자리를 마련해 줄 수 있을까, 어떻게 하면 일할 수
있는 능력을 부여해 줄 수 있을까 고민했습니다. 그러다가
고려공과학원을 만들었습니다. '돈이 없는 자여 이 학원으로
들어와라. 그리고 자립할 수 있는 기술을 배워라!' 고려공과
학원에는 많은 인재들이 찾아 왔습니다. 대패질하는 방법과
땜질하는 방법을 가르쳤습니다. 대패질을 배운 사람은 후일
훌륭한 실내장식가, 땜질을 배운 사람은 조선산업의 일꾼이
되었습니다. 이 고려공과학원이 발전되어 유한공업고등학교
가 탄생하게 되었습니다.

박사님께서는 회사를 정직하게 경영하여 더 많은 일자리
를 만들고 그리고 남은 것은 기업을 키워준 사회에 환원한
다는 경영 원칙을 실천해 오시다가 1971년 3월 11일 향년

76세로 세상을 떠나셨습니다. 자 여러분, 우리 다 같이 박사님이 잠들어 있는 묘소로 가 봅시다.

이 화면(사진3)은 박사님의 유택입니다. 지금 현재 유한공고 정문을 들어오면서 왼쪽에 있는 조그마한

△ 사진 3

유한 동산이 바로 그곳입니다. 이분은 돌아가시기 전에 재산도 많았답니다. 그런데 모두 사회에 환원하시고 돌아가셨습니다. 자기 한 몸 묻힐 자리도 남기지 않은 채 다 주어 버렸어요.

그 밖에 여러 가지 상훈이 많이 있습니다만 생략하고, 이번에는 이분의 가족을 소개하겠습니다. 우선 가족사진(사진4)

△ 사진 4

을 한번 보시지요.

왼쪽에 계시는 분이 박사님이시고 앞에 계시는 분이 따님과 아드님, 오른쪽에 계시는 분이 호미리 여사이신데 같이 미국에서 유학을 하시다가 만나 결혼을 하셨습니다. 따님도 이미 고인이 되셨고 아드님은 미국에서 변호사로서 활동하고 계십니다.

이제부터 내가 본 유일한 박사님에 대해 이야기 좀 해볼까요. 저는 1968년 3월에 유한공고 선생으로 부임했고 이분께서는 '71년 3월에 타계 하셨으니 만 3년 동안 같은 하늘 아래서 공기를 마신 셈이지요.

당시 유한양행의 본사는 대방동에 공장은 소사에 있었어요. 소사에 공장이 있었기에 지금 새롭게 조성하는 신뢰의 길 '유일한로', 바로 경인국도를 자주 지나시곤 했습니다. 그래서 학교를 자주 들르신 것 같았습니다. 어느 해인가는 졸업식에 참석하셔서 축사도 해주시는 등 학생들의 학교생활에 관심이 크셨던 것 같아요. 특히 학생들이 닭싸움을 하며 뛰어노는 것을 보면 한참이나 서서 보시곤 했어요. 그래서 박사님을 먼발치에서는 몇 번인가 뵐 수 있었습니다. 그러나 가까이서 인사드리고 이야기를 나눈 것은 세 번뿐이었습니다.

처음에 만난 것은 운동장에서였어요, 그날도 운동장에서 학생들과 청소를 하고 있는데 박사님이 오셨어요. 차에서 내리시길래 인사를 했죠. 그랬더니 나를 보시고 하시는 말씀이 "임자는 학생인가 선생인가?" 하시는 거예요. "네, 저는 선생입니다"고 했더니 더 이상 아무 말씀도 없이 가시는 거예요. 너무 시시한 만남이었지요. 당시 유한공고 학생들은 사관학교 스타일로 학교생활을 했기 때문에 두 사람 이상이면 발을 맞춰 뛰고 머리형은 사관학교 생도 머리처럼 깎았어요. 나는 담임이라서 모범을 보인다고 머리모양을 사관학교 식으로 깎았습니다. 그때 박사님이 이렇게 보니까 이놈이 선생 같기도 하고 학생 같기도 했나 봐요. 그래서 선생인가 학생인가 하고 물어 보신 것 같아요.

두 번째 만남은 기계과 실습장에서 이뤄졌습니다. 그때도 청소 시간에 청소를 하고 있는데 들어오셨어요. 실습장에는 실습시설도 없었어요. 있다는 것이 고장난 선반 2대와 쉐어링기 1대, 용접기 1대가 고작이었어요. 기계과 실습장에 들어오신 박사님께서 하시는 말씀이,

"아이들에게 땜질을 잘 가르쳐야 해. 땜질을! 땜질을 잘 가르쳐야 배를 만들어."

조선공사에서 가장 핵심 기술이 용접이잖아요. 2차 대전 때 일본이 해전에서 패한 이유가 무엇인지 아세요? 바로 용접 기술이 모자라서 패한 거랍니다. 바다에서 싸우는데 배가 썩는 거예요. 용접한 부분이 막 썩어 들어와요. 군함의 부식이 패전의 이유 가운데 하나였다는 기사를 읽은 적이 있습니다. 기계과 실습장을 나와 다음 실습장으로 가시길래 따라갔어요. 목공 실습장이었습니다. 그 목공 실습장에서는 무엇을 만들었느냐 하면 여러분들이 요즘에도 병원이나 약국 등에 가면 길게 만들어 놓은 나무 의자를 볼 수 있을 거예요. 목공 실습장에서 그런 의자를 만들었어요. 버들표 마크가 선명한 유한양행 피알(PR)용 의자였어요. 다른 곳에서 1차 가공품을 가져와 학생들에게 조립을 시켰던 겁니다. 그곳에 갔더니 실습담당 선생님 한 분과 예닐곱 명의 학생들

이 의자 조립작업을 하고 있었어요. 등받이를 의자 뼈대에 붙이는 작업이었는데, 못으로 박는 것이 아니라 나사못으로 박게 되어 있었어요. 작업 장면을 유심히 보시더니 좋지 않는 표정을 지으시며, "일을 정직하게 해야지! 정직하게! 저렇게 엉터리로 하면 되나" 라고 하시는 것이었습니다. 나는 그때 그 말씀이 무슨 뜻인지 몰랐어요. 무엇을 지적하시는지 몰랐으니까요. 실습장을 나오시면서 하시는 말씀이 나사못은 돌려서 박고 돌려서 빼는 거야. 그러고는 훌쩍 떠나셨습니다. 하긴 그 당시에 나사못을 돌려서 박지 않고 두들겨서 박는 것은 예사였거든요. 그러나 일을 정직하게 해야지 하는 그 말씀은 좀처럼 잊혀지지 않았습니다. 한참 지난 뒤에야 '아, 이것이 유일한 박사님이 항상 말씀하시는 정직이라는 것이었구나' 하고 깨닫게 되었습니다.

정직에는 두 가지 종류가 있어요. 눈에 보이는 정직과 눈에 보이지 않는 정직입니다. 사람들은 눈에 보이는 정직은 잘 지키려고 해요. 그러나 눈에 보이지 않는 정직은 지키지 않아요. 예를 들면 시간, 치수, 각종 규격 등은 눈에 보이는 것이고 품질, 성능, 양심 등은 눈에 보이지 않는 것들입니다. 그리고 기업에서 정직하면 우선 돈에 대한 정직이 떠오릅니다. 그러나 이분이 주장하는 정직은 돈에 대한 정직만이 아니에요. 돈에 대한 정직보다 더 중요한 것이 일에 대한 정직인 것 같아요. 각자 자기가 하는 일을 정직하게 하게 되면, 그 회사 전체가 정직한 회사가 된다는 겁니다. 세금만 정직하게 낸다고 해서 정직한 회사가 아니에요. 제품을 정직하게 만들어야 해요. 요즘 지상에서 떠들어 대는 정직하지 못한 이야기들이 얼마나 많아요. 숫자를 속였다느니,

함량이 부족하다느니, 좀 더 싱싱하게 보이려고 야채나 과일에 무슨 약품을 뿌렸다느니, 심지어는 무게를 늘리기 위해 생선 뱃속에다 납덩이를 넣었다는 등 이 세상 믿을 것도, 믿을 사람도 없어요. 터졌다 하면 '부정'이에요. 정직하지 못한 방법으로 재산상속을 한 죄로 애비가 들어가느냐 아들이 들어가느냐 세간의 관심사가 되고 있잖아요. 부정이란 뭐예요? '정직하지 않다'는 거예요. 이분은 눈에 보이는 정직보다 눈에 보이지 않는 정직을 강조하신 분입니다.

"정성껏 좋은 상품을 만들어."

이 말씀 하나가 이를 강조하고 있습니다.

△ 사진 5

세 번째 만난 것은 언제일까?

이분이 돌아가시기 전에 묘소를 만들고 묘소 옆에 동상도 세웠습니다. 자 잠깐 동상 한번 볼까요?

지금 이 동상(사진5)이 묘소 옆에 있었던 동상입니다. 지금은 우리대학 나눔의 숲 한편에 우뚝 서서 여러분을 반기고 있지요. 이 동상은 박사님이 살아 계실 때 당신이 직접 포즈를 취해 사진을 찍고, 조각을 해서 만든 동상일 뿐만 아니라 그분이 생전에 보시고 만족해 하신 동상입니다. 그날도 묘소 옆에서 청소를 하고 있다가 박사님과 맞부딪쳤어요. 그때는 벌써 거동이 불편하셔서 차에서 내리시지도 않고 창문을 내리시더니 고개를 내밀어 당신의 동상을 보셨습니다. 동상을 보시면서 하시는 말씀이 "내래 많이 닮았군" 하셨어요. 죽음을 예상한 유일한! 돌아간 뒤 자기를 대신해 줄 자기 동상을 쳐다보는 그 마음이 어떠했을까. 아무튼 겉으로는 만족해하시는 표정이었어요. 이분과 인연을 맺은 많은 분들이 있었지만 그때 그 표정을 본 사람은 아무도 없을 겁니다. 우연한 기회에 그 모습을 보았고 혼잣말을 들었어요. 자식이 많더라도 임종을 다 할 수는 없다잖아요. 그것이 세 번째 만남이었어요.

그 이후에 몇 달 있다가 박사님은 세상을 떠나셨습니다. 학생들과 시민들이 죽 늘어선 거리를 지나 학교까지 운구하였어요. 여러 가지 장례의식이 끝나고 정성을 다해 하관을 했습니다. 하관을 다 한 다음에 관 위에다가 무엇을 덮었는지 아세요? 이것을 명정이라고 하나요? 작업하는 분이 기를 달라고 하기에 무심코 교기를 줬어요. 그랬더니 장의 위원장님께서,

"교기를 먼저 덮으면 안 됩니다. 먼저 회사기를 주십시오."

라고 했습니다. 그래서 유한양행 사기를 덮어드렸어요. 그 다음 유한공고 교기, 제일 마지막에 태극기를 덮은 뒤에 한 줌의 흙이 쌓이고 쌓여 봉분이 만들어졌습니다. 이렇게 해서 그분과 네 번째의 만남이 끝났습니다. 몹시 짧은 만남 뒤에 긴 헤어짐이 계속되고 있지만 내가 그분으로부터 받은 것 몇 가지는 잊어버릴 수 없네요.

나는 유일한 박사님의 부드러운 인상을 아직까지 잊지 못

합니다.

　인자하시고 표정이 맑으십니다. 어떠한 일에 봉착하시더라도 절대로 화를 내지 않으시는 그런 표정을 하셨어요. 그래서 나도 그렇게 해야겠다고 마음을 먹고 지금까지 살아왔지만 그분을 닮기는 매우 어려웠습니다. 여러분에게도 "밝은 표정을 지어라"고 이야기하고 싶어요.

　여러분은 이제 2년 뒤면 경쟁이 심한 사회에 나가서 조직원으로서 뛰어야 합니다. 조직에서 신나게 일할 수 있는 조건은 우선 상사로부터 인정을 받아야 해요. 인정을 받기 위해서는 기본적으로 실력도 있어야지만, 실력보다 앞서는 것이 외모나 표정에 대한 좋은 인상을 심어주는 것도 중요해요. 신언서판이라는 말이 있잖아요. 사람을 볼 때 제일 먼저 인상을 봐요. 면접을 볼 때 우선 인상이 좋아야 합니다. 인상이 나쁘면 두 번째는 말할 필요도 없어요. 그 사람 머릿속에 지식이 얼마나 들었는지 꺼내 볼 필요도 없다는 말이죠. 그래서 여러분들은 항상 밝은 표정을 짓는 습관을 기르세요. 몸은 비록 부모로부터 태어났지만 그 몸을 아름답고 튼튼하게 가꾸는 것은 여러분 각자의 책임입니다. 여자는 예쁘고, 요즘 현대 말로 하면 좀 섹시하고, 남자는 단정하고 무게 있게 자기 몸은 자기가 소중히 관리해야 합니다. 특히 여학생들은 남학생들보다 예쁘게 태어난 것을 고맙게 생각해야 해요. 그래서 아름답게 관리해야 할 책임을 깨달아야 해요. 이것이 동물하고 다른 거예요. 동물은 수컷이 더 예뻐요. 예를 들어 볼까요? 꿩을 보세요. 장끼는 얼마나 아름다워요. 미끈하게 빠졌죠. 크고 꼬리도 길고 색깔도 좋은데 까투리 암컷은 어떻습니까. 우중충하잖아요. 항상 솔밭에만 숨어 있어. 자랑할 게 없으니까. 원앙새를 보세요. 원앙새 암 컷은 볼 것 없고 수컷만 아름다워요. 그런데 인간만은 남자보다 여자가 아름답게 태어났습니다. 아름답게 태어난 그 보람을 여러분들은 알아야 합니다. 그래서 남자들은 옷을 입거나 외모를 챙길 때 그저 깨끗하고 무게 있게 챙기면 됩니다. 남자들이 좀 끼가 있게 옷차림을 한다는 것은 문제가 있습니다. 전통 혼례식에 '전안례'라는 것이 있습니다. 신랑이 도착했다는 예의입니다. 하필이면 신랑의 모델을 기러기로 정했을까요. 새들 가운데 부부애가 좋은 새는 원앙새와 기러기입니다. 그러나 원앙새는 수컷이 너무 아름다워요. 너무 아름다워서 암컷을 불안하게 만들어요. 그러나 기러기는 그렇지 않아요. 수컷이 암컷과 같아요. 단, 다른 것이 있다면 수컷은 암컷보다 리더십이 있어요. 기러기가 날아다니는 것을 보세요. 一자열이면 一자열, ＋자열이면 ＋자열, 기역자 모양이면 기역자 모양으로 날잖아요. 수컷의 리더십에 따라이런 모양을 유지한답니다. 그저 덤덤하면서도 리더십이 있는 기러기를 신랑의 모델로 삼은 겁니다.

유일한 박사님께서는 여러 사람과 교분이 있었습니다. 제약업계뿐만 아니라 여러 분야에 관련된 분과 가까이 지내셨습니다. 서재필 박사, 이승만 박사, 펄벅 여사 등등. 유일한에 대한 책을 읽어 보시면 여러 사람과의 관계가 많습니다. 여러분들도 유일한 박사처럼 많은 분들과 사귀십시오. 학과친구들은 물론이고 서클 친구도 사귀고 심지어는 다른 대학친구도 사귀세요. 벗을 사귈 때 고려해야 할 것이 있어요. 첫째로 항상 잘난 척하지 말아요. 항상 잘난 척하면 같이 대화하려는 친구가 없어져요. 그것을 한문으로 물상수라고 합니다. 그리고 물상승 해야 합니다. 간혹 싸우더라도 항상 이기려고만 하지 마세요. 내가 질 때도 있어야 상대방이 기뻐하지 않겠어요. 세 번째로는 물상덕입니다. 항상 덕 보려고만 하지 말고 베풀려고도 하세요. 친구도 덕 볼 때가 있어야죠. 학생 가운데는 이런 학생도 있어요. 평상시에는 그렇지 않은데 시험 때만 되면 덕 보려고 해요. 집안에서도 마찬가지입니다. 형이 잘 사니까 도와주겠지. 처가가 부자니까 도와주겠지. 이런 생각 속에 살다보면 자립심만 흐려져요. 여러분 좋은 친구 많이 사귀세요. '벗이 있어 멀리서 찾아오니 또한 즐겁지 아니한가' 이 말 많이 들어봤지요? 좋은 친구를 두는 것이 인생을 즐겁게 사는 원천이에요.

유일한 박사님은 가난한 한국의 아들로 태어난 것을 부끄럽게 생각하지 않았습니다.

어디서 어떤 사람을 만나더라도 한국인임을 자랑하고 소신껏 행동했습니다. 여러분도 지금 여러분 머릿속에 들어있는 전문대학 콤플렉스 확 풀어 버리세요. 친구들은 다 서울대, 연대, 고대 등에 갔는데 나는 어쩌다가 유한대학에 왔는가, 이렇게 자기 자신을 미워하고 비하시키지 말아요. 과거사에 구속되지 말고 현실에 만족하세요. 나는 교육헌장에 나오는 '우리의 처지를 약진의 발판으로 삼아…' 이 말을 참 좋아합니다. 여러분! 과감히 도전하세요. 자기가 자기 자신을 비판하고 미워할 때는 아무것도 못해요. 자살을 기도했던 야구 선수 이야기 하나 해볼까요. 어느 야구 선수가 교통사고를 당해서 오른팔을 잃었어요. 야구 선수는 야구

방망이로 공을 하늘 높이 치는 것이 생명입니다. 팔을 잃어버렸으니 얼마나 실망이 크겠습니까, 항상 슬픔에 사는 거예요. 아무리 내 자신을 미워하지 않으려 해도 자기 자신이 미워지는 겁니다. 자기 자신이 미워지면 어떻게 되죠? 인생이 끝나는 거 아닙니까. 자기가 미워질 때 남는 건 죽음 밖에 없어. 그래서 이 친구가 이렇게 사느니 일찍 죽어버리자, 소주 한잔 마시고 옥상에 올라가 죽으려고 했습니다. 죽으려고 하는 찰나에 앞 동 아파트 옥상을 보니까 거기에는 양쪽 팔이 다 없는 사람이 열심히 춤을 추고 있는 거예요.

'나는 팔 하나 없다고 괴로운 시간을 보내고 있는데 저 사람은 두 팔이 없는데도 뭐가 그리 좋아 춤을 저렇게 열심히 추는 건가, 내가 비록 죽더라도 저 친구를 한번 만나보고 죽어야겠다.'

죽는 것을 잠시 멈추고 그 친구가 춤추고 있는 저쪽 옥상으로 건너갔어요.

"내가 지금 팔이 하나 없어 죽으려고 옥상에 올라와 당신을 발견했는데 당신은 두 팔이 없으면서 뭐가 그렇게 좋아서 몸을 비비꼬면서 춤을 추고 있느냐?"

하고 물었습니다.

그 친구가 하는 말이

"나는 춤을 추고 있는 것이 아니라 항문이 가려운데 항문을 긁을 수 없어 이렇게 몸부림을 치고 있는 겁니다."

그러면서 하는 얘기가,

"나는 두 팔이 없어도 이렇게 몸부림을 치면서 살아가려 하는데 당신은 팔이 하나 있는데 왜 죽으려고 하느냐, 당신은 가려운 항문은 긁을 수 있지 않느냐."

  그래서 그 친구가 죽음을 거두고 삶에 대한 용기를 갖게 되었답니다.

  여러분! 자유가 넘친다고 행동마저 넘치면 안 돼요. 요즘 젊은이들은 자기 몸을 함부로 놀려요. 신입생들 폭탄주 사고 알지요. 특히 요즘 여학생까지 물들어 가고 있어요. 술 마시고 비틀거리고 시간과 장소를 가리지 않고 담배 피우는 모습은 차마 봐주기 힘들어요. 여러분이 한 행동에 대해선 여러분들이 책임져야 합니다. 어제 저녁 아홉 시 뉴스에 나왔어요. 새끼를 밴 쥐에게 알코올 주사를 놓고 알코올 주사를 놓은 쥐와 주사를 놓지 않은 쥐의 새끼를 관찰했어요. 알코올 주사를 맞은 쥐의 새끼 가운데 75퍼센트가 기형으로 태어났어요. 이 놀라운 사실을 여러분들은 알아야 합니다. 여러분이 이 세상에 태어난 책임 가운데 가장 큰 것이 무엇이냐, 자기보다 더 훌륭하고 똑똑한 2세를 이 세상에 심는 일입니다. 이것이 여러분들이 해야 할 큰 임무입니다. 그런데 어떻습니까. 담배 피울 때 다 피우고 술 마실 때 다 마시고, 그러한 몸뚱이로 2세를 만들었을 때 세계를 이끌어갈 위인을 만들 수 있겠습니까. 담배와 알코올에 찌든 정자와 난자로 만들어 놓은 아기를 낳아놓고 그때부터 정신 차립니다. 열심히 잘 키우려고 하지요. 피아노학원 보내 웅변학원 보내 속셈학원 보내 팔방으로 노력합니다. 감자에는 여러 개 씨눈이 있습니다. 감자 씨를 심으려면 이 씨눈을 심어야 합니다. 씨눈을 딸 때 아무거나 따는 게 아니에요. 씨눈이 크고, 반듯하고 상처가 없이 잘생긴 씨눈만 골라 땁니다. 이것이 뭡니까. 심을 때부터 똑똑한 종자를 심자는 겁니다. 튼튼하지 못한 씨앗에서 태어난 새싹이 거름을 많이 준다고 해서 잘 자라겠어요? 낳아 놓고 잘 키우려고 하기 전에 낳기 전에, 즉 자식을 만들 때 아버지 어머니 입장에서 몸가짐을 제대로 해야 합니다.

유일한 박사님은 뒤처리를 아주 깨끗하게 하신 분입니다.

나는 어릴 때 돼지 키우는 것을 자주 봤습니다. 돼지에게 죽(사료)을 주면 어미돼지, 새끼돼지 할 것 없이 서로 많이 먹으려고 싸워요. 주둥이로 치고 박고 밀치고 야단입니다. 그러나 배불리 먹고 나면 남은 죽이야 많든 적든, 맛이 있든 없든 신경 쓰지 않습니다. 이웃집 돼지가 와서 다먹어버려도 상관 안 해요. 그러나 사람은 어디 그렇습니까? 자자손손 잘 먹고 잘 살려고 욕심 부리잖아요. 여러분들도 잘 알다시피 모 재벌 1세가 죽고 나니 형제간, 4촌간 심지어는 숙질간에도 얼굴을 붉히는 등 숨어있는 치부를 다 드러내잖아요. 그러나 박사님은 그렇지 않았어요. 아주 뒤처리를 깨끗하게 잘 하셨어요. 유산을 자식들에게는 한 푼도 안 주고 모든 걸 다 사회에 주고 가셨으니 이러쿵저러쿵 할 게 없잖아요. 그분이 설립한 회사에도, 학교에도 자식들은 물론 유씨 성을 가진 사람은 한 사람도 없어요. 이것이 그분의 깨끗함을 나타내는 증거입니다. '나는 새는 뒤를 더럽히지 않는다'는 속담처럼 떠나간 '유일한'은 정말 뒤를 깨끗하게 처리했습니다. 여러분! 여러분들은 지금 이분처럼 하고 싶어도 당장 할 수 없지만 지금 현재 하고 있는 일에 대해서는 뒤를 깨끗하게 처리하는 습관을 길러야 해요. 오늘 해야 할 일을 내일로 미룬다느니, 내가 해야 할 일을 남에게 미룬다느니 하는 습관은 좋지 못해요. 물론 내일이 있으니 미룰 수도 있겠지요. 그러나 점심 먹을 거라고 아침식사 뒤에 양치질 안 하나요? 내일이면 다시 돋을 수염이지만 오늘 밀 때는 깨끗이 밀어버리잖아요. 저녁이면 지워버릴 화장이지만 화장할 때 소홀히 하는 분 있나요? 시간이 걸려도 할 것 다 하고 외출하잖아요. 오늘 일은 오늘 깨끗이 끝내는 습관을 기르세요.

마지막으로 오늘 여러분에게 부탁드리고 싶은 것은, 유일한 박사님에 대해 고마운 마음을 갖자는 겁니다. 여러분들은 지금 직접적인 장학 혜택을 받을 수는 없지만 그분이 만들어 놓은 이 터전에서 공부를 할 수 있잖아요. 한때 유한공고 학생들은 전원, 전액 장학생 이었어요. 그 장학금이 회사 돈에서 지급된 것이 아니고 본인의 사재에서 충당했답니다. 이 얼마나 훌륭한 사업입니까? 아무 조건 없는 투자였어요. 이는 국가와 민족을 위한 애국 활동이지요. 당시 유한공고 졸업생들은 그분에 대한 고마움을 항상 간직하고 있어요. 약국에서 약을 사도 유한양행 제품을 사려고 하고 한 주의 주식도 갖고 있지 않으면서 유한양행 주식이 올라가면 기분 좋고 유한양행 관계기사만 봐도 관심 있게 보는 것이 유한출신들이 느끼는 공통점일 거예요. 옛날이야기 하나 더 할게요. 1970년도 일일 거예요. 울산에 현대자동차 공장이 가동되었어요. 그래서 그곳에 실습생을 15명 파견했습니다. 몇 개월 지난 뒤 실습생 담당 직원으로부터 호출통보를 받았어요. 나는 담임선생으로서 걱정이 되었습니다. 이놈들이 무슨 사고나 치지 않았나 하고 말입니다. 부랴부랴 내려가 사실을 확인해 본 결과 예상한대로 사고를 쳤어요. 사고도 큰 사고였어요. 학생 15명이 자동차 조립라인에 1명씩 배치

되어 실습을 하고 있었어요. 그러던 어느 날 작업 오더를 받아보니 유한양행 버스 조립 주문이었답니다. 이것을 본 학생들이 누가 시키지도 않았는데 고맙고 반가워서 버스 부품 일부를 일제로 바꾸어 조립했어요. 국산부품을 써야할 곳에 일제부품을 썼다 이겁니다. 이것이 최종검사에서 걸린 거예요. 회사에서는 난리가 난 거지요. 당시 국산부품과 일제부품은 품질이나 가격 면에서 큰 차이가 있었으니까요. 그리고 라인관리를 이렇게 허술하게 해서는 안 된다는 거지요. 그러나 나는 이 상황을 듣고 보는 순간 가슴이 찡하도록 기뻐 눈물이 핑 돌았습니다. 아 이것이 우리 학생들이 유한양행과 유일한 박사를 생각하는 순수한 마음이구나. 순수한 학생들의 마음을 어여삐 받아들여 회사 측에서도 없었던 것으로 했어요. 여러분들도 자기도 모르게 이런 기분이 들 거예요. 이 사건은 내 인생에서 아름다운 추억 가운데 하나입니다.

유일한. 그분은 지금 가고 없지만 그분의 얼은 살아있습니다. 여러분! 그분의 훌륭한 정신을 이어받아 제 2의 유일한이 여러분 중에서 태어나기를 기대하면서 오늘 유일한 강좌는 이것으로 대신합니다. 감사합니다.

미래 경쟁력, 어떻게
확보할 것인가

박종우
삼성전자(주) 디지털미디어 총괄
사장

학생 여러분, 반갑습니다.

저는 매년 여러 대학에 다니면서 강의도 하고, 9급 공무원을 비롯해서 다른 회사의 고급 간부 교육을 합니다만, 그럴 때마다 내가 무엇을 가르치고 전달해야하나 항상 설레고 두려움이 앞섭니다. 유한대학이 전자공학과를 처음으로 설립하였기에 유한대학에 남다른 애정도 있어 감회가 새롭습니다.

새롭게 자라나는 신세대에게 제가 부족하나마 경영일선에서 체험하고, 보고, 느낀 것을 여러분과 같이 공유해서 앞으로 살아가는 데 도움이 되었으면 좋겠다는 생각에서 제가 이 자리에 섰습니다. 사실 제목이 '미래의 경쟁력을 어떻게 확보할 것인가'라는 거창한 제목을 썼지만, 제목보다도 제가 설명하는 것이 여러분에게 훨씬 더 쉽고 재미있을 것입니다. 제목과 다르게 여러분한테 쉽게 전달하고 어떻게 도움이 될 수 있느냐를 항상 많이 고민합니다. 시간이 짧아서 여러분에게 다 전하지는 못하겠지만, 말을 잘 듣고 졸업한 뒤에 사회에 나가든지, 또는 학교에 가든지 도움이 되는 시간과 자리가 됐으면 좋겠습니다.

과거를 알아야 미래를 알 수 있다

지금 여러분은 세계에서 가장 빨리 패러다임이 변화하는 물결의 소용돌이 중심에 서 있습니다. 여러분은 잘 느끼지 못하지만, 지금까지 지내왔던 어떤 시간보다도 빠르게 패러다임이 변하고 있습니다. 인류 역사를 잠깐 살펴보면 수많은 패러다임이 교차해서 우리가 발전하고 또 발전하여 그것이 그 시대를 넘어가면서 계속 변화해 왔습니다.

그러한 가운데서 먼저 과거를 이해하지 못하면 여러분은 미래를 준비하지 못합니다. 즉, 미래라는 것도 오늘이 내일이 되면 과거가 되는 거죠. 그리고 내일이 오늘이 되면 현재가 되는 것입니다.

미래의 경쟁력은, 나라 안팎에 진출하거나 사회 어디에 가든지 여러분의 앞에 놓여 있습니다. 바로 여러분이 해야 할 일입니다. 저희들은 이미 과거에도 현재에도 일을 하고 있지만 나중에 이 바통을 넘겨받아 여러분이 미래를 어떻게 설계하느냐에 따라서 인생이 달라지고 미래가 달라지는 것입니다.

미래를 준비하기 위해서 어떻게 준비할 것인가? 그것을 알기 위해서는 과거를 이해하고 과거의 잘못된 생각들을 고쳐야 합니다. 우리가 이런 것들을 잘못하여, 지금 현재 일이 이렇게 되었구나 하는 것을 정확히 알아야만 미래를 설계할 수 있습니다. 제가 과거와 현재를 설명하고 나면, 여러분은 '미래가 저렇게 흘러가겠구나' 하는 그림을 그리게 됩니다. 아마 못 그리는 분들은 저 뒤에서 졸았거나 아니면 여러분의 머리를 의심할 수밖에 없습니다. 제가 지금 설명하려는 것은 어려운 것이 아니고 아주 쉽게 예를 들어 설명할 텐데, 틀림없이 여러분이 나중에 미래를 어떻게 준비할 것인가를 금방 이해할 것입니다.

자, 보십시오. 과거 현재 그리고 미래입니다. 제가 오늘 말씀드리면 과거의 산업 변천뿐만 아니라, 국가가 어떻게 일어났고 무엇 때문에 그 나라가 망했는가를 이해하게 됩니다. 그리고 과거의 연속이 현재에 와서 우리들에게 어떤 영향을 미쳤는지, 우리의 실상이 진짜 무엇인지, 착각하고 있는 것은 아닌지, 무엇을 고쳐야 하는지를 알 수 있고 이것을 알아야만 미래를 어떻게 준비할 것인가 설계할 수 있습니다. 바로 이 점을 여러분한테 전달하려고 합니다. 여러분이 들으면서 매우 지루할 것이라고 생각하지만 그렇지 않습니다. 여러분이 이미 다 아는 이야기를 정리하고 종합하여 말하기 때문에 이 두 가지를 설명하면 여러분이 스스로 그림을 그릴 수 있을 것입니다.

우리는 과거에 많은 착각 속에 살았습니다. 착각이란 뭡니까? 실제와는 다른데 실제처럼 느끼고 판단하는 거죠. 고양이가 그림을 보고 사자라고 오판하는 거죠. 그래서 자기가 밀림의 왕자처럼 착각하고 있는 것이죠. 이런 착각이 현실 사회에도 많다는 거죠. 예를 들어서 여러분이 학교 안에서 남자 여자가 만나 서로 쳐다보면 '저 남자가 나한테 관심 있나 보다'고 생각하죠. 착각하지 마십시오. 남자는 반대로 여자가 쳐다보면 '저 여자가 나한테 관심이 있나 보다'라고 생각해서 집에 가서 거울 한 번 더 보고 옷도 다시 입고 이렇게 되죠. 착각입니다. 회사에서 자기가 사표를 쓰면 망하는 줄 압니다. 천만에 말씀입니다. 자기가 아니면 안 되는 줄 알고, 노력도 안 하고 '나도 시간이 되면 사장이 되겠지!' '노력 없이 그냥 기회가 오겠지' 하고 착각하고 있는 것이죠. 부모와 자식 사이에도 자기 아이가 머리는 좋은데 공부를 안 해서 공부를 못한다고 생각해요. 대학생 여러분도 정치, 사회, 경제를 다 알고 있다'고 착각하고 있는 거죠. 공부도 못하는 학생이 마음만 먹으면 내가 잘 할 수 있는데, 라고 생각합니다. 여러분은 이런 착각 속에서 살아가고 있고 또는 살아 왔습니다. 이렇게 착각하고 있으면 안 되는 겁니다. 그래서 착각을 하지 말고 바로 이해하고 과거에 잘못된 것을 고쳐 이제부터 다시 착각을 하지 않는다는 자세로 우리는 앞으로 나아가야 합니다.

세계 여러 나라의 과거

과거에 산업이 어떻게 변해 왔고, 국가가 어떻게 흥하고 쇠했는지를 여러분이 알면, 옛날에 우리가 많은 착각을 하고 살았구나, 하는 것을 느낄 수 있습니다. 그래서 좋은 것은 개선을 하고 착각하고 산 것은 고쳐야 앞으로 미래가 보장되는 것입니다. 우리가 문명이라고 하면 4대 문명이 있죠? 지금 이라크를 중심으로 한 메소포타미아 문명, 이집트

문명, 그리고 인도의 인더스문명, 그리고 중국의 황하문명이 발달했죠. 하나하나 다 설명하면 시간이 너무 오래 걸리기 때문에 지금 우리와 가장 밀접하고 가깝게 있고 다시 일어서서 세계를 재패하려고 하는 중국을 설명을 해보겠습니다. 과거에 어떻게 해서 중국문명이 유럽으로 흘러갔고, 유럽이 어떻게 흥하고 쇠했는지 제가 간단한 요지를 설명하면 여러분은 과거를 느껴보십시오. 이미 알고 있는 이야기를 간단하게 줄여서 여러분에게 과거의 이야기를 들려드리려고 합니다.

중국의 과거 모습이 어떠했는지부터 봅시다.

인간의 4대 발명이 무엇입니까? 종이, 인쇄술, 화약, 지남철이죠. 이 네 가지를 중국에서 발명했습니다. 물론, 이집트에서 파피루스라는 종이를 사용하고 있었지만, 실제로 종이라고 할 만한 것은 중국에서 처음 발명한 것입니다. 이런 중국이 칭기즈 칸이 원나라를 세웠을 때 영국과 독일의 북부까지 다 점령해버리죠. 아프리카, 인도까지. 그러면서 땅을 넓히죠. 동쪽으로는 우리나라까지 왔지만 일본은 점령을 못하죠. 일본을 두 번이나 습격의 기회가 있었는데, 두 번 다 땅 끝까지 가서 폭풍 때문에 실패하고 결국엔 점령을 못하죠. 그래서 일본은 이를 뭐라고 합니까? 신풍(神風)이라고 하죠! 신이 준 바람 때문에 몽고족들이 우리나라에 오지 못했다고 하여 가미카제[神風]라고 하죠. 그래서 동쪽으로는 우리나라까지 서쪽으로는 유럽까지 갑니다.

그런데 칭기즈 칸이 땅을 넓힌 자체가 이 사람이 위대한 것도 있지만, 그것보다도 더 위대한 것이 무엇입니까. 이 사람이 동양의 문물과 서양의 문물을 교류시킨 것이 더 훨씬 크다는 겁니다. 이때 처음으로 동·서양의 문을 열었다는 거죠. 그 전에 이 사람만큼 활발하게 동·서양의 문물을 받아들인 사람도 없었습니다. 그래서 이 사람은 굉장히 유명한 사람입니다. 지금도 유럽에 가보면 대영박물관이라든지 프랑스 루브르박물관에 옛날에 중국이 가졌던 도자기가 그대로 있습니다.

칭기즈 칸이 동·서양을 열심히 다니면서 문명을 퍼트렸는데 여기서 문제가 생기기 시작합니다. 그 당시만 해도 유럽이 암흑의 시대여서 서양은 메소포타미아문명인 이라크나 이집트만 조금 번성했지 중국보다 나은 지역이 하나도 없었어요. 그래서 중국 사람들은 세계에서 자기네가 중심에 있구나, 그리고 중국 것이 아니면 모두 별 볼일이 없구나, 이렇게 생각하기 시작합니다. 그것이 중화사상(中華思想)이죠. 중화사상을 가지기 시작하면서부터 자만심에 빠지기 시작합니다. 자만심에 빠지면서 쇠퇴의 길로 들어서게 됩니다. 명나라 때에도 계속 쇠퇴의 길로 들어서는데, 이때 유럽은 이미 금속활자라든지 또는 지동설 같은 과학 문명을 발전시키기 시작합니다. 중국이 청나라 때 강희제, 옹정제, 건륭제 3대 130년 동안은 절정에 이르는데, 1686년 서세동점에 따라 청나라 말기 양무운동(洋務運動)을 펼쳤습니다. 즉, 중국의 문화적 가치는 지키되 서양의 경제적 기술적 방법은 받아들여 다시 중국을 일으키자는 운동이 일어납니다. 하지만 그것마저도 성공하지 못하고 결국 중국은 산업화에 실패하고 공산화로 들어가게 됩니다. 이래서 중국은 중화사상 때문에 결국 그 좋았던 기술을 산업화시키지 못하고 멸망의 길로 들어서게 됩니다. 이런 문명이 어디로 가는 거죠? 결국 칭기즈 칸 때 다 유럽으로 갔는데, 그것이 영국에서 처음으로 영국 산업혁명을 성공시키면서 영국이 부흥하게 됩니다.

영국의 과거를 봅시다.

영국은 청교도혁명이라든지 명예혁명을 거치면서 기술혁명을 일으켜서 1770년부터 1830년까지 영국이 면방직으로 산업혁명을 일으키게 됩니다. 산업혁명을 일으키면서 영국은 해가 지지 않는 나라가 되고 Pax Britanica라는 이름을 붙여서 번성하게 되는 것입니다. 이런 영국의 산업혁명이 19세기 후반부터 침체하기 시작합니다. 이 이유를 살펴보면 영국이 그 당시에 산업혁명에 돈을 투자하고 산업혁명을 일으킨 사람들은 돈이 많은 부르주아들입니다. 이런 부르주아들이 나라에 투자를 해서 산업을 일으켰던 것입니다.

이런 귀족들이 나라에 투자를 해서 산업을 일으켰는데 이들이 가지고 있는 기본 생각은, 기술이나 산업은 노동자가 하는 일이고 귀족은 음악, 문학, 법이나 따지면 된다, 라는 착각을 했습니다. 그래서 산업에 신경을 쓰지 않습니다. 그러면서 산업을 체계적으로 관리하지 못하고 자유방임주의에 들어감으로써 산업혁명을 끝까지 하지 못하고 망하게 되는 것입니다.

영국의 실패 사례를 보고 독일이 산업화를 도입하게 됩니다. 그래서 독일이 그 산업혁명의 잘못된 점을 보안하게 되는 것이죠. 독일도 비스마르크가 독일을 통일하고 난 다음에 체계적으로 산업 기반을 구축합니다. 마이스터 제도로 체계적으로 인재를 육성하고 많은 인재들을 키워나가게 됩니다. 그러면서 전기기관을 내연기관으로 바꾸면서 독일은 산업혁명을 성공시킵니다. 그러나 아리안의 우월주의로 세계에서 가장 머리가 좋고, 가장 똑똑하다는 자만심에 빠지게 되면서 유태인을 탄압하고 쫓아내게 됩니다. 이렇게 쫓겨난 유태인은 미국으로 이민을 가서 정착하게 됩니다. 그러면서 독일은 1차 대전, 2차 대전을 거쳐 폐허가 되는 거죠. 1, 2차 대전을 일으키지 않고 그 동안에 산업혁명을 잘 이끌었다면 독일은 지금보다 훨씬 더 나은 국가가 되어 있을 것이고 우리 인류는 그 덕을 굉장히 많이 받았을 텐데 불행히도 독일 역시 이렇게 산업 혁명에 성공하지 못하고 미국으로 그 바통을 넘겨주게 됩니다.

미국은 안팎으로 많은 전쟁을 치르게 됩니다. 독립운동, 남북전쟁을 치르는데 인재와 기술이 굉장히 중요하다는 것을 정확히 알고 있었습니다. 남북 전쟁을 치르는 가운데 유명한 공대인 MIT라든지 동부 쪽에 있는 아이비리그가 세워지게 됩니다. 전쟁 기간에 학교를 세우는 것을 이해할 수 없으나 미국은 인재나 기술이 중요하다는 것을 인식했기 때문에 이때 학교가 모두 세워지게 되었습니다. 1920년대 이미 유럽에서는 1차 대전 때에 많은 피해를 입었지만 미국은 상대적으로 피해를 입지 않습니다. 그리고 유태인들 가운데 좋은 인재들이 모두 미국으로 들어오게 됩니다. 그러면서 미국은 부흥하게 되는데 그것을 Pax Americana라고 부르고 있습니다. 그러나 Pax Americana의 부흥을 이루고 난 뒤에 그 산업을 계속 끌고 가지 못하고 1929년에 뉴욕 증권거래소의 몰락이 일어나면서 대공황이 일어나게 됩니다. 대공황이 일어나면서 주저앉기 시작합니다.

미국이 주저앉을 때 Roosevelt는 당시 대통령인 Hoover대통령을 비난하기 시작합니다. 이렇게 미국이 대공황을 맞은 것은 전부 대통령이 리드를 잘못했기 때문에 생긴 일이라고 비난하는데, Hoover는 아니다, 이것은 내가, 정부가 잘못해서가 아니라, 세계 경제의 흐름 때문에 그런 것이라고 했는데 국민들은 Roosevelt의 손을 들어주었습니다.

Roosevelt가 대통령이 되자마자 뉴딜정책을 시행하게 됩니다. 뉴딜정책은 1933년부터 1941년까지 거의 8년 동안 3차에 걸쳐서 실시합니다. 세 번을 실시할 동안 결국 경기가 일어나지 못해 실패하고 말았습니다. 결국 경기를 부흥시키지 못했는데 왜 뉴딜 정책이 중요한 의미가 있느냐? 그 당시 뉴딜 정책 동안 만들어졌던 모든 제도들이 지금 미국의 제도를 만들었기 때문입니다. 그러나 미국은 경제회복에는 실패한 것입니다. 경제 회복이 안 되는 가운데 어떤 현상이 일어납니까? 드디어 독일이 폴란드를 습격하면서 1938년에 세계 2차 대전이 터지는 거죠. 미국이 2차 대전에 참여하여 모든 공장들이 군수물을 만드는 공장들로 바뀌면서 모든 물자들이 유럽으로 나가게 됩니다. 그러면서 미국 경제가 다시 살아나게 됩니다. 그래서 미국은 Pax Americana의 재부흥을 맛보게 된 것이 지금까지 유지하고 있는 것입니다. 그래서 미국이 지금도 세계의 중심에 서 있다고 이해하시면 됩니다. 그러나 미래는 어떻게 될지 모르겠습니다.

그럼 우리가 가장 가까우면서도 가장 멀리 느껴지는 일본은 어떠냐. 일본은 아시아에서 최초로 산업화에 성공한 나라입니다. 막부시대에 오다노부나가, 도요토미히데요시, 도쿠가와이에야스의 3대를 거치면서 사무라이 막부시대를 거쳐 오다가 메이지유신이 1868년에 일어나게 됩니다. 사실 메이지유신 하면 산업혁명 아닙니까. 일본에서는 봉건시대에 사무라이(칼잡이)가 전쟁에 나가서 공을 세우면 월급을 많이 올려 받습니다. 그러나 천하가 통일되면서 칼잡이가 필요 없게 되어버린 것입니다. 사무라이 수가 너무 많아 강제적으로 정부에서 해산시키고 메이지유신이라는 이름을 채택하면서 일부러 정치를 바꾸기 시작한 것입니다. 일본은 '이제 우리가 이런 식으로는 세계를 재패할 수 없다.' 그래서 정신은 동양의 정신을 가지더라도 기술은 서양에서 배워 세계로 나아가자, 라는 것이 메이지유신의 기본 정신입니다. 그러면서 막부시대가 붕괴합니다. 기술을 중시하여 기술자를 우대하면서 1868년도에는 해외 기술자들을 초빙합니다. 그때, 일본 장관의 월급이 6,000엔 정도였고, 해외 기술자 초빙가격은 20,000엔이었습니다. 벌써 일본은 기술이 앞으로 일본을 변화할 것이라는 것을 깨달은 것입니다. 일본의 많은 기술자들을 미국과 유럽으로 유학을 보냈습니다. 그래서 일본은 지금까지 2차 대전이 일어나 폐허가 되었음에도 그 산업기술은 버리지 않았고, 전쟁에서 졌지만 기술개발만은 소홀히 하지 않아서 지금의 일본이 만들어진 것입니다. 그래서 일본은 제도나 과학에서는 기술이 저희보다 앞서 있습니다.

우리의 과거

그럼 우리의 과거는 어떤가? 변화를 읽지 못하고 착각하고 있었습니다. 조상들이 착각을 하고 있었던 것을 우리가 반성하고 이런 착각을 다시 하지 않아야 합니다.

500년 조선왕조 동안에 문치주의를 주장하고 중국한테 항상 조공을 받치고 왕이 되려면 중국 왕한테 승인을 받아야 합니다. 그러다보니 '우리는 중국 옆에 있으니까 우리는 작은 중국'이라고 생각하고 있었습니다. 그것이 큰 착각이었습니다. 자기 힘을 키우지 않고 중국이 옆에 있으니까 '나는 작은 중국'이라고 생각하면서 결국은 일본의 식민지가 되고 만 것입니다. 그러면서 당쟁싸움만 한 결과가 결국엔 임진왜란, 병자호란과 같은 엄청난 환란으로 다가오게 됩니다.

우리가 이런 환란을 겪고 있을 때 유럽에서는 과학문명에 엄청난 혁명이 일어났습니다. 코페르니쿠스의 지동설, 인체에 대한 구조가 나오기 시작합니다. 그러나 우리는 시간과 에너지를 낭비하면서 당쟁에만 몰두하고 있었을 때였죠. 이러한 부끄러운 역사를 가지고 있었지만 우리에게도 기회가 많았습니다.

그러나 측우기를 만들고 한글을 만들던 세종대왕 때의 과학정신, 벤처정신이 계승되지 않았습니다. 또, 1650년대 네덜란드 사람인 하멜이 우리나라에 들어왔습니다. 표류되어 있는 배를 보니까 소총뿐만 아니라, 대포, 의학, 천문학, 과학기술이 모두 배에 있었던 것입니다. 바다를 항해하는 방법과 나침반이 있었는데 우리 리더가 그것을 보고 다 태워 버리라 하고 하멜 일행을 모두 쫓아 버립니다. 하멜은 한국을 돌아다니다가 나중에 돌아가서 《하멜 표류기》라는 책을 써냈습니다. 《하멜 표류기》를 보면 아까운 기술을 그냥 갖다 주었는데도 우리 조상들이 못 받아먹었다는 것이 나타나 있습니다. 또 한편, 영·정조 시대에도 기회가 있었습니다. 북학파들이 중상주의를 부르짖었으나 받아들이지 않고 권력싸움에만 몰두하다가 밀리게 됩니다. 그러다가 서세동점의 시대를 잘못 짚고 마침내 일본에게 나라를 잃고 말았습니다.

과거 한국의 모습에서 우리는 무엇을 느끼고 있습니까? 인류 역사는 도구 발명의 역사입니다. 도구 발명 역사의 원동력은 인간이 더 편하고, 안전하고 더 나은 삶을 살고자 하는 욕구입니다. 도구 발명으로 과학 기술에 혁신을 일으키는 것이죠. 혁신된 과학기술이 뭡니까? 그것은 역사를 발전시키고, 진보의 원동력으로 작용하는 것입니다.

산업혁명사 250년의 역사를 보면 50년 주기로 주력 산업이 변하고 있습니다. 1850년대에 방직과 철도 산업이 활발하게 됩니다. 이러면서 산업혁명이 절정에 이릅니다. 정확히 50년 뒤 1900년대에 자동차와 전기가 전성기를 맞이하게 되고, 1950년대에 전자 산업이 일어났습니다. 지금 여러분이 살고 있는 세대에는 디지털 혁명이 일어났습니다. 디지털혁명이 일어나면서 오늘날 여러분이 디지털 컨버전스로 점점 가고 있는 소용돌이 한 가운데에 있습니다. 바로 여러분이 이 시대 물결의 가장 중심에 서 있는 사람들입니다.

역사 속 교훈

우리가 과거의 역사에서 받은 교훈이 무엇입니까?

첫째, 기술의 진보 속에서 인류의 문명이 발전해 왔고 그래서 발전한 문명이 전파되어 역사발전의 연속성을 이루어 놓은 것입니다.

둘째, 시대의 변화를 읽고, 대비한 나라는 세계사의 중심에 섰고 패권을 잡은 나라가 되었습니다. 중국, 영국, 독일,

미국, 이렇게 오게 된 겁니다.

셋째, 변화를 이끌어갈 지도자의 결단과 리더십이 굉장히 중요합니다. 우리 앞에 주어진 것을 보고, 어느 곳으로 가야 하는지, 무엇을 취해야 하는지 결정할 수 있어야 합니다. 아무것도 모르고 판단하는 과거의 불명예스러운 선택을 다시는 저지르면 안 되겠지요.

넷째, 몰락의 이유는 대부분 외부에 있는 것이 아니라 내부의 자만심과 안일함과 같은 문제점에서 생긴 것입니다.

다섯째, 역사의 미래중심을 잃으면 어떻게 됩니까? 산업패권이 이동합니다. 누가 산업패권을 쥐는가에 따라서 이동하는 거죠. 그 이동의 움직임이 미국에서 다음 어디로 갈지는 모르지만 지금도 진행 중입니다. 우리가 과거를 볼 때 이런 다섯 가지로 정리를 할 수 있습니다. 이런 다섯 가지를 과거의 교훈으로 새겨야 합니다.

이런 다섯 가지의 교훈을 듣고도 과거는 흘러갔다고 얘기하는 사람은 앞으로 미래가 없는 젊은이입니다. 과거의 이런 과오와 착각을 또 저지를 수 있는 사람이기 때문입니다. 우리가 흔히 말하는 소리입니다만, 무식한 놈이 바쁘게 쫓아다니면 반드시 문제를 일으킵니다. 그러니까 여러분은 스마트해야 합니다. 스마트하지 않으면 여러분은 앞으로 미래가 보장되지 않습니다.

현재의 우리

이러한 과거로부터 우리의 오늘의 실상은 어떤지 봅시다. 우선 세대의 변화를 보아야 합니다. 이 세대는 같은 공간에서 같은 시간에 5세대가 공존하고 있습니다.

50에서 60대 이상은 구세대입니다. 또 지금 여러분이 잘 아시는 386세대가 있습니다. 이 세대가 우리나라를 이끌고 가는 중심세대입니다. 다음은 방황의 세대입니다. 그 다음은 탐닉의 세대입니다. 그 다음은 NA의 세대입니다. 이 세대가 여러분의 세대입니다.

지금 구세대부터 NA세대까지 우리는 같은 시간에 같은 공간에서 살고 있습니다. 다른 생각을 가지고, 다른 생활을 하면서, 다른 목적을 가지고, 보는 법도 다르고, 느끼는 법도 다르고 모두 다른 세대가 같은 공간에서 같은 시간에 존재하고 있습니다. 다음에 이 세대들의 특징은 각각 어떻게 변화하는지 잠깐 간단히 설명하겠습니다.

구세대는 독재에 항거했지만 굉장히 순수한 독재였고 항거였습니다. 학생들이 돌멩이 정도 던지는 낭만적인 학생운동이었습니다. 그리고 이 세대는 문자의 세대입니다. 예를 들면, 사랑하는 사람들에게 러브레터를 보내고 시를 쓰는 세대였습니다.

386세대는 노동운동의 세대입니다. 이때는 레닌을 읽고, 스탈린을 읽고, 모택동을 읽어서 노동운동을 아주 격렬하게 하던 세대입니다. 그리고 이때 드디어 과격한 노동운동, 쇠파이프가 나오게 됩니다. 그러면서 저항문화가 발생합니다. 여러 가지 사회주의를 주장하는 세대입니다.

방황의 세대는 노태우 대통령이 정권을 잡고 김영삼 대통령이 정권을 이어가던 세대입니다. 방황을 하면서 자기 자아를 많이 잃게 되는 세대입니다.

그 다음 세대는 선배들이 힘들게 만들어 놓았던 경제, 문화, 사회를 이 세대가 탐닉을 하던 세대입니다. 이 세대는 좋은 것들만 다 받아들여 즐기기만 하는 세대입니다. 그러면서 민주화, 세계화를 부르짖으면서 무엇인가를 아는 것처럼, 민주화가 어떻고 세계화가 어떻고 글로벌시대가 어떻고 하는 세대, 탐닉의 세대입니다. 그러면서 속으로는 어떻습니까? 속으로는 자기밖에 모르는 아주 이기적인 세대입니다. 아버지, 어머니, 할아버지, 할머니가 피땀 흘려 만들어 놓은 경제 붐을 즐기는 세대입니다. 이 세대에 가면 완전히 다른 세대입니다. 모든 것이 바뀌는 세대입니다. 영상의 세대로 이 세대는 편지를 쓰지 않습니다. e메일을 보내거나 핸드폰으로 메시지를 보냅니다. 그리고 이 세대는 영화를 즐깁니다. 이 윗세대들은 일 년 내내 영화 한 편 보지 않지만, 이 세대는 한 달에 서너 편은 볼 것입니다. 그래서 이 세대는 자아중심이고 내가 좋으면 참가한다는 주의, 그래서 같은 취미가 있는 사람들은 언제든지 같이 식사를 하고 같은 취미생활을 합니다. 나이에 상관없습니다. 시간에 상관없습니다. 장소에 관계없이 모이는 세대입니다. 그러면서 이 세대는 반미주의가 성행합니다. 그러면서 '스타벅스'에서 차를 마시죠! 시간과 공간을 초월한 세대입니다.

그 다음은 NA세대입니다. 이 세대는 그야말로 나밖에 모르는 세대, 포스트 디지털 세대입니다. 이 세대 특징은 조기교육을 받고, 즐기는 노하우가 따로 있고, 크고 높은 이상에 도전하는 세대입니다. 이러한 세대의 변화에 따라서 산업이 변하고 있습니다. 옛날의 아날로그 세대에서 지식 정보사회로 바뀌고 있습니다. 그리고 지금은 컨버전스 과정에 있습니다. 이렇게 산업화시대에서 정보화시대로 넘어가면서 언속적이던 모든 것이 불연속적으로 예측 가능하던 것이 창의성에 따라 좌우되면서 다양성, 나만의 독특성으로 변하고 있습니다. 그리고 수학체계의 법칙으로 바뀌게 되고 내부지향적이던 것이 고객 지향적으로 바뀌고 있습니다. 여러분이 이런 세대에 살고 있는데 이런 것이 어떻게 변할 것인가? 오락, 영화, 정보, 교육, 유통, 이런 모든 업무들이 전부 여러분의 가정으로 들어와 산업이 변하고 있습니다. 이러면서 여러분도 엄청난 변화를 보게 될 것입니다.

어떻게 미래를 준비할 것인가?

그럼, 이러한 변화에 따라서 미래를 어떻게 준비해야 하는지 한번 생각해 봅시다.

엄청난 미래의 파도가 밀려오는데, 이 파도 속에서 휩쓸려 갈 것인가 남을 것인가는 여러분이 어떻게 생각하느냐에 따라 달라집니다. 준비하지 않는 사람, 곧 과거에 매여 있거나 현재에 안주하고 있는 사람들의 미래 모습은 어떨까요?

21세기는 컨버전스의 시대입니다. 여러분이 싫든, 좋든 산업은 패러다임이 변하고 있습니다. 디지털 기술, 제품, 자본, 문화예술, 산업 할 것 없이 모든 것이 독립적으로 움직이던 것이 이제는 서로 연관을 가지면서 미래를 향해 움직여가고 있습니다.

이런 세대의 여러분은 무엇을 준비할 것입니까?

이러한 큰 물결 속에서 대한민국은 장점을 많이 가지고 있습니다. 변화적응에 강하고 정열적이고 적극적이고 진취적이고 세심하고 정이 많습니다. 이러한 점은 디지털 시대에 적극적으로 필요한 마인드이며 이런 마인드를 가져야 합니다. 또 다른 가능성은 지리적으로 좋은 위치입니다. 또한 제조업과 교육수준이 높고 우리의 독특한 한류문화의 좋은 점을 가지고서 미래경쟁력 확보를 위해 다음과 같은 여섯 가지를 준비해야 합니다.

창의력, 도전과 스피드가 필요합니다. 이것이 없는 사람은 앞으로 미래는 없습니다. 아날로그 시대 때는 기술과 경험으로 움직이지만 디지털시대는 모든 것이 같습니다. 이것은 굉장한 위기이지만 우리한테는 엄청난 기회입니다.

두 번째로 산업주도권을 쥐고 있는 인재와 기술이 필요합니다. 인재는 국가발전에서 경제의 원천이고 기술은 미래를 위한 공헌입니다. 여러분은 인재입니다.

세 번째로 새로운 기회를 창출하고 선전을 해야 합니다.

다음은 기업의 역할과 중요성을 알아야 합니다. 국가경쟁력의 원천인 산업이 일어나야 국가경쟁력이 일어납니다. 기업은 산업의 중심에 있습니다. 경제 주체는 개인이고 기업이고 정부이지만 생산적인 경제주체는 결국 기업입니다. 기업이 일어나지 않으면 국가경쟁력은 없습니다.

다섯 번째로 미래 지향적이며 더 개방적이어야 합니다. 시장은 꼭 개방해야 합니다. 진정한 오픈 마인드로 세계로 더 넓게 뛰어 나가야 합니다.

마지막으로 변화를 적극적으로 수용해야 합니다. 대한민국은 적극적으로 변화를 수용해야 합니다. 미국은 1940년도에 진주만 습격으로 어려웠지만 다시 일어났고 그 뒤 1980년대에 지금도 여전히 강국입니다. 2020년에는 미국에 대해 누가 대항할 것인가? 중국이 주목받고 있지만, 그 대항은 바로 우리가 해야 합니다. 그 일을 해야 할 사람은 바로 여러분입니다. 우리는 할 수 있습니다.

여러분은 미래를 끌고 가는 사람이어야 합니다.

미래는 예측하는 자의 것이 아니고, 결국 미래는 창조하고 기회를 잡는 자의 것이라는 말씀을 드리고 싶습니다.

"이 세상 최고의 브랜드는 여러분과 대한민국입니다."

메가트렌드와 우리의 과제

문국현

유한킴벌리 사장 겸
유한학원 이사장

여러분 반갑습니다.

여러분은 행복하실 것 같아요. 제가 가장 존경하는 전 산업자원부 장관님이시고 일본인들이 유일하게 한국에서 가장 존경하는 경제학자로 뽑았던 분을 여러분은 스승님으로 모시고 계시니까요. 일본인들은 한국인들을 무시하기 십상인데도 일본인들이 가장 존경하는 학자 가운데 한 분이시며 전 동경대 교수였던 분이 바로 여러분의 학장님이십니다. 또 원래부터 여기 유한에 몸담으셔서 보통 3, 40년 동안을 함께하고 계시는 교수님들과 여러분은 젊은 시절을 보내고 있습니다. 굉장히 행복한 학생들이라고 생각합니다.

유일한로와 유일한 정신

특히 유일한 박사님이 창립하신 학교는 특별한 사회적 의미가 있습니다. 유한에 학생의 신분으로 몸담아 등록금을 내고 다니기는 하지만, 먼 훗날 이 2년은 여러분의 평생에 큰 자산으로 남을 수 있으리라고 믿습니다. 저도 사실은 유일한 박사님이 돌아가시던 1971년에 작은 인연을 맺은 것이 계기가 되어 장교생활을 마친 뒤 74년에 다른 곳을 마다하고 유한에 몸을 담았습니다. 유일한 박사님의 정신을 조금이라도 계승하고 펼치는 데 조금이나마 연계가 될까 해서 들어왔는데 벌써 만 32년이 됐습니다. 아마 여러분도 지금 여기서 2, 3년 동안 아니면 그 이상 걸쳐서 가시면 여러분의 마음속과 인생에 동료들이 품지 못하는 어떤 자산을 가지고 있는 것을 느낄 수 있을 것입니다. 아마 그것은 '유일한 정신'일 것입니다.

여러분, 아마 이렇게 생각할 수 있을 것입니다.

우리나라에 수억 명이 태어나서 살아남아 있는 사람이 5천 만, 북한까지 합하면 7천만 명인데요. 여러분이 기억하시는 선조들 가운데 억지로 '태정태세문단세…' 이런 식으로 왕명을 기억하시는 분들 빼고는 실명을 모르실 거예요. 여러분 가운데 본명을 아는 사람들도 분명히 있겠지만, 그 사람들은 손가락으로 꼽을 정도일 겁니다. 그분들 가운데 한 분으로 아마 이순신 장군이 계실 겁니다. 그분은 역사에 큰 희생으로 우리민족을 지키고 우리에게 하나의 길을 밝혀주었기 때문에 기억하고 있는 것입니다.

그와 같은 분이 유일한 박사님이십니다. 박사님이 이러한 일을 하셨기 때문에 돌아가신 지 35년이 지났지만 여전히 사람들은 그분을 기억하고 있습니다.

이번 6월 10일, 부천시민과 구로구민과 중앙정부, 지방정부 할 것 없이 힘을 합하고 여러분의 학장님과 선생님들과 함께 천여 명이 마라톤에 참여해서 '유일한로'를 지정하고 기념하는 행사를 합니다. 우리나라에 그렇게 많은 길이 있지만 20세기 사람의 이름을 딴 길은 처음입니다. 여러분뿐만 아니라 이 세상에서 가장 신뢰할 수 있는 사람들, 이 사회에서 가장 협력의 대상이 될 만한 분들, 그리고 이 사회의 참지도자 분들도 유일한로를 달리면서 마음속 인생의 지도에 '유일한로'를 새기리라 생각합니다. 행복한 분들이라고 말씀드리고 싶습니다.

기업의 사회적 책임과 우리의 미래

《세계를 움직이는 10대 조류》라는 책을 쓴 존 네이스빗은 20세기의 특성과 21세기의 특성은 다르다고 강조하고 있습니다. 21세기에는 지구가 하나가 되고 특히 하나의 경제권으로 되면서 새로운 방식의 사회운영 방식이라든가 국가운영 방식이 필요할 것이고, 개개인의 삶도 더 자조적이고 더 참여적인 것으로 바뀌게 된다고 예언을 하고 있습니다. 실제로 정보화에 따라 지구촌이 하나로 되는 것을 느끼게 됩니다. 손바닥 안 핸드폰 속에 세계가 들어와 있지 않습니까?

이 메가트렌드를 더 참여적으로 분석하고 논의하는 장소가 원래 '월드 이코노믹 포럼'이라는 다보스 회의입니다. 다

보스는 스위스 동쪽 구석에 있는 아주 조그마한 도시예요. 인구가 1만 2천 명밖에 살지 않는 작은 도시로 유일한 박사님이 돌아가시는 그 해에 창립이 됐는데, 35년 동안 전 세계 경제·사회·정치·문화 지도자들이 모이는 장소가 되었습니다. 연간 천억 원 가까운 순수익을 스위스에 가져다주는 또 하나의 수단이 되기도 했고, 전 세계 지도자들의 평생학습 장소가 되기도 했습니다. 1년에 7일 동안 여기 모여서 아침 7시부터 밤 10시까지 200개의 강좌가 열리는데 그 200개의 강좌 가운데 30개 강좌에 참여할 기회를 갖는 겁니다. 한 강좌당 두 시간이 걸리기 때문에 두 시간씩 30개 강좌를 듣는다는 것은 60시간을 쏟아야 한다는 것 아닙니까? 그럼 하루를 10시간으로 치면 6일 동안 꼬박 아침 7시부터 밤 10시까지 들으면 30개 섹션을 들을 수 있습니다. 나머지 170개의 섹션은 전 세계의 천여 명에 가까운 학자와 전문가가 1년 동안 애써서 정리한 것이지만, 하는 수 없이 간접체험으로 듣는 수밖에 없습니다. 전 세계 지도자들이 가장 추운 날을 골라서 공부만 6박 7일을 하는 모임이 다보스 회의입니다. 이 다보스에는 경제인들이 50퍼센트, 나머지는 학자라든가 정치인이라든가 언론인, NGO들이 있고, 유럽과 미국 사람이 대부분입니다.

2005년과 2006년의 주제를 한번 보면 기업인들이 모여서 6박 7일 동안 논의한다는 게 빈곤의 문제입니다. 양극화의 문제, 기후변화의 문제, 평생학습의 문제를 6박 7일 동안 다룹니다. 참고로 여러분의 부모님, 주변에 계시는 어르신들은 어떠실지 모르지만 한국인들은 모임에 나오면 첫 번째로 골프 이야기부터 하죠, 그리고 빈곤의 문제는 결코 지도자의 문제가 아니라는 것입니다. 그런데 다보스에 모인 사람들은 도착한 저녁 반나절을 열심히 논의한 결과 2005년 전 세계 지도자들이 제일 중시해서 연구해야 할 것은 빈곤의 문제와 평생학습의 문제다, 이렇게 결론을 내린 겁니다. 이것이 한국 사회와 서구 사회와의 하나의 갈림길이 되는 겁니다. 세계에서 이런 논의가 일어나는데 한국에서는 기업의 사회적 책임, 이런 것은 전혀 논의되고 있지 않습니다. 거기에 모인 기업인들은 자기들의 책임은 빈곤을 해결하는 데 있다, 지식이 급변하는 사회, 기술이 급변하는 사회, 협력이 중요한 사회에서 평생학습을 통해 협력하는 능력을 길러주는 것이 자기들의 구실이라고 생각한다는 겁니다. 기후변화 속에서 에너지 값이 폭등하는 데서 어떻게 하면 에너지를 덜 쓰는 체제를 만드느냐, 기후변화를 완화시키느냐, 이런 것을 자기네의 목표로 삼고 있고, 양극화 이것은 양극화에 따른 희생자만의 문제가 아니고 양극화의 수혜자들도 함께 고민해야 할 문제라고 말하고 있습니다.

그럼 올해는 무슨 주제를 논의하였느냐?

5만 명을 미리 설문 조사하여 1차 정리를 한 것을 가지고 800여 명이 즉석 전자투표를 하여 몇 시간 동안 투표를 한 끝에 내린 결론이 2006년에는 2005년에 이어서 중국과 인도의 급부상이 전 세계에 미치는 영향을 한번 검사해 보자는 내용이었습니다. 중국과 인도의 자체적 문제는 무엇이며, 중국과 인도가 전 세계의 경제, 사회, 인구 문제에 미치는 영향은 무엇인지 한번 검토해 보자, 이렇게 되면서 올해의 주제는 세계 경제 지역이 어떻게 바뀌는가, 세계 경제, 사회, 정치, 문화 쪽에서 지도자의 태도와 의식구조는 어떻게 바

뛰어야 하는가, 이러한 것들이 주제였습니다. 그리고 중국과 인도가 화이트칼라와 블루칼라가 할 일을 다 가지고 간다면 미국, 일본, 한국, 유럽 같은 선진국이 가질 수 있는 직업은 무엇이 될 것인가, 기존의 일자리 가운데에서 업그레이드 할 수 있는 것이 있느냐, 새로운 것이 있느냐, 그리고 중국과 인도는 전 세계 일자리를 몰아갈 뿐만 아니라 나머지 개발도상국가를 전 세계 시민들의 눈에서 사라지게 만들 수 있는데, 이러한 로스트 콘티넨털, 로스트 컨츄리가 될 나머지 제 3국가들에 대한 대안은 없겠는가, 중국과 인도가 모든 경제력을 확보한다면 선진국만 희생을 당한다는 것이 아니라 개발 도상국가들은 꽃도 못 피워 보고 시들 텐데 이에 대한 대책은 무엇이냐, 라는 것들이 논의되었습니다.

　세계의 사회·정치·경제 지도자들이 중점을 두어야 할 역할은 이런 세계적인 문제들에 대해 좀 더 적극적으로 대처하고, 특히 교육과 훈련·평생학습에 대해 투자하고, 지구촌 시민으로서의 리더십을 발휘하도록 본인들 스스로도 노력해야 하며, 시민사회와 연대해서 많은 새로운 거버넌스를 만들어내야 할 것이라고 하면서도, 너무 전문 주도적이거나 기업 주도적으로 가는 것보다 학계, 언론과 시민사회의 역할이 더 커져야 한다고 이야기를 하고 있습니다. 그러면서 이미 만들어진 공사립 단체나 기업이나 기구들이 제 기능을 발휘하지 못하는 것을 제 기능을 발휘할 수 있도록 만들어야 한다고 합니다. 특히 부패 방치, 노동의 착취, 환경의 파괴, 그리고 지구 온난화가 심각하게 일어나는데, UN과 같은 기구가 이러한 것들을 방치해서는 안 되고 바로 잡는 어떤 새로운 노력이 있어야 한다고 주장합니다. 기만행위라든가 부패행위라든가 비리에 대해서 과감한 처벌을 해야만 세상에 새로운 질서가 잡힐 것이고 부족한 점은 소비자들의 보유권 운동이라든가 각종 비관세적 방법을 통해서 제재를 가해야한다는 이야기를 하고 있습니다.

독일의 신임 수상 앙겔라 메르켈은 이렇게 얘기합니다.

"우리가 과거에 가지고 있던 고정관념을 버리지 못한다면, 다시 말해 과거의 국가 운영체제라든가 사회운영체제, 그에 따른 재산제도, 조세제도를 과감히 혁신하지 못한다면, 우리들의 미래는 없다"라고 선언을 하면서 "The Creative Imperative is the Answer"라고 창조적 혁신을 절박하게 촉구하고 나섰습니다.

거기에 전 세계 지도자 가운데 빌 클린턴도 와 있었어요. 여기 모인 여러분보다 세 배 정도 많고 심지어 수백 명은 두 시간 동안 서서 경청하는 자리에서, 당신이 지금 가장 고민하는 것은 무엇이냐고 물었더니 첫째로 기후변화를 꼽았습니다. 이 기후변화가 우리 문명사회를 파탄시킬 정도로 진행되고 있으며 2030년을 전후로 해서 우리 사회가 극단적인 상황이 발생할 것이라고 해도 우리는 지금도 에너지를 많이 사용하고 기후변화를 막는 노력을 안 한다며 이 부분을 굉장히 많이 걱정했습니다. 그래서 사람들이 그것은 작년에도 얘기한 것 아니냐, 작년에도 전 세계가 기후변화에 대처하기로 하지 않았느냐, 그 밖에 가장 걱정하는 것이 무엇이냐 물었어요. 그랬더니 그는 양극화를 얘기하면서 9·11 사태를 단순히 아랍문명과 미국문명의 충돌이라고 보는 것은 잘못이고 거기에는 종교적인 갈등도 있지만 사실은 세계화가 가져오는 부작용의 하나인 양극화 때문에 어느 나라에서나 9·11사태와 같은 상황으로 나타날 수 있는 것이다. 그것은 국가만의 노력만으로도 안 되고 기업과 시민사회가 함께 노력을 해서 막아야 한다면서 시민사회의 책임을 굉장히 강조했습니다. 그리고 국가와 국가 사이에는 자칫하면 정치인들이 갈등을 조장할 수 있지만 다른 나라 사람들을 잘 알면 인간관계 때문에라도 국가적 갈등을 예방할 수 있다면서 세계 시민으로서 서로 힘을 합하자는 이야기를 하기도 했습니다.

결국, 다보스에서는 기업의 사회적 책임을 강조하고 있습니다.

여러분의 학장님께서 일본에서 왜 그렇게 존경을 받았는지 아십니까? 기술 경제, 기술 혁신에 대한 세계적인 전문가이시기도 하지만 다른 한쪽으로 기업의 사회적 책임을 굉장히 강조하신 분이기 때문입니다. 그런 역사적 배경과 학문적 배경을 가지고 있기 때문에 이 학교에 오셔서 여러분과 이 학교를, 과거에도 유일한 정신을 가지고 있었지만 그래도 굴곡이 많았던 이 학교를, 뭔가 새로운 정신이 재탄생하고 유일한 정신이 다시 부활하는 장소로 이렇게 만들고 있는 것입니다. 그 재탄생이 어디에서 오고 있는가 하면 기업의 사회적 책임, 또는 신뢰의 운동입니다. 그 신뢰의 문, 사회적 책임의 문이 6월 10일 여러분의 학교 앞에 완성이 됩니다. 기업의 사회적 책임의 길, 신뢰의 길이 '유일한로'라는 이름으로 뻗어가게 됩니다.

전 세계가 기업의 사회적 책임에 관심을 가지게 된 것은 제법 오래 되었습니다.

1930년 대공황을 전후해서 기업이 반성을 하면서 재단을 많이 만들었습니다. 주로 자본가 주주들이 과거에 토지 자본주의에서 주주 자본주의로 오면서, 주주들이 너무 지나치게 한쪽으로 치우쳤던 것을 사회로 많이 환원하면서 기업의 사회적 책임에 대한 논의가 있었고, 특히 '70년대에 해외로 진출하면서 반부패가 굉장히 중요하다고 해서 '70년대에 많이 만들어졌습니다. '80년대에는 기업의 윤리행동원칙이라는 코덤 컨던트라는 것이 만들어졌고, '90년대에는 Whistle Blower라고 해서 내부비리 고발자를 보호하고 국익을 위해서 회사나 국가 안의 비리라든가 부패를 애국운동 하듯이 고발하는 것을 중요하게 여기게 되었습니다. 이 사람들은 애국자이기 때문에 이 사람들이 따돌림 받거나 피해 보는 일을 없애야 한다는 것이 '내부비리 고발자 보호법'이라고 하는 것입니다. 전부 '70년대부터 만들어졌습니다.

그런데 2006년에 와서 갑자기 큰 사건 두 가지를 접합니다. 엔론 사건과 월드컵 사건입니다.

하나는 에너지회사고 하나는 통신회사인데, 이 두 회사가 보너스를 많이 받기 위해서라든가 그 밖에 여러 가지 이유 때문에 회계장부를 조작합니다. 이 때문에 엄청난 충격을 받은 미국 사회가 반부패법을 강화한 것이 2002년에 만든 'SOX'라는 법입니다. 남의 논문을 몰래 인용한 사람이나 황우석씨처럼 연구 결과를 과대하게 부풀린 사람, 또는 그것과 비슷한 두 기업의 최고 책임자들을 가중 처벌 가이드라인을 만들어서 종신형에 가까운 벌을 내렸습니다.

그래서 미국 사회가 작은 범죄가 일어나도 가중 처벌하는 이런 쪽으로 갔는데요. 유럽도 마찬가지입니다. '70년대부터 기업은 경제적 성과만으로는 안 된다. 가족을 파괴하는가,

지역 사회를 파괴하는가, 환경을 파괴하는가를 감시해야 한다. 만일 기업에서 1조 원의 가치를 창출했지만 환경적 파괴로 2조 원의 국가 부담을 만들었다면, 사실은 경제적으로 기여한 것이 아니라 1조 원의 손실을 입힌 것이다. 가정을 파괴할 가능성이 있는 기업, 사회를 파괴할 가능성이 있는 기업, 환경을 파괴할 가능성이 있는 기업을 면밀히 감시하면서 그 사람들에게 사회적 책임 보고서, 환경 책임 보고서인 '트리플 바튼 나인'이라는 보고서를 지난 30년 동안 내게 했습니다.

이것으로도 부족하여 1999년에 코피 아난 UN사무총장을 다보스로 불렀습니다. 21세기를 바꾸기 위해 기업 10계명을 만들자, 기업들이 사회적 책임을 다하게 만들자, 해서 이것을 협약으로 만든 것이 '글로벌 콤팩트(Global Compact)'입니다. 2006년부터 UN이 직접 관장하는 세계적 협약으로서 10계명으로 되어 있습니다.

이 10계명을 네 방향으로 보면 첫 번째, 반비리·반부패·반부정에 온 지도자가 힘을 합하자, 두 번째는 노동 문제에 대해 진정성을 가지고 노동을 발전시키고 노동을 착취하지 말자, 세 번째로는 인권에 대한 관심을 갖고 여성들과 약자들에 대한 배려를 하자, 마지막으로 환경을 다음 세대까지 쓸 몫을 남겨 놓는 방법을 연구하자는 내용입니다.

또한 CSR(Corporate Social Responsibility) 예산을 만들어 사회적 책임을 다하는 기업으로 전환하도록 하는 투자 기금이 3천억 원 정도 되고, 각 나라마다 있습니다. 미국에는 이것이 2조 달러인데 우리나라는 연간 지원비가 8천억 달러가 안 되니까 그것의 2.5배가 되는 돈을 믿을 만한 사람, 존경할 만한 기업에 투자하겠다고 얘기하고 있는 것입니다. 여기서 더 나가서 환경 제재를 하듯이 윤리 라운드, CSR 라운드를 만들어 좋은 기업에만 투자를 하겠다는 사회적 책임 가이드라인이 제시되면서, 2008년 3월 1일부터 채택하도록 전 세계가 바뀌어 가는 것이 메가트렌드입니다.

우리나라 기업은 우선 부패나 부정이나 비리에 말려들지 않는 것이 우선일 것 같습니다. 기업 횡령을 막지 못한 사회 책임이 큰 겁니다. 대우그룹 같은 기업의 일부는 살아남았지만 이러한 기업으로 말미암아 커다란 위기를 겪었습니다. 공적자금을 투입하여 대기업과 금융기업을 살렸지만, 아직 우리나라의 비리가 뿌리 뽑힌 것은 아닙니다. 이러한 비리를 바로 잡기 위해서는 윤리가 경제적인 원천이라고 믿는 기업인들의 모임인 윤경포럼, 희망포럼, 사회책임 경영포럼, 지속 가능 경영포럼, 미래포럼 등 이런 모임의 노력에 여러분도 동참하는 것이 아주 중요하다고 봅니다. 우리나라가 경제규모로는 세계에서 10대 경제대국이 되었는데도 아직 신뢰도는 205개 국가 가운데 100위가 넘는 수준이고 104개 국가 가운데는 61위를 했습니다. 한국의 신뢰도가 여러분의 신뢰도입니다. 우리나라의 신뢰도가 낮으면 KOREA DISCOUNTS라는 것이 발생합니다. 세계 어디에 가더라도 여러분은 비자를 오랫동안 받아 가지고 다녀야 한다는 등의 감시를 많이 받습니다.

또 하나는 경제적 가치로 나타납니다. 신용등급에서 평가가 낮으면 돈을 빌릴 경우 불리해집니다. 일자리 창출의 기회를 놓치고 우리나라 증권 시세의 가치 차이가 많이 나게 됩니다. 국가의 신용등급에서 예상보다 많은 차이가 나는 것이 순전히 지도층들의 부패와 비리나 부정 때문에 다 같이 디스카운트 되면서, 우리 경제를 어렵게 하고 우리 주식시장을 어렵게 하고 우리 젊은이들이 일자리를 구하는 데 지장을 주고 있는 것입니다.

짐 콜린스라는 콜롬비아 대학교수는 세계에서 가장 장수하는 기업들을 모아 조사를 해보았더니, 성공한 기업에는 세 가지 유전자가 있다고 말했습니다.

첫 번째는 마피아와는 달리 공익을 추구하는 단체다. 사회적 책임을 가지고 있고 이윤의 추구를 넘어서 사회 발전을 위해 노력하는 기업이다. 이 속에는 유한의 상징인 신뢰의 뜻을 자기네의 철학으로 가지고 있다는 것입니다.

두 번째는 기술이나 지식은 끊임없이 바뀐다는 것을 알고 평생학습을 중요시하는 조직들이 나옵니다. 평생학습을 통해 끊임없는 혁신과 기업가 정신이 일어나는 것입니다. 무엇보다도 성공하는 조직에는 유능한 지도자만이 있는 것이 아니고, 모든 구성원들이 마치 종교 집단처럼 영혼을 바쳐서 주인의식을 갖고 혁신해 나가는 기업가정신이 넘치는 단체라고 이야기했습니다.

잭 웰치라는 사람이 말하길, 40대에는 머리가 좋은 사람들을 찾아 다녔지만 이 사람들은 자신의 사익을 추구하는 사람들이 많아서 40이 넘어서는 성실한 사람을 찾아 다녔답니다. 왜냐하면 성실한 사람들 주위에는 성실한 사람들이 모이기 때문입니다. 환경적으로 윤리적으로 가장 믿을 수 있는 사업자가 세계적인 기업이 될 수 있다고 생각했습니다. 근로자, 종업원, 경영자들이 이것을 따르게 하기 위해서 처음 3년 동안은 이것을 믿지 않은 사람들을 전부 해고해 버렸습니다. 과거를 고집하고 비윤리적 비환경적인 것을 일삼고 환경 파괴적, 사회 파괴적, 가족파괴적인 것을 일삼는 간부들을 전부 바꾸든가 새로운 철학에 따르게 하는 데에 3년이 걸렸다고 합니다. EHS(Environment Health Safety) Performance를 높인 기업이 위대한 기업이란 것을 지난 17년 동안 입증해 보이면서 평생학습제도, 변화, 가속화 절차들을 도입했던 것입니다.

세계적인 기업인 휴렛 팩커드의 총수를 했던 칼리 피오리나는 CEO를 그만두면서 한국에서 기자회견을 한 적이 있었습니다. 한국을 굉장히 존경한다고 얘기하면서 "지난 30년 동안 한국만큼 거대하고 획기적인 업적을 이룬 나라가 없을 것이다. 이것은 한국의 학구열이나, 산업대책들이 어느 정도 성공을 했기 때문이다. 앞으로 미래 세대들을 위해서는 또 하나의 노력이 필요하다. 21세기는 누가 접속을 잘하고 누가 협력을 잘하는가에 따라서 21세기의 경쟁력이 좌우된다"고 얘기했습니다.

사람들이 접속과 협력을 할 때, 얼마나 신뢰가 높은가가 기준이 됩니다. 신뢰는 두 가지가 있습니다. 첫째는 심성과 철학과 그 인격인데, 기업이든 개인이든 인격이 있어야 윤리적으로 믿을 수 있는데, 반사회적인 일을 할 사람이 아니라는 신뢰가 있으면 협력의 대상이 된다는 것입니다. 두 번째로는 착하고 반사회적인 일을 절대 하지 않을 사람일지라도 대학 시절에 공부한 것을 계속 고집하는 사람은 협력의 대상이 안 된다는 겁니다. 끊임없이 혁신을 통해서 자기 역량을 개발하는 그런 개인과 조직만이 협력의 대상이 된다는 것이지요. 21세기에는 세 가지 C, 곧 Collaboration(협동), Capability(능력), Character(인격)라는 각각의 C가 필요하다고 했습니다.

피터 드러커는 현대 경영학의 창시자인데요. 이분의 말씀 가운데 이런 말이 있습니다. 경영자는 사회적 신념과 응집력을 훼손하지 않으면서 기업을 운영할 책임이 있다. 진실로 공익에 속하는 것은 그것이 무엇이든지 간에 기업 그 자체에도 이익이 되도록 만드는 것이 경영자의 사회적 책임이다. 공공의 이익 추구가 기업의 사적 이익으로 귀결하도록 창조적 경영을 함으로써 국민과 사회(소비자, 종업원)의 삶의 방식을 개선시키기 위해 노력하는 것이 경영자의 가장 중요하고도 궁극적인 책임이라고 했습니다.

유일한 박사님의 정신이나 피터 드러커의 이야기를, 유한킴벌리, 유한양행 그리고 유한의 자회사들은 실천하려고 참 노력을 해 왔습니다. 그럼에도 가끔 위기가 오면 근본을 버려 버립니다. 근본을 잃지 않고 근본을 확실히 세우면 뭔가 길이 있기 마련인데 경제에 밀린다거나 상황이 위기로 몰리면 몸에 내재되어 있지 않은 철학을 잃어버려서 갑자기 길을 잃고 헤매는 거예요. 이때 필요한 것이 철학의 길, 진리의 길인데, 이 길이 '유일한 길'인 '신뢰의 길', '사회적 책임의 길'입니다.

유일한 박사님이 애써 만들어 놓은 저희 회사도 위기를 맞은 적이 있습니다. 정부가 저희 업종을 무관세 업종으로 지정한 것입니다. 이렇게 하다보니 외국 물건이 쏟아지기 시작한 것입니다. 많은 제품들이 들어오면서 유일한 박사님이 돌아가시기 5, 6년 전부터 준비해서 돌아가시기 1년 전에 창립한 회사가 거의 사경을 헤맸던 적이 있었습니다.

물론 어느 날 아시아의 900명의 전문가들이 선정한 베스트 컴퍼니를 고르는 설문조사에서 아시아에서 종업원 만족도라든가 사회 만족도가 가장 높은 회사로 뽑혔습니다. 또, 2004년에 이어 2005년에도 삼성전자와 함께 존경받는 한국기업이 됩니다. 2005년에 이어 2006년에 유한킴벌리와 유한양행이 여섯 부문에서 상위권을 차지해 전체 1위를 계속 하고 있어 올해 지속가능경영 대상을 수상했고, 네 개의 상을 더 받았습니다. 우리나라에 11만 개 기업이 있고, 중소기업을 합하면 300만 개 정도가 있는데 왜 굳이 유한킴벌리와 유한양행을 300만 개 가운데에서 고르는가? 이것에 대해 여러분이 한번 생각해 보십시오.

그것이 바로 유일한 박사님이 돌아가신 지 36년이 되어도 추모하는 사람들이 많고 '유일한로'가 생기는 이유일 것입니다.

유한킴벌리와 유한양행은 함께 참여한 모든 분야에 1위가 되었습니다.

그럼 왜 우리가 선택한 업종에서는 한국 제일, 세계 제일이 되었는가? 그것은 사회적 책임을 다하는 그런 노력 때문이 아닌가라는 생각이 듭니다.

우리가 시장 점유율 100퍼센트 가까이 가다가 '85년부터 급격히 내려가기 시작하여 만 10년 사이에 개방 10년 사이에 시장 점유율이 18퍼센트까지 내려갑니다. 연평균 20퍼센트까지 내려가 위기에 몰렸을 때 저희 유한이 가지고 있던 유한킴벌리 주식을 외국에 팔게 되었습니다. 전체인력의 50

퍼센트까지 일자리를 잃어버리는 상황에까지 이르렀습니다. 그 뒤 우리는 다시 '유일한 정신'을 찾았습니다. 전 세계에서 유일하게 P&G가 성공했다가 물러난 그런 하나의 계기를 만들었습니다. P&G는 삼성전자보다 큰 회사입니다. 유아용품과 가정용품의 지장점유율이 다른 기업보다 앞서고 있습니다. 그러나 작년 7월 1일부로 한국 철수를 선언하고 한국을 떠났습니다. 물론 다른 화장품이나 식품, 유아용품, 여성용품은 아직 판매하고 있으나, 가정용품에는 손을 뗐습니다. 이런 것을 가능하게 한 것은 유일한 정신으로 돌아가는 것이었습니다. 최근에는 18억 정도의 소비자가 늘어났습니다.

대개혁에는 세 가지의 초점이 있었습니다.

유일한 박사님이 평생을 말한 신뢰를 얻는 것에 노력을 다했습니다. 노사 대립을 사라지게 하여 화합하게 하고 불필요한 제도를 다 없애버렸습니다. 투명한 윤리경영과 기업의 사회적 책임과 환경설계, 청정생산 기술, 지속적 혁신을 가능하게 하는 평생학습체제를 도입하였습니다. 여러분도 평생학습의 마음가짐을 가지십시오. 그것이 여러분이 가장 많이 가져가는 첫째 재산입니다. 둘째는 '신뢰가 모든 것으로 통하는 문이다'라는 신념을 가지는 것입니다. 신뢰와 공익을 위해, 사회 발전을 위해 애쓴다면 여러분은 이순신장군처럼 유일한 박사처럼 영원히 기억되는 사람이 될 수 있다고 생각합니다.

윤리경영의 가치는 얼마나 될까요? 무엇보다 거래 비용이 필요 없고, 노사 갈등이 없고, 속도가 붙고, 혁신이 생기는 등 이익이 생기는 것입니다. 내부적 통합 효과와 외부적 통합 효과가 엄청납니다. 발전의 기회를 가져다줍니다. 조직을 21세기에 맞게 1분 경영을 합니다. 수천, 수만 명이 정보 교류를 할 수 있는 체제를 갖추었습니다. 우리나라 전체에서 14조 원이란 경제적 손실을 줄일 수 있고, 무엇보다도 파괴되는 가정으로부터 연간 9만 5천 명을 지킬 수 있습니다.

우리나라는 한 사람이 연간 2,800시간을 일하지만 일본과 미국은 1,800시간 그리고 영국과 독일은 너무 적은 시간을 일해서 생산력이 떨어집니다. 우리의 경우는 너무 오래 일을 한다는 것입니다. 4만 명이 할 일을 3만 명이 합니다. 이런 것이 큰 문제가 되어 중소기업의 경우 평생학습을 위해 고용보험을 들고 있지만 잘 실천되지 않고 있습니다. 이런 것을 집중적으로 정부가 지원하여 중소기업 시대를 열어 과로를 없애고 평생학습 제도를 도입하느냐가 국가적인 과제로 남아 있습니다. 학자들의 보고서를 보면, 2,800시간이나 되는 시간으로 말미암은 과로만 없애면 400만 개의 일자리를 제도적으로 만들 수 있다고 합니다. 우리나라의 고부가가치 직업과 사회적인 일자리 등을 수백만 개 만들 수 있다고 합니다. 이런 것은 사회적 합의가 체결되어야 가능하고 국가 운영체제와 사회 운영체제가 옛날의 교육제도를 가지고는 안 된다는 것입니다.

그래서 이제 한국이 크게 바뀌어야 하는데 그 가운데 우리가 가지고 있는 여성 인력자원, 문화 인력자원, 환경자원을 합쳐 새로운 시대를 만들어 가야 합니다.

여성들이 대학을 많이 졸업하는데 취업은 남성의 4분의 1밖에 되지 않습니다. 이것이 디자인, 서비스업으로 바뀌어 가면 수많은 일자리를 만들 수 있다고 생각합니다. 이렇게 새로운 사업을 만들 수 있으며 혁신을 할 수 있는 것입니다. 이것으로 젊은이들의 취업 연결에 도움이 되지 않을까 생각합니다. 여성 졸업생의 72퍼센트가 디자인 분야에 취업을 한 것으로 나왔습니다.

산업인력화와 전문인력화하는 일에 여러분이 관심을 갖고 참여하시고 21세기에는 밀라노를 앞서는 디자인 특허 대학과 디자인 특허 도시를 유한대학과 부천시와 서울이 해야 하지 않을까 생각합니다.

다보스의 많은 사람들이 얘기하길, 많은 기업이 좋은 제품을 만들고 이익을 내려고는 하지만, 환경을 지키려고 한다거나 사회적 발전을 추구한다거나, 종업원과 가족과 협력회사를 지키는 노력은 부족하다고 합니다. 이 부분을 보안하겠다는 것이 유한이 가지고 있는 또 하나의 과제인 것 같습니다.

지식 기반 사회, 지속적 혁신이 가능한 사회로 가도록 하고, 사람의 손발만 빌리는 기업이 아니라 종업원이 회사를 자기 집처럼 생각해서 영원히 살 수 있는 기업, 지속 가능한 기업들이 되어야 하지 않은가, 이런 기업들은 혁신과 창조도 일어나야 하지만 가족 친화적, 사회 친화적, 환경 친화적이어야 한다는 것입니다.

그래서 이것을 닮은 것이 유한킴벌리와 유한양행으로서 지속가능 경영체제이고, 그 보고서가 〈사람이 희망이다〉라는 주제로 시중에 나와 있습니다.

오늘날, 시대적 사명감을 가지고 환경 분야에서 최고 모델이 되고, 윤리에서 최고 모델이 되고, 또 평생 학습에서 최고 모델이 되어, 어디에도 비리와 부패가 자리 잡을 그런 틈을 주지 않는 그런 기업과 기업인이 될 때 그 기업도 장수하고 그 기업인도 유일한 박사님처럼 영원히 기억되지 않을까 생각합니다.

유일한 박사님의 동상 앞에 이런 말이 들어가 있습니다.
"참 지도자란, 자신의 머리로, 남의 행복을 생각하고, 그 탤런트로 이를 함께 이루어 나가는 사람입니다."
여러분이 유한대학을 거쳐 가면서 인생의 참 길을 발견하고 여러분의 마음속에 능력 속에 유일한 길을 확보하시어 참 지도자의 길을 걸어가셨으면 하는 마음으로 이 자리를 마치겠습니다.
건강하시고 여러분 모두가 신뢰의 상징이 되십시오.
여러분 함께 해 주서서 감사합니다.

생명과 평화의 길

김지하

시 인

　신뢰의 문을 지나고 나눔의 숲을 지나 살림의 방에 와서 생명과 평화에 대해 이야기하게 된 것이 우연은 아닌 것 같습니다.

　대학 정문에 플랜카드가 붙어있는 것을 보았습니다. '생명과 평화의 길'은 제 강연의 제목입니다. 책 제목이기도 하고 제가 요즘 하고 있는 생명, 평화운동의 주체로서 사단법인의 이름이기도 합니다. 생명과 평화운동이 국제적인 발전을 많이 하고 있습니다. '생명과 평화' 하면 요즘에는 하도 유명한 테마가 되놔서 그것을 앞에 거는 단체들도 많이 있습니다. 또 생명, 평화 하면 여러분이 신문을 보거나 뉴스를 듣거나 흔히 부딪치는 문제이기도 합니다. 생명보다는 뒤에 있는 '평화', 다 아시는 문제죠? 전쟁, 핵폭탄, 이 속에서 어떻게 평화를 유지할 수 있느냐는 전 세계 인류의 현실문제이고 특히 남북한이 갈라져 있고 북한이 핵실험을 하는 이런 처지에 있는 우리 한국인의 사활이 걸린 문제이기도 합니다.

평화는 그렇습니다만, 생명은 무엇일까요? 생명은 우리가 가장 잘 알 것 같지만 제일 어려운 문제가 또한 생명입니다. 왜냐하면 생명은 그야말로 한 순간도 멈춰있지 않고, 끊임없이 변하고 사라졌다가 또 생기고, 확대하고, 수축하고, 순환하고, 관계하고, 그 자체로서 영성, 마음, 정신, 심층 무의식과 연관된 것이기 때문에 생명은 아주 어렵습니다.

그러나 지난 시기까지 근대 서양 문명이라는 것은 지금 전 세계, 전 지구적인 문제로 되어 있는 기후 문제와 생태계 문제의 주범이기도 합니다. 환경이 오염되었다는 것은 이미 여러분 가운데 잘 아시는 분도 많을 겁니다. 기후문제, 온난화, 이것은 어떻게 할 것인가? 이 문제가 간단하지가 않습니다. 북극의 빙산이 계속 대대적으로 녹아 남반구 해수면이 자꾸 상승하여 기후가 점점 더 뜨거워집니다. 이산화탄소 과잉 배출로 온실가스 효과가 나타나는 거죠. 점점 더워져서 앞으로 몇 십 년 뒤면 지구 기후가 파격적으로 올라가서 전 세계 인구의 상당수 가운데 수억 또는 수십억이 죽고 북극 같은 곳에서 살 수밖에 없다는 이야기는 이제 일부 언론이 제기하는 문제만은 아닙니다.

제임스 러브록(James Ephraim Lovelock)은 가이아 이론으로 유명한 과학자인데 그는 공공연히 수십억 명이 죽을 거라고 예언하고 있습니다. 여러분이 너무나 잘 알고 있는 영국의 스티븐 호킹 같은 과학자도 100년 안에 지구는 끝장난다고 말하고 있습니다. 명왕성 같은 곳으로 이동해야 산다, 지구를 탈출해야 산다고 말하고 있습니다. 간단한 문제가 아닙니다. 여기서는 더워서 못산다는 이야기입니다. 여러분이 어렸을 때 서울에서는 보지도 못하고 전라남도에나 가야 볼 수 있었던 빨간 동백꽃 아시죠? 그게 요즘에는 서울에서도 다 펴요. 또 서울에는 본래 대나무가 안 자랐습니다. 그런데 대나무가 지금은 서울에서 다 자라요. 지구가 그렇게 바뀌었습니다.

그런데 북극, 시베리아, 알래스카 이런 곳에 진짜로 가서 살 수 있느냐? 그게 문제입니다. 제가 거기에 여행을 가 본 결과 과소지대로서 여백이 많습니다. 빈 땅이 많아서 일단 살 수 있겠다고 생각되겠지만 사실은 살 곳이 못 됩니다. 왜냐하면 최근 보도는 시베리아 얼어붙은 땅 밑에 갇혀있던 메탄층이 땅 위로 폭발하기 시작했다는 겁니다. 그래서 시베리아도 계속 더워지는 추세입니다. 그런 곳에 누가 갑니까? 또 행성이동 이야기는 요즘 이야기만이 아닙니다. 20세기 초, 중엽에도 유명한 고생물 학자, 진화론자도 이야기 했습니다. 지구에서는 못 산다는 거죠. 엔트로피가 최대로 증대되어 지구 물질이 모두 붕괴하는데 전환점이 가깝다는 겁니다. 크리스트교에서 말하는 종말입니다. 이 문제에 대한 현실적 감각이 없으면 여러분 큰일 납니다.

지금 이상한 감기가 돕니다. 이번 감기에 걸리면 안 나아요. 이것이 전염병의 시작입니다. 이렇게 전염병이 확산되면 타 죽기 전에 인구 수십억이 죽는다고 러브록이 이야기합니다. 이상한 바이러스가 움직이기 때문이죠. 조류 독감 같은 것은 그냥 짐승들의 병이 아니에요. 바이러스는 인체를 겨냥하고 있어요. 큰일 날 이야기예요. 그래서 지금 지구 생명체들은 이미 수백 종이 멸종하고 있습니다. 오염, 변질 문제 정도가 아니라 멸종하고 있습니다.

요 며칠 전, 영국정부가 공식적인 경고를 했죠. 영국정부가 그래도 환경문제에 가장 민감한 것 같습니다. 특히 미국, 인도, 중국을 향해서 경고했습니다. 이렇게 가다가 지구 온도가 높아지면 지구 생명체의 40퍼센트가 아주 가까운 시일 안에 멸종한다고 발표했습니다. 그러면 2차 세계대전보다 더 끔찍한 사태가 일어나게 될 거라고 경고했습니다. 적어도 수억 명 이상은 죽는다는 이야기입니다. 이런 문제에 대해서 대학생들이 아무런 느낌이 없다면 그야말로 큰 문제입니다.

과학자들과 뉴욕타임즈나 르몽드 같은 대언론들이 지구 현실을 뭐라고 규정하냐면 '대혼돈'이라고 말합니다. 빅 카오스.

기후문제를 가지고는 클라이메이트 카오스, '기후혼돈'이라고 부릅니다. 이것을 처방하는 것은 과학뿐인데 아직 유럽이나 미국의 발달된 과학도 이것을 완전히 처방할 수는 없다고 이야기합니다. 엘 고어 같은 사람은 과학은 다 준비되어 있다고 하는데 내가 보기에는 과장입니다. 아직 유럽과 미국 과학이 거기까지는 발달되지 않았어요.

그러면 어떤 과학이 나와야 이것을 해결할 수 있느냐? 아주 탁월하고, 종합적인 과학, 전 문제영역을 유기적으로 연관시킬 수 있는 카오스 과학이 나와야 이 지구온난화, 생태계오염, 멸종, 지구변동, 쓰나미 원인으로 꼽히는 지구 자전축의 이동 등에 대해 처방합니다. 지구 자전축의 이동은 무엇과 연결되어 있냐하면 북극의 형성 구조와 연결되어 있다고 합니다. 북극의 형성구조는 우주적 에너지 체계인 마그네틱 폴, 자기극과 지구에너지 축인 지오그래픽 폴, 지리극이 얽혀서 형성되는 것이 북극입니다. 그런데 이것이 서로 이탈하기 시작했습니다. 7년 전부터 신문에 다 나오는 이야기예요. 이탈하기 시작하니까 북극의 빙산이 녹아내리기 시작하는 겁니다. 이것이 무슨 이유 때문이냐? 지구 자전축이 이동한다는 이야기입니다. 이래서 대륙판하고 해양판이 부딪쳐서 쓰나미 같은 사고가 났죠. 인도네시아에서 27만 명이 죽었습니다. 27만 명이 어느 날 우리나라에서 죽을지도 모릅니다. 일본에서 죽을지도 몰라요. 이 위험한 판에 대해서 해결할 수 있는 것은 과학뿐인데 과학이 아직 준비가 안 되어 있어요. 어떤 과학이 준비되어야 하느냐. 탁월한 과학이다. 그 탁월한 과학은 어떻게 가능하냐. 아주 쉽게 얘기해 봅니다.

노벨화학상을 받은 미국의 제프리 츄(Geoffrey Chew)라는 과학자가 있습니다. 우리나라에 왔을 때 어떤 한 인터뷰에서 훌륭한 과학의 첫 출발은 문학과 예술이다, 라는 말을 했습니다.

문학과 예술이라고 말하는 것은 무슨 뜻일까요? 그것은 바로 문학, 역사, 철학과 같은 인문학을 압축한 어떤 인문학적인 원형, 기준, 담론, 아주 쉽게 이야기하면 '비전'이 자극을 해 주어야 수준 높은 과학이 시작된다는 이야기입니다. 뉴턴 같은 굉장히 정밀한 과학자도 본래 연금술사였죠? 연금술사 아시죠? 일종의 마술사로 출발한 사람입니다.

비전과 과학이 어떻게 관계되는가?

일본의 유명한 유가와 히데끼(湯川秀樹)라는 과학자는 장자철학에서 말 한 마디를 보고 과학적 상상력이 움직여 소립자 이론을 방정식으로 계산해 냈죠.

여러분, 인문학이 어째서 중요한지 이제 아시겠지요? 인문학 쪽에서 시 한 구절, 종교적인 직관 한 가닥, 어떤 이상한 생각 하나가 수준 높은 과학을 촉매한다고 합니다.

그러면 어떤 것이 인문학적 환상이고 원형이겠느냐? 혼돈의 근원을 밝힐 수 있는 혼돈 자체와 관련된 원형입니다. 왜냐하면 혼돈에 대한 처방은 혼돈에 빠져들어 가면서 혼돈으로부터 동시에 빠져나오는 어떤 혼돈 그 나름의 질서가 아니면 혼돈을 처방할 수가 없습니다. 모든 의학, 치료가 다 그렇습니다. 심장에 대한 치료는 심장 박동이나 심장 사이클에 빠져들어 가면서 그 박동이 잘못된 것을 알아내고 그 이상으로부터 빠져나와 치료하는 겁니다. 들어가지 않으면 나올 수 없습니다. 혼돈을 치료하려면 혼돈 속으로 들어가서 혼돈 그 나름의 독특한 질서를 끄집어내서 그것과 함께 혼돈 자체를 치료하지 않으면 해결할 수 없다는 이야기입니다. 그래서 결국은 인문학, 곧 문·사·철 쪽에서 혼돈의 질서라는 원형이나 패러다임을 찾게 되는 겁니다.

그런데 유럽의 주류사상사, 유럽의 주류문화에는 이것이 없다고 합니다. 왜 없을까요? 유럽 주류사상사는 플라톤 이후 하이데거까지도 혼돈, 불확실성, 불확정성, 애매한 것―동양에서 말하는 텅 빌 공, 없을 무, 텅 빌 허 이렇게 공, 무, 허, 비존재, 뭔가 확실하게 존재하지 않는 것―이런 것들은 철학의 세계에서 멀리 추방했습니다. 실체, 분명한 것. 존재, 살아있는 것. 유, 있음. 명백한 것 이외에는 인정하지 않는 것이 유럽의 주류사상사 또 주류문화사입니다. 서양철학이나 유럽사회에는 공, 무, 혼돈이라는 것이 없을까? 있습니다. 그러나 소수요. 비주류입니다.

대표적인 사람이 최근 여러분도 그 이름을 많이 들어봤을 겁니다. 질 들뢰즈, 후기 구조주의자인데 이 사람은 책 이름까지도 《카오스모스》, '혼돈의 질서'라는 책이 있습니다. 이런 사람들이 있기는 있는데 비주류입니다. 주류로부터 하도 왕따를 당하다 보니까 화가 나서 자살해 버렸죠. 그런데 미국이나 한국에서는 이 들뢰즈가 유럽 철학으로서는 천하통일한 사람으로 봅니다. 혼돈의 질서에 대한 탐색에서 일리야 프리고진이라는 화학자가 있습니다만, 그 사람의 경우나 질 들뢰즈나 깊이 따져 들어가면 혼돈에 대해서는 해명이나 봉합차원을 크게 넘어서지 못합니다.

이래서 어떻게 되느냐? '이스트 터닝'이라고 합니다. 동아시아로 관심을 이동한다는 뜻입니다. 동쪽을 바라보기 시작합니다. 동쪽은 동아시아, 동북아시아인데 여기에서 무엇인가 원형을 발견하려고 하는 것 그것을 '이스트 터닝'이라고 합니다. 유럽 지식인이나 아메리카 지식인 사이에 많지는 않습니다. 소수지만 한국, 일본, 중국, 여기서 무언가가 나오지 않겠느냐, 라고 보고 있어요. 그 가운데에도 중국을 유난히 주목하고 있지요.

그런데 무엇이 나오기를 기다릴까요? 여러 가지 얘기했죠. 혼돈에 대한 뭔가 근원적인 것, 근본적인 혼돈적 질서에 대한 원형이나 패러다임이 나오지 않을까 기다리고 있습니다. 철학, 역사, 문학 방면에서 기다리게 됩니다. 그것이 인문학을 대표하는 것인데 이쪽에서 원형적인 말 한마디라도 나와야 새 과학을 촉발한다는 것입니다. 일반적으로 '생명과 평화'라는 명제가 많이 이야기되고 있다고 이미 말했습니다. 특히 아메리카 같은 데서는 복음주의, 보수주의 기독교까지도 생명, 평화를 내걸고 있습니다. 진보적인 교회는 더 말할 것도 없습니다. 반테러, 반전쟁이죠. 이라크 전쟁 반대이고, 이슬람 테러도 반대하는 겁니다. 그러니까 미국과 이슬람 양국의 문화충돌 자체를 반대합니다.

이것이 생명과 평화의 명제입니다. 이 생명과 평화 가운데 가장 중요한 것은 생명의 생성구조 원리인 혼돈적 질서, 혼돈 그 나름의 질서를 발견하는 것입니다. 문·사·철. 문학, 예술과 역사와 철학. 이것이 제 이야기의 전제올시다.

여러분, 청년 실업, 여러분 자신의 문제이죠? 정부가 만날 말만 하고 해결을 못하고 있어요. 청년의 일자리는 내가 알고 있는 한 문화와 관계가 깊습니다. 각 대학에서 문화와 관련된 학과가 자꾸 늘고 있습니다. 기계종류라 하더라도 일반 소비자들한테는 문화적 생활로 연결이 된다는 겁니다. 또, 문화 코디네이터 지망생이 엄청 많아요. 제가 영남대학과 예술종합학교에 나가는데 이런 데 가서 얘기를 하다보면 문화, 예술에 관련된 방면에 학생들 관심이 굉장히 많고 또 문화산업 대중문화에 연결된 학과들이 엄청나게 많아지는데다가 그것과 연관된 여러분의 희망도 아주 다양한 쪽으로 커지고 있습니다.

예를 들어봅시다. 텔레비전 드라마 작가의 거의 80퍼센트가 젊은 사람들입니다. 20대, 30대 드라마 작가, 그 가운데 거의 절대 다수가 여성입니다. 텔레비전 드라마가 그 정도면 프로덕션 과정, 텔레비전 프로그램을 생산하는 과정에는 젊은이들이 얼마나 많을지 생각해 보세요. 드라마 작가가 그렇게 많으면 코디네이터도 굉장히 많다는 이야기입니다. 그 뿐만 아니라, 온갖 문화적인 방면의 기업들이 많이 나타나고 있습니다.

이것과 아까 이야기했던 혼돈적 질서, 생명과 평화와는 무슨 관계가 있느냐? 얼른 납득이 잘 안되죠? 그러나 우리 국민 전체하고도 연관되고, 아시아하고도 연관되지만 여러분의 청년실업을 해결하기 위해서도 우리나라 문화정책이 아주 많이 강화되어야 한다는 것입니다. 문화 쪽에서 일자리를 많이 만들어야 여러분의 청년실업이 해결됩니다. 그것이 무엇일까요? 우선 여러분 속에 문화 쪽 일거리가 생겨나기를 바라는 사람들이 많아졌다는 겁니다. 모든 문화와 예술에서 상상력과 창의력의 기본은 글쓰기입니다. 그런데 우리나라 시인이 만 명입니다. 시는 지금도 한 편당 4만 원이에요. 그런데 두 편 이상 실어 주지 않습니다. 그것도 이름 있는 사람이나 그렇지요. 나 같은 시인들도 어쩌다 몇 달에 한번 청탁이 오지 매일 오지 않습니다. 밥벌이가 되지 않는데도 시인이 만 명씩이나 됩니다. 문학 강연, 문학 창작 연수과정에 엄청나게 몰려옵니다. 청소년과 가정주부들인데 나는 이것을 한류의 훌륭한 기초 동력의 생산과정이라고 봅니다. 시를 쓰는 인구가 많아야 상상력의 확장범위가 그만큼 넓어지고 깊어지는 것입니다.

문화라는 것은 그것이 아무리 엔터테인먼트라 해도 상상력의 움직임입니다. 이래서 우리나라는 문화 쪽으로 갈 수밖에 없는데 정부가 아직도 그 방향에 대해 마인드가 없습니다. 그러나 영화에는 엄청난 예산을 세웠습니다. 그런데 영화만 가지고는 안 되고 진체 기초 예술과 엔터테인먼드

전 분야에 걸쳐서 넓혀가야 합니다. 대중화하면서 고급화해야 한다는 뜻입니다.

지금 한류 이야기를 하고 있습니다. '한류' 하면 아시죠? 한류가 잘되어야 청년실업이 해결된다는 것이 내 주장입니다. 문화 쪽 일거리가 많아지는데다 젊은이들의 창조적인 열정을 촉발할 수가 있습니다.

한류. 언제부터 떴는가? 중국에서 '사랑이 뭐길래' 라는 드라마부터 떴다고 합니다. 그런데 실질적으로 뜨기 시작한 것은 제가 알기로는 월드컵 직후입니다. 2002년도 그 직후에 일본에서 '겨울연가'가 뜨고, 이어서 '대장금'이 중국에서 뜨고, 그렇게 폭발하기 시작한 겁니다. 한류는 그 기원이 '붉은 악마'부터라는 게 제 주장입니다. 붉은 악마 응원열기가 바로 한류의 시작입니다. 왜? 일본이 월드컵을 우리나라와 공동주최하면서 700만 한국 젊은이들의 응원 열기에 아주 깜짝 놀랐다고 합니다. 이때 여성 마니아들의 관심이 움직이기 시작합니다. 그때, 겨울연가가 가서 폭발시킨 거죠.

어떻게 한류가 그렇게 일본을 비롯한 중국, 동남아에 자극을 줄 수 있었는가. 궁금하시죠? 붉은 악마는 2002년도, 그리고 올해도 있었습니다만 근본적으로 여러분 세대입니다. 아니라고는 못하겠죠. 여러분이 10대 때 참가했을 테니까. 700만이면 적은 인구가 아니에요. 한 달 동안 700만이었어요. 난리법석이여서 제 주변의 지식인들이 전부 '집단 히스테리다', '파시즘의 조짐이다', '나치즘의 시작이다', '일회적이다', '저러다 말 것이다'라고 아주 비판적이었습니다. 하지만 그때나 지금이나 나는 그것을 굉장한 사건으로 봅니다. 절대로 또 오고 또 올 것이다. 주제와 형태를 달리해서 자꾸 온다. 절대로 파시즘이 아니다. 나치즘도 집단 히스테리도 아니다. 그럼 무엇이냐? 기억을 하실는지 모르겠지만 여러분이 고등학교 때의 일입니다. 한 달 동안 700만이 난리쳤는데도 단 한 건의 폭력 사건도 없었고 단 한 번의 인종적인 편견을 노출하는 사건도 없었어요. 저녁에 길거리의 쓰레기도 다 치웠어요. 이것이 간단한 사건인가요? 그리고 파시즘이다 나치즘이다 떠드는데 심지어 영국 같은 젠틀맨의 나라에서도 축구경기에 지면 깡통이나 위스키 병이 막 날아갑니다. 훌리건 아시죠? 그런데 여기서 그런 일이 있었나요? 대신 어떤 사건이 있었느냐, 독일전에서 한국이 졌어요. 독일한테 진 한국선수들이 코가 빠져서 응원석 있는 곳으로 들어오니까 수만 명의 응원단이 뭐라고 했는지 알아요? 누가 시켜서 한 것도 아니고 모두 일제히 "괜찮아! 괜찮아! 괜찮아!"라고 했어요. 이것이 파시즘인가요? 나치즘인가요? 반대로 독일 팀이 코가 높아져서 운동장을 한 바퀴 돌았어요. 그러니까 응원석에서 무슨 반응이 나왔어요? "도이칠란트! 도이칠란트! 도이칠란트!" 이것이 파시즘, 나치즘이나 집단히스테리하고 무슨 상관있어요? 그래서 세계의 신문들이 모두 이상한 나라라고 했어요. 모두 코리아를 소개하고 보도하기 시작합니다.

그것이 월드베이스볼클래식에서까지 튀어나왔어요. 내가 LA에 있었는데 미국이민 2세, 3세들이, 한국말도 안 배우고 한국 국민에 대해서 아주 우습게 생각하던 20대층이 모두 튀어나와 길거리에서 한국에서 태어난 것이 자랑스럽다며 "코리아! 코리아!" 하며 다녔어요. 이것이 민족주의를 폭발시켰냐고 해서 좋다 나쁘다 할 만한 문제가 아니에요. 이것이 무슨 의미를 가지냐를 따지는 겁니다. 어떻게 이런 것이 가능했는가. 누가 시킨 것이 아니죠?

이인식 과학문화연구소 소장은, 절대로 환원주의 가지고는 해명이 안 된다, 주체가 분명히 있고 명령자가 있고 그 명령을 따르는 조직된 집단이 있고 조직적으로 명령체계에 따르는 그런 이론으로는 절대로 해명이 안 된다고 했습니다. 우발성, 돌발성, 창발성. 누가 시키지도 않았는데 전부 자발적으로 나온 거예요. 이것을 뭐라고 합니까? 이것을 현대진화론에서는 '자기조직화'라고 하는 거예요. 그리고 한국이 처음도 아니에요. 1999년에 WTO 세계무역기구를 반대하는 시애틀 시민 궐기대회가 우발적으로 터진 겁니다, 수천 명이. 이때 아무도 해명을 못 했어요. 나중에 이것을 '자기조직화(selforganization)'의 형식이라고 말했어요. 전혀 새로운 행동방식, 그것이 붉은 악마 응원의 구조라는 겁니다.

심지어 그 당시 어떤 신문이 20대의 한 응원단 친구에게 물어봤어요. 당신들 세대를 뭐라고 불렀으면 좋겠느냐고. 두 가지 이야기가 있었어요. 밀실의 네트워크, 또 하나는 방콕의 유니언. 밀실이란 자신의 부모님까지도 자신의 방으로 들어오지도 못하게 하고 자기 방에만 있는 거죠. 방콕은 방에 콕 박혀 있는 거죠. 여러분 세대의 이름이에요. 그런데 방콕이 혼자가 아니라 유니언, '연합한다' 이 말입니다. 밀실의 네트워크도 마찬가지죠. 자기 부모님도 못 들어오게 하면서 컴퓨터로 저희들끼리 광화문에서 만나자, 해서 만나는 사람들이 10명, 100명, 1000명 해서 드디어 수백만 명이 되었다는 겁니다. 이 현상은 자기조직화의 진화론, 새로운 생물학, 이른바 '아이덴티티 퓨전'이라는 원리, 개체가 주동이 되는 자발적인 퓨전 융합현상으로 밖에는 설명이 안 되는 겁니다. 이것을 하나의 사회적인 돌발현상으로 볼 수 없겠는가 이거예요. 그것은 새로운 현상입니다.

그런데 이것에 대해서 내가 이제껏 얘기해왔습니다. 이것이 아까 혼돈의 질서, 생명과 평화, 이 지구문제를 해결할 수 있는 아키타입(Archetype) 패러다임과 무슨 관계냐. 이것이 서로 깊은 관계가 있기 때문에 제가 지금 이렇게 말을 끄집어 낸 겁니다. 그리고 여러분이 전부 학생이고 바로 그 세대이기 때문에. 어떻게 해서 이 나라에 그런 이상한 현상이 돌발했을까를 따지는 겁니다. 광기가 아닌, 우리나라 말로 그것을 '신기(神氣)'라고 합니다. 무당에게 신이 내리는 것 있죠? 그것은 미친 것과는 달라요. 순수한 우리말로는 '내림'이라고 합니다. 어떻게 이렇게 20대, 30대 주부들이 아이들을 데리고 나와서 그런 현상이 일어났을까? 《삼국지》〈위지〉「동이」전 같은 중국문헌을 보면, 동이족은 우리들입니다, 한민족은 천여 년 전의 영고, 동맹, 무천 같은 고대축제 있죠? 그때 사흘 밤, 사흘 낮을 춤추고 노래 불렀다고 되어 있어요. 이건 보통 일이 아니죠. 그만큼 우리 민족은 원래 신명이나 신기가 많은 민족이에요. 그래서 동학을 창건하신 수운 최제우 선생님 같은 분은 호소호언고래풍(好笑好言古來風)이라는 시까지 남겼습니다. 무슨 뜻이냐면 웃기 좋아하고 떠들기 좋아하는 것이 예부터 우리의 풍습이라는 뜻입니다. 중국 사람들이 말하길 지나가다 시끄럽게 웃고 떠드는 사람이 있으면 전부 조선인이라고 그건 틀림없다고 그래요. 이렇게 원래는 신명이 많은 민족이기 때문에 문화와 예술에 관계가 깊습니다.

그런데 2000년 전부터 우리민족이 1,000번이 넘는 외국 침략을 받았습니다. 1,000번이 넘는다는 것은 정말 말장난이 아닙니다. 1,000번이 넘는 침략을 당하면서 그 신명이 억압되어서 '한(恨)'이 되었어요. 그래서 한민족은 한이 많은 민족이라고 하죠. 여러분은 '한'이라는 말도 잘 몰라요. 좋은 시대에 태어났어요. 우리 세대만 해도 문학, 그러면 한 찾으러 가는 길이라고 했어요. 한을 몰라서는 문학도 예술도 못했어요.

한이 뭐냐 하면 일정한 정서의 움직임이 현실적 장애에 부딪쳐서 억압되면 나타나는 심리현상, 이것이 '한'입니다. 이상하게 한숨을 많이 쉬고, 이상하게 사람 보는 눈이 어둡고, 세상을 자꾸 어둡게 생각하고, 슬프고, 이것이 다 한이 많아서 그런 겁니다. 그런 것을 우리 부모들한테 들어봤을 거예요. 아, 저 사람은 한이 많은 사람이다, 내 인생은 한이 많은 인생이다. 그런데 이것이 700만에게서 폭발한 거예요. 고대 축제 때 춤추고 노래 불렀던 그 활기찬 신명, 그 신바람이 한을 뚫고 올라온 것이다, 이런 말이에요.

그 전에는 그런 일이 없었는가? 있었죠. 조금씩. 4월 혁명, 6월 항쟁, 그 이전에는 3.1 운동, 동학혁명, 다 이런 것들이 신기가 올라온 것들이지만 그것은 모두 정치적이었고, 문화적으로 폭발한 것은 2002년이 처음이었어요. 나는 본래 전공이 미학인데다가 예술사 공부를 해 온 사람이기 때문에 내 눈에는 그냥 들어오는 겁니다. 이것은 고대의 회복이다. 누가 아시아 르네상스를 이야기하기 이전에 이름도 모르는 20, 30대들이 전부 아시아 르네상스, 코리아 르네상스를 말했어요. 내가 왜 여러분에게 이렇게 아첨을 하는지 이유를 밝힙시다. 한류와 관련이 있고, 혼돈의 질서와 관련이 있고, 생명과 평화, 지구의 대혼돈에 대한 처방을 하는 문·사·철 인문학 쪽의 아키타입하고 관련이 있다고 했죠? 그겁니다.

지금의 한류는 제 2기의 한류입니다. 제 1기 한류인 '대장금', '겨울연가'는 이제 막을 내립니다. 제 2기 한류로 들어가서 한류 전문가들은 바쁩니다. 제 2기 한류에서 가장 집중해야 할 초점이 엔터테인먼트 전 분야로 확장하면서 대중화하는 것과 기초예술, 사상하고 관련지으면서 고급화하는 이 두 가지로 나타났습니다.

작년 한 해의 한류문화 산업의 수출 총액이 63조 원이었어요. 적은 돈이 아니죠. 지난 3년 동안에 7대 동력산업 전체 성장비율이 3.3퍼센트라고 하는데 문화산업만 지난 3년 동안 23.7퍼센트. 그런데 여기에 대한 문화관광부의 문화정책 예산은 3년 동안에 1.75퍼센트에서 0.88퍼센트로 그것이 다시 0.7퍼센트로 역주행으로 가고 있어요. 이것에 대해 한류 전문가들의 발등에 불이 떨어진 것입니다. 63조라는 매출액이 있는데도 이렇다 이겁니다. 지금 헐리웃에서 리메이크되는 한류영화만 20편입니다. 헐리웃과 합작도 추진하고 있어요. 며칠 전에 문화관광부가 엄청난 영화예산을 세웠어요. 영화만이 아니라 윷놀이 같은 엔터테인먼트 전분야로까지 확대되어야 하는 거죠. 그리고 문학, 미술, 무용. 이런 기초예술 분야에 투자를 다 해야 합니다. 가장 중요한 것이 콘텐츠거든요. 콘텐츠는 내용을 말합니다. 이 내용은 어디서 나올까요? 아까도 말했지만 글쓰기에서부터 나옵니다. 인간의 모든 예술적 상상력의 첫 시작은 글쓰기입니다. 그리고 그 콘텐츠와 관련해서 이 700만의 붉은 악마가 2002년에 세

가지 테마를 내걸었습니다. 응원. 이것도 누가 시켜서 한 것이 아니기 때문에 굉장히 중요하다는 거죠. 저는 물론 한류 콘텐츠에서 가장 중요한 것이 '브랜드'라고 생각합니다.

대~한민국, 붉은 악마, 태극기

그 의견에 제일 접근한 것이 대중적 문화운동의 형태로 표현된 것 가운데 한류의 기초내용, 콘텐츠를 일구고 있는 것이 붉은 악마 응원 가운데 세 가지로 나타났습니다. 간단합니다. '대~ 한, 민, 국!', '붉은 도깨비', 그리고 '태극기'입니다.

먼저, '대~ 한, 민, 국'은 무엇입니까? 아무것도 아닌 것 같죠. 그런데 그것은 2002년부터 올해까지 계속됩니다. 안 하는 사람이 없습니다. 입만 열면 모두 "대~ 한, 민, 국"이죠. 심지어 내가 우즈베키스탄과 한국 팀의 예선전을 본 적이 있는데 내 반대편에 붉은 악마가 300명이 와 있었어요. 다른 곳은 우즈베키스탄 청년들이 가득 앉아 있었어요. 그런데 우즈베키스탄 사람들은 응원을 할 줄 모르더라고요. 그냥 '우~' 소리만 합니다. 그런데 붉은 악마가 "대~ 한, 민, 국"을 계속하니까 뒤에 앉아 있던 우즈베키스탄 청년이 자기도 "대~ 한, 민, 국"이라고 하는 거예요. 그래서 가이드를 통해서 "지금 무슨 뜻으로 대~ 한, 민, 국이라고 했느냐?"라고 하니까 빅토리란 뜻이래요. 청중 웃음

무슨 말이냐. 음보, 리듬에 문제가 있어요. 보세요. 대한민국은 4박자, 4분박이에요. 대, 한, 민, 국. 그런데 2박자 민국은 그대로 놔두고 대를 한까지 길게 끌어서 3박자를 만들었

어요. 그렇죠? 그래서 전체가 5박자가 되었어요. 5박자는 '엇박'이라는 거예요. 음악에서 엇박 뜻은 혼돈박. 박은 원래 질서란 뜻입니다. 혼돈적 질서. 왜 그럴까요? 3박자는 원래 이동, 혼돈, 소음 또는 완전히 마음속으로부터 짝사랑하는 미치고 터질 것 같은 마음, 여행하는 것, 달리기, 성장, 역동성. 이것들 전부가 3박자입니다. 그래서 우리나라가 굉장히 시끄러웠던 고려시대에 나오는 민요들은 대개 3음보 3박자입니다. 그러나 폐쇄사회로 들어온 조선시대에는, 특히 영남지역 가정부인들의 내방가사는 수천 가지가 모두 4박자, 4음보입니다. 4박자는 2박자의 배수죠? 2박자나 4박자나 같은 거예요. 고요, 안정, 균형. 차분한 살림, 그런 것들이 다 2박자입니다. 그러면 3박자 플러스 2박자는 무엇이 되었나요? 엇박, 혼돈박, 혼돈의 질서예요. 왜 그렇게 되었느냐.

우리나라는 원래가 북방 유목민계와 남방 농경민계가 합쳐서 복합문명을 만든 것이 고조선 이전부터입니다. 그러니까 유목민의 대표적인 사람이 환웅이고, 농경민의 대표적인 사람이 웅녀죠. 환웅과 웅녀가 만나서 결혼을 하는 것이 시작이에요. 그 사이에서 단군이 나오죠. 바로 단군의 대~ 한, 민, 국입니다. 3박자 플러스 2박자예요. 없다고 단정은 못하겠지만 이런 문화가 드물어요. 이것이 간단한 문제가 아닙니다.

우리나라가 스페인하고 경기할 때 내 친구가 마드리드에 있었다고 합니다. 마드리드신문에서는 어떻게 보도했는가 하면 그 헤드라인이 '리듬의 실패'라고 보도됐는데, 이상합니다. 스페인전은 승부차기로 이겼거든요? 하여튼 그 보도에 따르면 스페인전 응원전에는 "대~ 한" 하니까 스페인

선수가 발을 들었다가 "민, 국" 할 때 발을 갑자기 내리려고 하다 보니까 그 사이에 볼이 들어가더란 말입니다. 그래서 그 리듬이 전 세계 언론계에 굉장히 문제가 되었어요. 어떻게 빠르면서 차분하고, 차분했다가 또 갑자기 폭발하느냐는 말입니다. 이것은 사물놀이의 김덕수가 가르쳐 줬다고도 하고, 또 낭설이라고도 하고, 붉은 악마 관계자도 말을 잘 안 합니다. 우리의 음보, 리듬, 박자에까지 나와 있는 이 혼돈의 질서가 우리 전통사상에는 어떻게 나와 있으며, 우리 전통 예술에는 어떤 형식으로 나와 있을까요? 이것을 여러분은 연구를 하세요. 여러분 세대 자신의 문화입니다.

두 번째, 시뻘건 도깨비. 이것은 도대체 무엇이냐. 처음에 붉은 악마가 나왔을 때에 아주 유명한 칼럼리스트가 이제 드디어 6.25전쟁 이후 우리 국민이 가지고 있던 빨갱이 콤플렉스에서 벗어났다고 했어요. 전부 빨간 옷을 입고 다니니까. 하지만 내가 보기에는 전혀 그것이 아니에요. 젊은 10대, 20대들의 'BE THE REDS'가 그 사람들에게는 '공산당이 되자'라는 뜻인데, 공산당이 되자, 말이 안 되잖아요. 여러분 공산당이 그렇게 좋아요? 무엇인지도 모르죠? 며칠 있다가 신문에 '치우', 고조선 이전의 천왕, 치우의 마크라고 나왔어요.

고조선 이전에 배달국이라는 부족연맹체국가가 있었습니다. 동, 남, 서, 중앙아시아까지 굉장히 넓은 지역에 부족연맹체 국가를 유지했어요. 결국 고조선도 그런 부족연맹체인데 그 이전에 그런 것이 있었다는 겁니다. 그 부족연맹체 국가의 추장이 치우예요. 또 다른 이름 '자오지', 그런데 이 치우가 어떤 역사적인 뜻을 가진 인물이냐 이것이 문제죠.

왜 응원에 등장했는가. 유럽도 스포츠 응원에는 '마르스'라는 군신이 등장합니다. 전쟁의 신이죠. 빨간 색입니다. 그래서 동아시아에서도 치우는 빨갛게 칠합니다.

치우는 중국 사람들에게 특히 공포의 대상입니다. 74회를 중국과 피의 전쟁을 했어요. 장자의 뒤쪽을 보면 '탁록전쟁'이라는 것이 나와요. 피가 백 리를 흘렀다. 백 리를 흘렀으면 엄청난 전쟁입니다. 그런데 중국과 왜 싸웠을까 하는 것이 문제입니다. 그 당시에 지금과 같은 온난화가 있었답니다. 수천 년 전부터. 그러니까 그 당시 다른 농사들도 있었지만 남반구, 동남아 지역에서만 가능했던 쌀농사가 올라오기 시작한 것입니다. 우리나라 서남해안을 흐르는 조류를 타고 올라와서 한반도 서남해안부터 상륙을 시작해서 요동반도를 돌아 산동하고 중국 북동부 쪽으로 들어갑니다. 그 증거, 남방 농경의 증거가 고인돌입니다. 서남 해안과 요동반도에 수만 개가 있고. 백두대간 동쪽에는 없습니다. 북방계이기 때문에.

그러면 이것을 가지고 어떻게 하느냐? 당시에 중국의 황제가 남쪽에서부터 올라온 이 쌀농사와 이전부터 있었던 농업중심으로 문명을 개편하려고 했어요. 그래서 북방과 중앙아시아 쪽의 유목문명을 청산해 버리려고 하죠. 그 황제부터 시작해서 주나라를 거쳐 주공과 공자에 와서 사상적으로 완성된 것이 중국의 농업문명입니다. 그래서 하늘은 둥글고 땅은 네모나고 농부들의 삶의 가장 이상적인 정체를 반영한 것이 군자, 선비, 관리, 가장, 남성입니다. 그래서 중국은 농업 문명 일색으로 가려고 했어요. 하지만 조선족의 부족연맹체는 중앙아시아의 유목민족들하고 전부 부족연맹체인데

다가 반도는 농업문명이기 때문에 농업과 유목이 하나로 결합되어야 그 연맹체 전체가 만족할 수 있죠. 그러니까 북방계의 유목과 남방계 농업을 복합해서 복합문명을 건설하려고 했던 것이 황제와 치우의 전쟁의 원인이라는 것입니다.

그런데 74회의 전쟁을 매번 치우가 이겼기 때문에 중국전통에서는 엄청나게 무서운 존재가 되었습니다. 공포의 대상이죠. 문제는 이 치우를 중국이 자기조상으로 끌어다 놨다는 점이에요. 그 사람들은 무엇이든지 자기들 것이라고 하니까. 고구려도 저희들 것이고, 발해도 저희 것이고.

이 치우가 왜 오늘날에 중요하냐? 여러분의 붉은 악마 세대가 그 치우의 시뻘건 화상을 들고 나온 것이 현세기의 인류에 대해서 어떤 의미를 가지느냐를 여러분은 이제부터 공부를 해야 돼요. 자기 세대에 대해서 모르면 나중에 후회해도 늦어요. 무슨 의미를 가질까요? 유목과 농경이 결합하고 있죠. 유럽문명은 지금 유목 일변도의 미래 세계에 대한 비전이 지배하죠. 아딸리라든가 들뢰즈 같은 예리한 철학자들까지도 유럽의 세계질서에 대한 미래전망은 전부 유목입니다. 유목문명을 말합니다.

도시, 유목, 이동, 그런데 아까 이야기했죠? 생태환경 오염문제. 전부 오염되고 멸종하고 또 이렇게 나가다가 남반구 해수면이 5~7미터 상승하게 되면 전 대륙의 저지대 농경지들은 전부 침몰합니다. 그러면 식량문제가 엄청난 문제로 다가와요. 도시도 침몰합니다. 그런데다가 온갖 종자 오염, 멸종 등 대단하죠. 그렇다면 이 농업, 생태계 문제, 이거 무시할 수 없죠. 앞으로 농업이 세계에서 중요하다는 말입니다.

그런데 여러분 세대가 어떤 세대입니까? 유목 세대입니다. 모바일 제너레이션. 움직이는 세대입니다. 요즘에는 대학에 핸드폰 학과도 생겼다고 하죠. 컴퓨터, 유비쿼터스 시대까지. 이제는 도시를 움직이는 자동차, 비행기, 호텔, 항만, 주유소, 자동차 길 이런 것 빼면 여러분 세대는 서질 못해요. 모든 문화형태가 모바일 시스템입니다. 소위 노마드 시스템입니다. 이것을 부정할 수는 없어요. 직업도 비슷해요. 잡노마드라는 것이 있어요. 북경에서 다섯 달 일하고 뉴욕에서 여섯 달 일하면서 돌아다니는 사람들이 요즘에는 많아요. 그러니까 유럽은 유목만 강조해요. 그러나 생태주의자들, 제 3세계의 민족주의자들은 농업이야기를 자꾸 이야기합니다.

이 두 개 문명이 다 필요한데 이것을 복합하는 미래문명에 대해서 구상을 내놓는 사람은 거의 한 명도 없어요. 더군다나 집단은 말도 안 해요. 개인도 없다고요. 제 생각입니다만 여러분 세대가 미래의 유목과 농경의 결합을 집단적으로 예언한 것이 아니냐는 겁니다. 결론이 그렇게 됩니다. 왜 그렇게 될까요?

나는 4.19세대입니다. 여러분은 4.19 알아요? 모르죠? 이승만 정권을 쫓아 낸 혁명이 4.19혁명입니다. 4.19가 막 났을 때, 아주 소수의 엘리트들 말고는 거의가 자기가 무슨 일을 하고 있는지 잘 몰랐어요.

'아, 우리가 데모 좀 하니까 미국이 압력을 넣어서 이승만이 물러났다. 이런 때가 민족 통일하기 좋은 때이고, 민주주의 하기 좋은 때이다.'

이 정도였는데 그 이듬해 바로 쿠데타가 일어나서 군인들

이 나와 설치기 시작하니까

'아, 이것은 아닌데…. 그럼 우리가 4월에 무엇을 한 걸까? 그 혁명의 의미는 무엇이었는가?'

그것은 첫째, 민주주의, 진정한 민주주의를 하자는 것이었고 두 번째, 민족문화운동, 민족통일 운동, 그리고 세 번째 사회개혁운동 이렇게 3가지를 할 수 있는 계기였다는 것을 깨달았습니다.

4.19혁명의 정신은 그곳에 있었습니다. 민주, 민족, 사회개혁. 이렇게 해서 그 다음부터 우리는 공부하고, 판소리, 탈춤, 농악, 풍물 이런 것들을 매일 쫓아 다니면서 사진 찍고, 녹음하고 그랬습니다. 민족문화운동이 그때 시작된 것입니다. 민주화 운동, 한일회담 반대. 모두 그때부터 시작된 겁니다. 노동자, 농민을 위한 운동이 다 그때 시작된 겁니다. 그것이 4.19정신입니다.

우리가 우리 자신에게서 배운 것입니다. 우리가 한 일의 의미를 밝히는 과정에서 자기 세대의 문화가 창조된 것입니다. 여러분 세대 문화는 한류 문화, 혼돈의 질서, 생명과 평화와도 모두 깊이 관련되어 있습니다. 또 한류를 잘해야만 청년실업을 벗어 날 수 있는 일자리, 문화적인 감각과 연결된 일자리를 얻을 수 있다는 겁니다. 여러분 세대가 고대회복의 르네상스 운동을 했다는 겁니다. 전 세계가 아시아의 르네상스를 기다리고 있어요. 가장 중요한 이야기입니다. 동아시아가 지금 경제 개발로 뛰어 올라오고 있는데, 중국, 일본이 1, 2위이고, 한국도 경제에서 성공하고 정치적 민주화에서도 성공하고 그랬는데, 이제는 문화다.

그런데 유럽인들은 당신들 가는 길이 유럽하고 만나는 길이냐, 아니면 반대되는 길이냐. 여기에 관해서 아주 관심들이 많아요. 벌써 세계 경제 중심이 대서양에서 동아시아 태평양으로 옮겼다는 겁니다. 동아시아 전통문화의 르네상스에 대해 관심이 많아요. 100번 이야기해도 마찬가지입니다. 이 문제에서 여러분의 세대가 당연히 관심을 가져야 해요.

마지막으로, 태극기. 마찬가지 이야기입니다. 태극기가 무슨 세계성이 있느냐. 물론 현대 문화는 민족적이면서 동시에 탈 민족적이어야 합니다, 특히 여러분 세대는. 로컬(local), 지역적이면서 동시에 글로벌(global), 세계적이어야 합니다. 동양적이면서도 유럽적인 서양적인 것을 함께 가져야 합니다. 이것은 대원칙입니다.

그런데 여러분이 서양 것을 아는 만큼 민족에 대해서도 아느냐? 동아시아에 대해서도 아느냐? 문제가 있습니다. 그렇기 때문에 유럽의 파리에서도 전문가들이 자주 그런 말들을 하는데, 한국 사람들이 만날 유럽 것을 모방해서 가지고 간다고 그래요. 창피합니다. 베끼러 왔느냐는 겁니다. 그러면서 자기들이 이야기하는 것이 있습니다. 미국 하버드대학 같은 데서는 유, 불, 선, 그리고 19세기의 동학도, 한국 사람들에 관해서도 다 알아요. 심지어 사주, 명리, 풍수까지도 다 압니다. 그러면 우리들은 앞으로 무엇을 재창조하면서 살아야 합니까? 여러분이 서양문물에 빠져든 사이에 그들은 동아시아에 대해서 열심히 공부한다고요. 여러분보다 더 많이 알아요. 한글과 한자도 패션 디자이너들이 더 잘 알아요. 한류와 디지털문화에 대해서, 음성문자로서의 한글이 가진 가치에 대해서 그 사람들이 우리보다 훨씬 더 잘 알고 있습니다.

월드컵 때 태극기 모두들 들고 나왔죠? 태극기를 망토로 두르고 다니고 스커트로 만들어 입고 블라우스로 만들어 입고 바디페인팅을 이곳저곳에 하고 큰 태극기와 작은 태극기들로 난리였습니다. 그 태극기부터 말하자면 우선 국가에 대한 존경이 아니라 사랑이 시작되었다는 것에 대해 우선 저는 박수를 쳤습니다. 우리가 어렸을 때, 태극기에 대한 경례를 하지 않았으면 혼났었습니다. 그래서 국가라는 것은 귀찮은 것이다, 라고 생각했어요. 그런데 개성, 개체성, 개인의 정체성, 이것을 최고로 여기는 여러분 세대에서 태극기를 들고 나타났다는 것은 뭐라고 말할 수 있을까요? 국가와 민족에 대한 사랑이죠. 여러분 살고 있는 땅에 대한 사랑입니다. 그것은 누가 말릴 수도 없는 자발적인 것이기 때문에 굉장히 고귀합니다.

태극기가 무엇입니까? 동양 철학입니다. 카자흐스탄의 알마티에 오래 살다간 박일(朴一)이란 분은 훌륭한 학자인데 공산주의자입니다. 그런데 김일성이 마음에 안 든다고 북한에 안 들어간 유명한 공산주의자입니다. 이 박일 선생이 10년 전엔가 대만에서 한 강의 가운데 이런 것들이 있습니다. 세계의 철학사는 아직까지도 서양의 변증법을 극복하지 못했다. 만약 앞으로 변증법을 극복할 수 있는 가능성이 있는 철학 원리가 있다면 그것은 하나뿐이다. 태극음양사상입니다. 미래 인류의 엄청난 철학입니다.

닐스 보어(Niels Henrik David Bohr)라는 사람은 덴마크 출신의 대단한 이론물리자입니다. 양자물리학자였습니다. 아인슈타인이 제일 겁냈던 사람이에요. 닐스 보어는 귀족이어서 자기 가문의 문장을 달고 다녔는데 그 문장이 태극이었어요. 그 밑에 무엇을 썼냐면 자기가 태극을 해석했어요. 역철학에 대한 관견(管見)입니다. '모든 반대되는 것은 상호보완적이다.' 변증법하고는 다릅니다. 말하자면 상생과 상극은 같이 움직인다는 겁니다. 싸우는 것과 화해하는 것은 같은 수준이라는 겁니다. 어느 한 쪽이 위에 있는 것이 아니라는 거죠.

르위스 멈포드(Lewis Mumford)라는 유명한 문명사가의 현대 문명론 《인간의 조건》이라는 유명한 책이 있습니다. 이것을 보면 태극, 음양론을 끌어들였습니다. 유럽사상과 유럽문명의 허점을 짚었던 거죠. 유럽문명의 허점은 성장만 있고 분배가 튼튼하지 못하다는 겁니다. 그것은 무엇을 나타내는 것이냐 하면, 역동성, 곧 아까 이야기했던 삼박자만 있고 안정, 균형, 평화, 2박자가 약하다는 겁니다. 그러니까 음과 양, 양이 음을 끌고오고 음이 양을 끌고오는 것이 태극기죠? 바로 이 '역동적 균형, 다이내믹 이퀼리브라이엄(dynamic equilibrium)'이란 개념을 설정했습니다. 서구문명은 이 방향으로 나아가야 한다는 겁니다. 그래야 온전성을 유지 할 수 있다. 균형이 잡힌다. 이것은 유럽이나 미국의 지식인들은 다 아는 이야기예요.

태극기에 관련된 이야기인데 여러분이 모른다면 말이 안돼요. 이것이 중국과 같으냐? 같아요. 그러나 달라요. 한국의 태극기는 명나라 때 래지덕 선생의 역철학과 관련이 있습니다. 그러나 관련만 있지 근본적으로는 달라요. 중국 태극과 비슷한데 달라요. 이게 중요합니다. 같은데 다르다는 말입니다. 이것이 동학의 철학인데 이 철학은 아까 여러분께 말한 '대~ 한, 민, 국'이나 '태극기'와 같은 것입니다만 동학의 기본원리는 '불연기연(不然其然)'이라고 해서 아니다 그렇다, 그렇다 아니다, 아니다가 그렇다고 그렇다가 아니다 입니다. 역철학의 기본원리와도 같고, 원효대사의 기본철학과도 같은 것입니다. 여러분이 익숙한 컴퓨터의 이진법, '노 예스, 예스 노'와 똑같습니다.

태극은 바로 그런 것인데 사실은 왜 다르냐, 같은데 왜 다르냐고 하느냐면 중국의 태극은 1태극에 음양 2기론입니다. 우리나라 태극은 3태극입니다. 이 원리가 지금 우리 태극기의 바로 그 태극 밑에 숨어있어요. 그래서 우리나라 태극은 읽어 들어갈 때 삼태극으로 읽어야 되는 겁니다. 중국 것과 같죠. 그러나 그 안에 들어있는 원리는 3태극입니다. '천, 지, 인', '하늘, 땅, 사람' 이것이 중국으로 들어간 것인데 중국 사람들이 말만 3태극을 이야기하면서 사실은 태극을 음과 양 둘로 갈라버렸어요. 이것이 농업문명, 유일문명과 관련 있습니다.

좀 어려운 이야기인데, 중국은 하늘을 둥글고 땅을 모나다, '천원지방'이라고 했어요. 옛날에 농업문명에서는 이것밖에 안 나왔어요. 그러나 수천 년 전에 우리나라에서 나온 '삼일신고' 라는 고조선의 문서가 있는데 그 문서를 보면 지구를 '일환세계'라고 부르고 있습니다. '하나의 구슬처럼 둥근 세계'라고 부르고 있어요. 중국이 땅을 모나고 하늘은 둥글다 하고 하늘은 움직이고 지구는 움직이지 않는다고 생각할 때 우리는 이 땅덩어리를 하나의 구슬 같은 세계라고 표현한 민족입니다. 잘났다, 못났다를 떠나서 중국과 비슷하면서 다르다는 뜻이에요. 어떻게 해서 그렇게 되었을까? 농사짓는 사람은 동쪽에서 해가 뜨면 일어나고 서쪽에서 해가

지면 잡니다. 그러니까 땅은 모나고, 그 끝으로 가서 떨어지면 죽는다고 생각한 거예요. 하늘은 둥글죠. 그러나 우리 민족은 농사지으면서도 말을 타고 다녔어요. 농경민족이면서 동시에 유목민족이죠. 말을 타고 달리면 저 끝에서 조그만 나무가 점점 커지다가 지나간 뒤에 점점 작아지죠. 그러면 이 땅이 둥글다는 것을 알게 됩니다.

이것이 '천, 지, 인'이 있는 것 하고 '천, 지'만 있는 것 하고 차이가 엄청나게 큰 것입니다. 또 나아가 천지인 셋과 음양 둘이 있는 것 하고는 더욱더 엄청나게 다릅니다.

3박자 플러스 2박자라고 했지요. 이 이야기를 왜 하느냐. 아까 혼돈적 질서라고 했죠. 중국사상에서는 생명, 평화 이외에는 조화입니다, 조화. 혼돈이라는 것이 들어가지 않습니다. 그렇기 때문에 중국의 유교적 관료철학, 통치철학, 정치철학만을 중시하고 혼돈에 관련된 불교나, 노자, 장자나 주역의 진짜 핵심 부분 같은 경우는 다 산채로 죽였습니다. 그래서 서양인들이 찾는 새로운 혼돈 그 나름의 질서, 혼돈하면서 질서가 있는 생명, 평화, 혼돈의 질서, 이것을 중국이든 서양이든 그 누구도 발견하기 힘든 거예요. 우리나라 사상이 가장 좋고 중국 것은 엉터리라는 말이 아니에요. 중국에는 엄청난 유불선의 전통이 쌓여 있습니다. 그 유불선 전통의 창고를 현대적으로 열고 들어가는, 르네상스적인 태도로 열고 들어가는 열쇠가 어디에 있느냐? 이 조그만 한국에 있다는 거예요. 그것이 혼돈과 질서예요. 생명, 평화 그리고 혼돈적 질서에 따른 참다운 조화입니다. 그냥 통치형식으로서의 조화가 아닙니다.

그래서 후진타오 같은 사람들이 화해라는 조화론을 주장하고, 일본은 평화라고 할 때의 화를 주장하는 것은 좋습니다. 하지만 55개 소수민족을 억압하고, 한국의 역사를 강탈해서 고구려 역사가 자신의 것이라고 주장하고, 공산당 간부들이 경제계와 연결된 커넥션으로 85퍼센트가 부패되어 있고, 실질적으로 여성들을 억압하고, 환경오염이 극심하고, 민주주의를 억압하는, 이런 처지에 있는 사회가 화해, 곧 조화라는 말로 해결이 되겠는가?

그것을 욕하는 것이 아니라, 그런 경우 한국의 원효스님은 '화쟁(和諍)'이라고 했습니다. 백가지 다른 것들이 서로 타투고 싸우는 것들을 다 살리면서 조화한다고 했어요. 화는 조화할 화. 쟁은 싸울 쟁. 다릅니다. 혼돈을 먼저 전제해 놓고 조화를 이야기하는 것입니다. 어떻게 다른가? 혼돈이라는 것은 가장 가깝게는 여러분 세대가 개체를 중요시하는 것과 같은 것입니다. 개인성, 다양성, 자유. 이것이 혼돈입니다. 개인성, 개체성, 다양성, 자유, 돌연성, 우연성 이것 모두가 혼돈으로 인정하는 겁니다. 마음대로 떠들 수 있는 자유. 이것이 다 혼돈입니다. 그것들 사이의 조화입니다. 우리나라에 대해서 자부심을 가지라는 이야기입니다. 그렇다고 전부 좋다는 이야기는 아니에요.

그런 특징을 가지고 있다는 점을 여러분 세대가 새로운 자기문화로서 재창조, 재해석하고 나가야 되지 않을까, 하는 얘기올시다.

아까 4.19 이야기를 했습니다. 여러분 세대는 4.19보다 더 큰 체험을 했다고 봐요. 한류, 이것은 우리 민족의 제 3의 국가목표와 연결됩니다. 산업화, 민주화, 이 두 가지가 이제까지 우리나라의 국가목표였습니다. 지금 제 3의 새로운 국가목표가 희미합니다. 나는 그것을 문화에 의한, 네오르네상스에 의한, 한류가 의미하는 새로운 문화 창조에 의한 세계사에 대한 기여, 이바지가 아닐까 생각해 봅니다.

과학 기술 역시 이제는 문화와 같이 관련됩니다. 여러분의 세대가 그것을 맡아야 합니다. 그 맡는 데 있어서 중요한 태도가 뭡니까? 혼돈의 질서, 동학의 핵심사상인 '혼돈의 질서', 다시 말하면 대~ 한, 민, 국의 3박자 플러스 2박자를 가슴에 늘 모시고 섬기는 태도입니다. 모심, 모시는 태도. 몸도 장기계와 경락계는 3박자 플러스 2박자입니다. 자기가 자신에게 교육하는 것이 최고의 교육입니다. 그것이 살림, 곧 생명평화운동입니다. 독립운동을 하신 만해 큰스님은 가슴에 만 권의 책이 있다 했습니다. 그러니까 참선하는 것이 최고다 이 말인데, 자기가 자기를 들여다보는 것 이것이 참선입니다. 즉 자기공부올시다. 동학에서는 자재연원(自在淵源)이라고 합니다. 진리는, 스승은 내 안에 있다는 말입니다.

여러분이 여러분 세대 자신에 대해서 자부심을 갖고 공부를 시작하세요. 이것이 새시대를 엽니다. 제 이야기는 여기에서 끝내겠습니다.

지도 밖으로 행군하라

한비야

월드비전 팀장

　안녕하십니까? 방금 전까지 비디오 안에 들어 있었던 월
드비전 긴급구호 팀장 한비야입니다. 반갑습니다.

　여러분은 일주일에 한 번 '유일한 강좌'를 듣고 있기 때
문에 또 한 명의 강사가 오셨구나, 라고 생각하실지도 모르
지만, 저는 여기까지 오는 것이 그렇게 쉽지 않았습니다. 왜
냐하면, 지난달까지 병가를 냈었어요. 뇌혈관에 문제가 있어
서 병가를 내는 바람에 외부 행사를 거의 할 수 없는 상태
입니다. 그래서 저희 본부장님이 여기 간다고 하니까 인상
쓰고 계십니다. 그리고 영상에서 본 것처럼 저는 48시간 대
기조입니다. 그래서 재난이 나면 48시간 안에 전쟁이든 쓰
나미든 재난이 난 곳에 가 있어야 하는데, 다행히 지난 일
주일 사이에 세상이 잠잠했습니다. 만약에 이틀 전에라도
무슨 일이 일어났었다면 48시간 대기조의 긴급구호 요원이

기 때문에 바로 그 자리에 갔을 것입니다. 하지만 일주일 사이에 세상이 잠잠했고, 또 제가 병가를 끝내고 올 수 있었습니다. 더군다나 김 총장님이 손수 전화를 하셨습니다, 여러분을 꼭 만나달라는. 그래서 오게 되었습니다.

여러분은 이 귀한 시간에 여기에 앉아 있는 거예요. 저랑 같이 만날 수 있는 시간은 앞으로 딱 한 시간입니다. 하지만 여기 앉아 있는 여러분의 시간을 모두 합하면 300시간가량 됩니다. 그러니 여러분의 300시간, 그리고 저의 한 시간이 짭짤하지 않으면 안 됩니다. 제가 대기업에서 한 시간 강의를 할 경우에 이 인원이면 몇 억 원을 받습니다. 영상에서 본 사람들 몇 백 명을 살릴 수 있습니다. 여러분이 앉아 있는 이 한 시간이 다른 곳에 갔으면 몇 천 명을 살릴 수도 있고 죽일 수도 있습니다. 이런 귀한 시간인 만큼 강의에 집중해 주세요. 저는 이번 강의에서 세 가지만 이야기하겠습니다. 세 가지 정도만 이야기하고 요점정리 후 마지막에 퀴즈를 내어 맞히시는 분께는 제 사인이 있는 《지도 밖으로 행군하라》라는 책을 드리겠습니다. 이래 뵈도 서울에서는 베스트셀러로 중·고등학생들의 필독도서입니다.

확실히 조명발이라는 것이 있는 것 같습니다. 지금 여기에서 보면 여러분 얼굴이 굉장히 환하게 빛나고 있고, 모두 웃는 얼굴이네요. 싱글벙글~

첫 번째 주제로 들어가기 전에 꼭 말씀드리고 싶은 것이 있습니다. 이번에 제 조카가 고3인데 시험을 잘 못 봤습니다. 그래서 지금 서울 근교에 있는 전문대학에 가야 하는 게 아닌가 해서 굉장히 실망감을 감추지 못하고 있습니다. 마치 인생의 낙오자가 된 것이 아닌가 그런 생각을 하고 있는 것 같아요. 그런데 여러분을 만나러 온 거예요. 여러분에게 꼭 하고 싶은 말이 있어요. 지금 주제가 '지도 밖으로 행군하라!'잖아요. 여기서 나오는 지도라는 것이 무엇이냐 하면, 세계를 여행하면서 지도 밖으로 나가라는 소리가 아니고 여러분이 지금 생각하고 있는 여러분 스스로의 지도 밖으로 나갔으면 좋겠다는 생각이에요. 혹시, 여러분 가운데 지금 원하는 대학에 들어가지 못했다든지, 아니면 별로 좋아하지 않았는데 2년제 여기라도 끝내야지 하는 생각으로 들어왔다면, 정말 오늘 저를 만난 기념으로 다시 한번 생각해 봤으면 좋겠어요.

축구시합을 한번 생각해 보세요. 축구는 전반전, 후반전이 있잖아요. 사람의 일생이 축구라고 본다면, 90살까지 산다고 봐서 전반전 45분, 후반전 45분. 여러분은 지금 기껏해야 스무 살에서 스물다섯 살인데 축구로 보면 전반전 25분을 뛰고 있는 중이에요. 작전이 좋지 않아서 혹은 식구들끼리 사이가 안 좋아서 골이 안 들어갔어요. 그래서 지금 현재 3대 0이에요. 그런데 전반 25분을 뛰는데 잘못 뛰었다고 해서 중간에 나가는 선수 보셨나요? 그런데 왜 여러분은 기껏 전반전 25분을 뛰고 나서 '난 이 게임은 진 것 같아', '난 인생에 낙오자가 된 것 같아', '내 기회는 없어 졌어'라고 생각하시나요? 전반전을 아직 다 뛰지도 않았어요. 45분 가운데 25분이에요. 앞으로 20분이 남았어요. 여태껏 작전이 좋지 않았다면 작전을 다시 세우면 되요. 여태껏 호흡이 안 맞았다면 다시 호흡을 맞추면 되요. 아직 전반전도 끝나지 않았어요, 중간에 작전타임이라고 15분도 있어요. 후반전도 있어요. 후반전까지 골이 안 들어갔다면 그러면 연장전도 있어요. 그것도 안 되면 패자부활전도 있어요. 시간이 얼마든지 있어요. 여러분이 공부 하나 잘 못해서 혹은 마음에 드는 학교에 오지 못했다고 해서 내가 인생의 낙오자가 아닌가 하는 바보 같은 분은 지도 밖으로 행군하시기 바랍니다. 정말 여러분이 하고 싶은 것, 정말 여러분이 가슴 속에 뜨겁게 가지고 있는 그것을 못하게 하는 것이 단지 그런 바보 같은 생각들 때문인가요?

저는 고등학생 때 공부를 잘 했어요. 그런데 대학을 1차, 2차, 3차 다 떨어졌어요. 그리고 나서는 동생이 바로 밑에 있어서 들어갈 기회가 없었어요. 그래서 저는 전문대학이라도 들어가고 싶었지만 집에 돈이 없었어요. 제가 그렇게 들어가고 싶었던 대학에 여러분은 다니고 있다는 것을 잊지 말기를 바랍니다. 그리고 앞으로 시간은 충분히 있어요. 여러분 가운데 겨우 전반전 25분을 뛰면서 '나는 이제 늦은 게 아닌가?'라고 의심하는 분들이 있어요. 누가 저한테 물어본다면 확실히 말할 수 있어요. 절대로 늦은 것이 아니라고. 여러분은 앞으로 이 학교 이외에 여러 가지 선택을 하게 됩니다. 지금부터 어떤 선택을 하느냐가 훨씬 더 중요해요. 저는 좋은 대학을 나오지 않았지만 지금은 아주 많은 사람들의 사랑을 받는 사람이 되었어요. 그것은 학교와는 상관이 없어요. 앞으로 어떤 선택을 하느냐 자기 진로에 대해서 자기가 어떤 책임감을 갖고 생활하느냐가 중요합니다.

저는 여러분의 언니, 누나가 되고 싶어요. 서로가 힘들면 위로가 될 수 있는 그런 사이가 되고 싶어요. 여러분 한 사람, 한 사람의 이름은 모르지만 오늘 11월 20일, 유한대학에서 만난 여러분을 모두 동생들로 접수할게요. 그 대신 자신이 늦었다고 생각할 때 '아, 나는 지금 축구시합에 몇 분쯤 왔나'라고 한번 생각해 보세요. 그래서 '나는 지금 충분히 시간이 있구나', '내가 지치지만 않으면 포기하지만 않으면 이 시합을 끝까지 할 수 있구나' 또는 '멋진 시합을 할 수 있겠다'라는 생각을 오늘 나를 만난 기념으로 했으면 좋겠습니다. 그래서 '지도 밖으로 행군하라'입니다.

지금 자기의 발목을 잡고 있는 그 지도는 무엇인가를 곰곰이 생각해 보기 바랍니다. 제 발목을 잡고 있는 지도도 있어요. 예를 들면 여자라든지, 나이라든지, 대한민국 사람이라든지 그런 게 제 발목에 묶여 있는 밧줄일 수도 있어요. 그러나 그 밧줄을 정말 못 끊을 것인가?

코끼리를 예로 들게요. 태국의 코끼리 쇼에 나오는 코끼리는 아기 코끼리일 때 아주 무거운 쇠밧줄로 묶어놓는다고 합니다. 아기 코끼리가 발버둥을 치잖아요, 나가고 싶어서. 그러다가 발목도 까지고 하면서 고생하다가 나중에는 '아, 내가 이 밧줄은 못 끊는구나'라고 생각한대요. 그렇게 생각한 코끼리는 눈빛이 달라진대요. 어깨도 처지고 눈빛이 달라지면 그 순간에 얇은 헝겊밧줄로 묶어놔도 못 도망간대요. 한 번 못 도망간다고 생각한 코끼리는 키가 집채만큼 커져서 발로 탁 치면 끊어질 만한 밧줄에 묶여 있어도 못 도망가는 거예요. 혹시 여러분의 발목을 잡고 있다는 그 밧줄의 정체는 무엇인가 한번 곰곰이 생각해 보시기 바랍니다. 가만히 있는 거 아니잖아요. 조금씩 커가고, 생각이 있어가는 거죠. 이미 여러분은 몸집이 큰 코끼리일지도 몰라요. 그럴 때는 어떻게 할까요? 그럴 때는 발로 한번 탁 쳐보는 거예요. 이 밧줄이 끊어지나 안 끊어지나. 헝겊 밧줄로 묶여 있던 것을 모르고 나중에 후회하면 아깝잖아요. 그러니까 오늘 이 '지도 밖으로 행군하라'는 말이 여러분의 발목을 잡고 있는 밧줄의 정체가 무엇인가를 곰곰이 생각해 보는 시간이 되었으면 좋겠습니다. 정말로 못 끊을 밧줄인가? 그러면 힘을 키우면 되요. 혹시 내가 이미 끊을 수 있는 밧줄인데 그냥 묶여 있는 게 아닌가, 라는 것을 생각해 보시기 바랍니다. 생각해 보지 않으면 몰라요. 어떻게 알겠어요. 생각도 안 해봤는데. 곰곰이 생각해 보시기 바랍니다.

세계지도를 가슴에 품자

그러면 이제 본론으로 들어가겠습니다.

자기 집이나, 사무실에 세계지도를 붙여놓고 있는 사람 손 한번 들어보세요. 혹은 지구본이라도 가지고 있는 분, 손 한번 들어보세요.

세계지도를 붙여놓고 살거나, 붙여놓지 않고 사는 것이 아무것도 아닌 것 같은데 사실은 그렇지 않아요. 저는 이 세계를 몇 가지로 나눌 수 있다고 생각해요. 여자와 남자, 가난한 아빠와 부자 아빠 등등, 많죠? 여러 가지로 나누겠지만 저는 세상을 세계지도를 가슴속에 가지고 있는 사람과 그렇지 않은 사람으로 나눠요. 왜냐하면 사람마다 그 사람의 무대와 생각의 넓이와 관심이 너무나도 달라요. 그런데 여러분이 한국지도만 붙여놓고 산다. 그러면 대한민국이 여러분의 무대예요. 대한민국 안에서 공부하고, 경쟁하고, 학교가고, 좋은 직장 취직하고, 결혼해서 살고, 대한민국 안에서 모두 하는 거죠. 그런데 세계지도를 한번 생각해 보세요.

세계지도 안에서 대한민국은 굉장히 작은 크기예요. 270분의 1밖에 안 돼요. 지구본 한 번 쳐다보는 데 1초도 걸리지 않지만 우리가 갇혀 사는 우리의 베이스캠프 한국은 세계 면적의 270분의 1밖에 안 돼요. 270분의 1을 여러분의 무대로 하는 것은 마치 큰 맨션이 우리 집인데 대문과 수위실 사이에서 왔다 갔다 하는 것밖에 안 돼요. 저는 그것과 다를 바가 없다고 생각해요. 인터넷을 열면 전 세계와 정보를 교류하잖아요. 제가 방금 마신 커피는 어디서 왔을까요. 우리나라에서 커피는 한 알도 안 나죠. 어딘가에서 온 거죠. 우리는 전 세계에서 물건을 사고팔고, 정보도 주고받고 하면서, 왜 우리의 관심은 대한민국 안에서만 갇혀 살까요? 대한민국까지는 잘 알죠. 우리 학교, 우리 사회, 우리 대한민국까지는 잘 아는데 거기를 벗어나기가 어려워요. 여러분은 언제 한번 우리 아시아라고 생각해 봤나요? 저 아시아 사람들도 우리가 돌봐야 하고 관심을 가져야 하는 대상이라고 언제 한번 생각해 봤나요? 전 세계가 내 무대라고 생각한 적이 언제였나요? 혹시 태어나서 한 번도 그런 생각 안 해본 사람도 있지 않아요? 전 세계가 무대라는 것은 너무나 확실한 거죠. 물론 베이스캠프는 한국이죠. 유한대학에 스물세 개의 학과가 있다고 들었는데 정말 세세한 것까지 배우는 과가 있다고 들었어요. 그것은 대한민국 안에서만 쓰려고 그렇게 하고 있는 건가요? 그걸 가지고 언젠가는 여러분의 뜻을 전 아시아로 전 세계로 펼치고 싶지 않으세요?

지도만 보면 너무너무 답답해요. 우리나라 형상이 얼마나 답답한데요. 바로 밑에 일본이 있죠, 반도인데도 우리나라는 북한이 위를 막고 있어서 섬 같아요. 대륙으로 가려면 북한을 거쳐 가야 하는데 갈 수가 없죠. 아주 어렸을 때부터 태평양을 거쳐서 다른 나라로 가거나 통일이 되어서 북한을 거쳐 가지 않으면 안 된다고 생각했어요.

다행히 우리 어머니, 아버지가 세계지도를 많이 붙여놓고 살았어요. 세계인으로 키우고 싶은 생각을 하셨나 봐요. 그래서 어렸을 때부터 세계지도가 늘 붙어 있었어요. 그러니까 늘 머릿속에는 세계지도가 있는 거예요. 어느 날 세계지도를 보니까 땅이 다 붙어있어요. 저거 한 바퀴 돌아서 걸을 수 있겠다고 생각한 거예요. 그래서 아버지한테

"아버지, 이거 땅이 다 붙어있는데 한 바퀴 돌 수 있지 않아요?"

그랬더니 아버지가

"그래, 돌 수 있지. 너 한번 돌아볼래?"

하셨어요. 그 다음날, 친구들한테 가서

"나, 조금만 더 크면 걸어서 세계를 한 바퀴 돌 거야"

라고 했어요. 그러니까 친구들이 깜짝 놀라더라구요. 저는 그 모습을 보고 더 놀랐어요. 얘네들이 왜 놀라나. 나에게는 세계를 한 바퀴 도는 것은 아무것도 아니었어요. 세계지도를 늘 보고 사니까. 세계지도를 보지 않고 사는 아이들은 세계지도가 너무 크고 광대해서 한 바퀴 도는 것은 꿈도 못 꾸는 거예요. 그렇게 다른 거죠. 세계지도 한 장이 그렇게 여러분의 꿈과, 꿈의 크기와 넓이와 천장과 벽을 다 없애주는 그런 일을 해요. 여러분 세계지도를 붙여놓고 도대체 한국은 어디에 있는가 한번 보세요. 물론 한국은 베이스캠프죠. 베이스캠프가 튼튼해야 해요. 그러나 여러분이 날개를 펴고 날아가야 할 곳은 전 세계라는 거죠.

우리나라 학생들, 특히 지금 대학교육을 받고 있는 학생들의 경쟁력은 전 세계의 나라가 수백 개인데 그 가운데에서 11~13위를 하고 있어요. 우리나라는 더 이상 우리나라 사람만 돌봐야지 하는 생각만 가지고 살 수 없어요. 우리는 우리뿐만 아니라 다른 나라 사람들까지 돌봐야 한다고요. 그런데 우리는 이런 생각을 하죠. 한국에도 도울 사람이 많은데 왜 먼 나라까지. 그런 이야기 많이 하잖아요. 그 이야기는 나중에 자세히 하겠지만 여러분은 오늘 이후로 앞으로 죽을 때까지 그런 생각을 절대로 하면 안 돼요. 그러면 옛날에 우리나라가 어려웠을 때 우리나라를 도왔던 나라에는 어려운 사람이 한 명도 없었을까요?

1950년부터 1990년까지 우리나라가 다른 나라에서 돈을 엄청나게 받았어요. 여기에 있는 사람들은 모두 다른 나라 사람들이 우리나라 사람들을 원조할 때 태어났다는 거예요. 우리나라가 성대하게 88올림픽을 할 때도, OECD에 가입할까 말까 할 때도 안을 들여다보면 다른 나라 아이들이 모은 동전으로 우리나라 아이들에게 밥 사주고, 외국 할머니들이 10불, 20불 모은 돈으로 우리나라 할머니들 목욕시켜 준 거예요. 멀지도 않아요. 여러분이 태어나서도 그런 일이 있었다고요. 그런데 1990년에 완전히 원조를 끊고 지금은 우리가 도와줄 수 있는 나라가 되었는데도 우리나라 사람들은 남을 돕는다는 그런 생각을 아직도 하지 않아요. '우리나라도 아직 가난한데…'라는 생각을 하면서. 우리나라가 뭐가 가난한가요?

어쨌든 첫 번째 주제는 세계지도를 가슴속에 가지고 살자였습니다. 그리고 그 세계지도 안에 있는 모든 나라를 우리의 관심 대상으로 하자. 물론 우리가 물건을 사고팔고 문명을 주고받고 하는 선진국도 지도에 있어야 하지만 우리가 돌봐야 하는 아프가니스탄, 이라크, 말라니 같은 나라도 여러분의 지도 안에 있었으면 좋겠어요. 지도를 가지고 사는 것이, 한국을 베이스캠프로 전 세계를 여러분의 무대로 할 수 있는 첫 번째 지름길이 아닌가 생각합니다. 매일 가시적으로 무엇을 본다는 게 사람한테 큰 영향을 주는 거예요. 세계지도 한 장이 한 사람의 인생에 얼마나 큰 영향을 주었나 하는 것은 저를 보면 아실 수 있을 거예요. 저에게 세계지도가 없었으면 세계일주는커녕 대한민국 밖으로 나가는 것은 꿈도 못 꾸었겠죠. 제가 1958년생인데 어떻게 열 살 때 '걸어서 지구 한 바퀴'를 생각했겠어요? 또 세계지도가 없었으면 긴급구호 현장을 어떻게 알았겠어요? 세상에 굶어 죽는 아이가 링거 한 병이면 사는 세상이 있다는 것을 어떻게 알았겠어요? 여러분도 생각의 범위를 활짝 넓혔으면 좋겠습니다.

세계를 움직이는 또 다른 법칙

그리고 세계지도를 움직이는 힘. 그 움직이는 힘은 어떤 법칙이 있겠죠. 세상을 움직일 수 있는 법칙은 두 가지가 있어요. 한 가지는 굉장히 많이 들어본 이야기예요. 세상이 어떤 법칙으로 움직인다고 생각하세요? 세상은 '정글의 법칙'으로 움직인다는 말 많이 들어보시지 않았어요? 이기거나 지거나, 먹거나 먹히거나, 누르거나 눌림을 당하거나. 많은 사람들은 자기가 눌리거나 약자라고 생각하죠. 강자는 무조건 맞아요. 틀린 말을 해도 맞아요. 그래서 강자는 약자를 무자비하게 누르죠. 그러면 그때 눌려 있던 약자는 어떻게 해서든 강자가 되면 또 다시 약자를 눌러요. 그것이 정글의 법칙이에요. 이기지 않으면 지는 거예요. 굉장히 슬픈 현실이죠.

그런데 제가 5, 6년 전에 이 월드비전이라는 곳에 들어가면서 세상에는 전혀 다른 법칙이 있다는 것을 알았어요. 그것은 '사랑과 은혜의 법칙'이에요. 전혀 다른 법칙이죠. 정글의 법칙에서는 강자가 약자를 누르죠. 하지만 이쪽에서는 강자가 약자를 돌봐요. 어떻게 돌볼까요? 이 약자가 어느 날 힘이 세지면 강자가 될 수 있는데도 약자를 돌봐요. 그리고 나서는 강자가 되면 또 그때의 약자를 돌보는 이런 은혜의 법칙이 있는 세상이 있어요. 나는 그것이 책에만 있는 것인 줄 알았어요. 성경책이나 아주 멋있는 책에만 있는 줄 알았는데, 이 세상에 그런 세계가 있었어요. 그렇다고 이 세상에 정글의 법칙이 없다고 말하는 순진무구한 사람은 아니죠. 그러나 이쪽 세상(사랑과 은혜의 법칙)으로 사람들을 많이 끌어들이고 싶은 거예요. 그래서 제가 이 자리에 와 있는 거예요.

여러분! 정글의 법칙이 이 지도를 움직이는 법칙이기도 하지만 세상에는 사랑과 은혜의 법칙도 있다는 것도 잊지 말았으면 좋겠어요. 예를 들면 이거죠. 여러분, 굶어죽는 아이 보셨어요? 우리나라에서는 참 보기 힘들 거예요, 굶어죽는 아이. 제가 맨 처음에 본 아이는 두 살짜리 아이였어요. 옷을 입었는데 옷 무게도 안 나올 정도로 너무너무 가벼웠어요. 너무 미안한 이야기지만 정말 딱 원숭이 같았어요. 얼굴에 주름이 있고 머리에 핏줄이 서 있었어요. 헐떡헐떡 하고 있어요. 그때까지만 사는 거예요. 삶과 죽음은 경계선이 굉장히 뚜렷한가? 그거 아니에요. 헐떡헐떡 하다가 숨을 멈추면 그때 죽는 거예요.

그 아이는 도대체 무슨 죄를 지은 걸까요? 그 아이가 눈을 깜박거리면서 저한테 물어보는 것 같았어요.

‘아줌마, 저는 무슨 죄를 지은 걸까요?’

무슨 죄를 지은 걸까요? 그 아이는 ‘죽을 죄’를 지은 거예요. 가난한 나라에 가난한 집안에서 태어난 죄예요. 그게 죽을 죄예요. 아무리 가난한 나라라도 부자들은 안 죽어요. 부자들 죽는 이야기 들어보셨어요? 안 죽죠. 왜냐하면 전 세계에는 60억 인구를 모두 뚱뚱하게 만들 만한 탄수화물이 있어요. 단지 그 아이의 입까지 가지 않은 것뿐이에요.

정말 어처구니없는 것은 같은 날 오토바이를 타고 한 45분 가니 시장이 나오더라구요. 시장에 있는 밀가루 가게 창고에 밀가루가 가득 쌓여있는 것을 봤어요. 맨 처음에는 너무 깜짝 놀랐어요. 그 상점 주인이 나오는데 정말 멱살이라도 잡고 싶었어요. 제가 이렇게 물어봤어요. “아저씨, 여기서 45분만 오토바이 타고 가면 아이들이 수십 명 죽는다는 거 알고 계세요?” 그 아저씨는 정말 이 아가씨가 왜 이러나 하는 눈으로 쳐다봤어요. 그리고 하는 말이 “아가씨, 나는 장사꾼이에요. 쌀 때 물건을 사서, 비쌀 때 물건을 팔아 이윤을 남기는 것이 내 일이죠”라고 이야기 하는 거예요. 맞는 이야기죠.

정글의 법칙에서는 맞는 이야기죠. 사람이 죽건 살건 자기의 이익을 창출하는 것이 맞는 이야기죠. 그러나 사랑과 은혜의 법칙으로 보면, 이 사람 손을 꽁꽁 묶어서 어디에다가 가둬놓고 창고를 풀고 싶어요. 이 사람이 평상시에는 정글의 법칙으로 이윤을 남기고 살았을지언정 이렇게 사람이 죽어가는 현장에서는 창고를 풀어야 마땅하지 않을까, 라는 생각을 하는 거예요. 만약에 이 사람이 어딘가에서 한번이라도 사랑과 은혜의 법칙이라는 것을 듣기라도 했다면 이 정도는 아닐 텐데, 하는 생각이 들었어요.

여러분 정글의 법칙만 있다고 생각하셨다면 이제 사랑과 은혜의 법칙도 있다고 생각하셨으면 좋겠어요. 사람이 살려면 이 정글의 법칙만 있는 것이 절대 아니에요. 그럼 생각하겠죠. 내가 무슨 힘이 있어서…. 힘없죠. 여러분도 약자 경험이 많을 거예요. 지금도 여러분이 약자라고 생각하는 사람들이 많죠. 하지만 절대 강자도 없고 절대 약자도 없는 거예요. 저는 약자의 경험도 되게 많아요.

제가 중학교 2학년 때 아버지가 돌아가셨어요. 아버지가 없는 세상을 사는 것이 그렇게 넉넉하지는 않잖아요? 우리가 4남매인데, 그렇겠죠? 고등학교 때 공부를 잘했는데 아까 말했듯이 대학교에 떨어졌어요. 그러고 나서는 바로 동생이 있었기 때문에 사실 기회가 없었어요, 다음 기회가. 그래서 여러 가지 아르바이트를 했어요.

남자친구도 물론 사귀었죠. 저는 바빠 죽겠는데 그 남자애는 거의 스토커 수준으로 쫓아다녔어요. 바빠 죽겠는데 만날 자기 집에 한번 가자고 해서 아이 살리는 셈 치고 그 아이의 집에 갔어요. 그때 그 친구는 너무 잘났었어요. 그래서 그 친구네 집에 갔더니, 그 애 어머니께서 너무나 반가워하시는 거예요. 왜냐하면 아들이 만날 얘기하던 그 여자

애가 집에 놀러왔으니 말이죠.

"그래, 네가 비야구나" 하면서 묻는 것이 무엇이었냐면

"비야는 어느 학교 다녀?"

그래서

"저는 학교 안 다니는데요."

그랬더니 세상에서 고등학교만 졸업한 사람은 난생 처음 보는 양 깜짝 놀라시는 거예요.

"아니, 그럼 고졸이란 말이야?"

이러는 거예요. 그 말은 진짜 물어보는 것이 아니라, '어디 감히 고졸인 네가 서울대 법대 다니는 내 아들을 만날 수 있느냐!'는 거죠. 저는 그때 너무 분했어요. 그 아주머니는 내가 다른 사람이 슬퍼할 때 내가 같이 슬퍼하고, 기뻐할 때 같이 기뻐할 줄 아는 그런 인간적인 사람인 것을 전혀 몰랐잖아요. 대학교에 다니지 않는다는 그 이유 하나만으로 자신의 아들과 사귀면 안 되는 사람이 된 거잖아요. 지금쯤 그 아주머니는 후회하고 있을 거예요. 지금은 '네가 감히'라는 말을 듣지 않고 내가 나 때문에 바르르 떠는 일은 많이 없어졌어요. 지금부터 내가 죽을 때까지 바르르 떠는 건 다른 사람이 인간적인 가치가 높은 사람한테 함부로 당하는 것을 볼 때, 그럴 때 바르르 떨었으면 좋겠어요. 제가 앞으로 흘리는 눈물은 저를 위해서 흘리는 것이 아니라 다른 사람을 위해 흘리는 눈물이었으면 좋겠어요. 지금도 그렇게 못 하지만 그렇게 하고 싶어서 매일매일 노력하고 있어요.

여러분이 지금 약자라고 생각을 하시지만 또 어느 일면을 보면 여러분은 굉장히 힘센 사람들이에요. 아까 그 아프가

니스탄에 있었던 아이들은 지금 독초를 먹고 있는 거예요, 독초. 아까 비디오에서 보셨으면 아시겠지만 그곳 바닥에 시금치처럼 있는 거 보셨어요? 그것은 시금치가 아니라 독풀이에요. 겉모양만 보면 시금치 같아요. 먹어 봐도 시금치 같아요. 그 맛이 비슷해요. 그런데 그것을 많이 먹으면 눈이 멀어요. 독초라는 거죠. 그런데 세상에 어느 엄마가 독초를 삶아서 자기 자식을 먹이겠어요. 우리는 아무것도 모르고 "어우~ 안 돼요. 이거 독초에요." 그랬어요. 하지만 그 사람들은 그 풀이 독초라는 것을 더 잘 알죠. 그런데도 그것을 삶아서 아이들을 먹여요. 왜 그런 줄 아세요? 그것을 먹고 죽으나 나중에 굶어서 죽으나 마찬가지예요. 그런 아이들을 우리가 영양실이라는 곳으로 데리고 와요. 데리고 와서 저희가 매일 영양죽이라는 것을 먹여요. 맨 마지막에 제가 노란 죽 아이들에게 먹이는 거 보셨죠? 그거 아무것도 아니에요. 밀가루, 콩가루, 설탕, 소금만 넣고 만든 아무것도 아닌 거예요. 그 아이들을 일단 데리고 와서 우리들이 어떻게든 살려 보려고 노력을 하는 거예요. 우리가 무슨 하느님이에요? 의사예요? 우린 아무것도 아니잖아요. 의사를 데리고 오면 이 아이는 너무 굶어서 식도가 막혀서 죽을지 살지 모른다고 그래요. 그런데도 우리가 일단 데리고 와요. 그리고는 두 시간에 한 번씩 죽을 먹여서 살려보는 거예요.

저는 매일 자는 사람이 아니에요. 이틀에 한 번씩 자요. 그래서 친구한테 "넌 어제 자고 오늘 또 자냐?" 그래요. 그런데도 두 시간에 한 번씩 죽 먹이는 시간이 너무 빨리 돌아와요. 왜냐하면, 인원이 너무 적어요. 적은 돈으로 많은 일을 해야 되니까요. 일단 아이들을 먹여 보는 거예요. 기절한 아이들은 억지로 입을 벌려서, 조금 힘이 없는 아이들은 꼬집어서라도 먹여요. 맨 처음에는 아이들이 잘 먹질 않아요. 그런데 그렇게 2주일만 지나면 이렇게 제 팔에다 목을 누여 먹이는데 어느 순간에 고개를 빳빳하게 세우는 순간이 있어요. 그러면 저랑 눈이 마주쳐요. 아이들은 힘이 생기면 고개가 세워지더라고요. 그 순간 아이와 눈이 마주쳐 내가 반가워서 보면 이 아이가 정말 해맑게 방긋 웃어요. 아까 여기에 나왔던 아이예요. 사이드라고. 죽을지 살지 모른다는 아이가 2주일 만에 살아난 거예요. 2주일 동안에 우리가 무엇을 했냐. 아무것도 안 했어요. 그냥 단지 영양죽을 먹인 것뿐이에요. 두 시간에 한 번씩. 그렇게 2주일 동안 아이에게 영양죽을 먹인 값이 얼마냐. 단돈 만 원이에요.

 만약에 여러분 주머니에 만 원이 들어 있다고 하면 여러분은 굉장히 힘센 사람이에요. 어떤 사람들의 생사여탈권을 가지고 있는 사람이죠. 여러분 주머니에 들어있는 그 배춧잎 한 장이 기꺼이 어딘가에 가면 어떤 사람을 살릴 수도 죽일 수도 있어요. 그런 현장이 바로 긴급구호 현장이에요. 그러니 여러분은 여러분의 힘을 어디에 보탤 것인가. 이 세계지도를 마음속에 가슴속에 품고 살자, 그리고 그 세계지도를 움직이는 법칙은 사랑과 은혜의 법칙이었으면 좋겠다, 라는 것이 제 강의의 주제입니다. 그리고 여러분은 여러분이 생각하는 것 이상으로 굉장히 힘센 사람들이고, 많은 일을 할 수 있는 사람들이고, 또 많은 일들을 해야 하는 사람들입니다. 세상 사람들 60억 인구를 딱 묶으면 여러분은 상위 1퍼센트 안에 속하는 사람들이에요. 굶지 않죠, 대학 다니죠, 컴퓨터 있죠, 세상에 그것조차 가지지 못한 사람들도 있어요. 그렇게 보면 여러분은 세계 60억 인구 가운데 제일 왼쪽에 있는 사람들인 거예요. 여러분 주머니에 만 원짜리 있죠? 만 원만 있으면 사람을 죽이고 살릴 수 있는 그런 사람이 어떻게 약자일 수 있어요? 자신이 가지고 있는 그런 힘을 사랑과 은혜의 법칙으로 보태는 그런 삶을 한번 생각해 보셨으면 좋겠습니다.

저도 맨 처음 이 일을 시작할 땐 여행 다니면서 일할 수 있으니까 너무 좋았어요. 7년 동안 왔다 갔다 하면서 너무 재미있었는데, 왜 갑자기 이 일을 시작하게 되었느냐. 그 이야기는 책에 자세하게 나와 있어요. 그것은 책을 보시면 되고. 어쨌든 제가 결정을 할 때 어떤 계기가 있었어요. 이 계기는 어떤 한 사람이 제 마음속으로 아주 강력한 불화살을 쏘았어요. 여러분은 언제 어떤 사람이 여러분의 가슴에 활활 타오르는 불화살을 쏘았어요? 저는 이 사람이 쏜 불화살을 정통으로 맞았어요. 그런 불화살이 지금 여러분 눈에도 아마 보일 거예요. 제 심장에서 활활 타고 있어요. 똑같은 강도로 오늘 동생으로 접수한 여러분에게 뜨거운 화살을 하나 쏘아 보낼게요. 여러분 부디 제가 쏜 화살에 맞기를 바랄게요. 그래서 한 번쯤 생각을 했으면 좋겠어요.

처음에 월드비전이라는 곳에서 전화가 왔었어요. 저는 그 당시 월드비전이 무슨 일을 하는 곳인지도 몰랐어요. 지금 저희 사장님한테서 전화가 와서 거기가 월드비전이래요. 그래서 저는 웬 안경가게에서 전화가 왔나 했어요. 내가 국제 홍보학을 전공했으니까 체인점이 생겨서 그 홍보를 해달라고 하는 줄 알았어요. 그런데 알고 보니 이 월드비전이라는 단체가 1950년에 우리나라에서 만들어진 단체예요. 1950년에 우리나라 한경직 목사님이 세우고, 미국 분이신 피어스 목사님이라는 분이 자기 나라에서 교회와 친지 분들에게서 돈을 걷어다가 도움을 주었어요. 그래서 무럭무럭 자라서 1990년대까지 돈을 받다가 완전히 외연을 끊고 이제는 다른 나라에게 돈을 주는 이런 단체가 된 거죠. 1990년대까지 돈을 가장 많이 받은 나라이기도 하고 1991년부터는 주는 나라가 된 겁니다. 이제껏 받다가 다시 다른 나라에 돈을 주는 나라는 세계에 대한민국 하나밖에 없어요. 그래서 월드비전이라는 단체에서는 대한민국이라는 나라가 굉장히 특이한 나라예요. 그리고 전 세계에 백여 개 나라에 사무실이 있어요. 사무실에서 최대 일억 명을 돌보는 그런 구호 단체가 되었어요.

저는 처음에 월드비전이라는 이름을 들었을 때는 무엇을 하는 곳인가 했었는데 그 로고를 보니까 딱 알겠더라고요. 제가 아프리카나 아시아를 다닐 때 무진장 많이 봤던 그런 로고였어요. 어느 동네에서는 그 로고가 보이면 살았다라고 생각할 정도로 그 사람들에게는 구세주였던 단체였어요. 아까 아프가니스탄 아이들과 똑같아요. 그 아이들은 벼랑 끝에 정말 손가락 하나만 걸고 버티는 아이들이거든요. 우리가 가서 손만 잡아주면 삶 쪽으로 오는 아이이고, 미처 우리가 저쪽까지 가지 못했는데 기다리지 못하고 떨어지는 그 아이는 죽는 거예요. 월드비전의 로고 하나가 보이면 살고 안 보이면 죽는 거예요. 저는 그런 단체인 줄도 몰랐어요. 그래서 지금 여러분이 몰랐다고 해도 전혀 무지하거나 창피한 일이 아니에요. 저도 몰랐어요. 그런데 알고 보니까 안경 가게가 아니고 그런 단체더라고요. 그래서 제가 결정하기 전에 현장에 꼭 한번 가보고 싶다, 라고 했더니 그 쪽에서 주선을 해주셨어요.

네 심장을 뛰게 하라!

처음 갔던 그곳에서 만난 의사가 한 이야기예요. 그곳은 케냐와 소말리아 국경에 있는 가뭄을 7년 동안 겪고 있는 나라였어요. 그래서 거의 마을이 없어지는 듯한 그런 마을이었는데, 거기에 안과의사 한 명이 있었어요. 물이 없는 곳에서는 손을 자주 못 씻기 때문에 안질환하고 생식기 질환이 굉장히 많다고 해요. 심한 안질환이 그곳에 돌기 시작하고 있었어요. 안과병원을 하는 이 의사는 서른 몇 살쯤 되었었는데, 되게 유명한 사람이래요. 대통령도 만나려면 줄을 서서 기다렸다가 만나야 할 정도로 유명한 사람이래요. 그런데 그 생 오지에 와서 돈도 조금 받고, 더군다나 치료 받는 사람들은 풀터병에 걸려서 얼굴도 다 일그러져 있어요. 풀터병은 얼굴과 손에 고름이 질질 나는 그런 병이에요. 나는 그 사람들이 악수하려고 하면, 아니라면서, 한국 사람들은 그렇게 악수하지 않는다면서 거절했어요. 무서우니까요.

그런데 이 새까만 못생긴 의사가 진료를 하는 것을 보면 못생겼다는 생각은 정말 다 잊어버려요. 너무 멋있어요. 얼굴에 고름이 잔뜩 있는 그런 얼굴을 떡 주무르듯이 하는데 어찌나 멋있어 보이던지. 진료를 할 때만큼은 그 사람이 너무 멋있어 보였어요. 어떤 사람이 일을 할 때 그 일에 열중해 있거나 집중해 있는 모습을 보면 너무 멋있어 보여요. 박지성 선수 멋있는 거 봐요. 축구장에만 나오면 눈빛부터 다르잖아요. 저는 궁금했어요. 저렇게 멋지고 재능 있는 사람이 이런 곳에 와서 돈도 조금 받고 일하는 것은 어떤 마음일까? 그래서 제가 저녁을 먹으면서 물어봤어요. 그 사람은 흑인이어서 밤이 되니까 깜깜해서 어디 있는지 모르겠어요. 웃으면 틀니처럼 이가 보이잖아요. 그럼 그것을 보고 '아, 여기 있구나' 하면서 이야기를 하는 거예요. 제가

"당신, 이런 오지에 와서 적은 돈 받아가면서 이런 일을 하는 이유가 뭐야?"

라고 물어봤어요. 그랬더니 그 사람이 한 그 말, 입을 완전히 귀밑까지 찢으면서 활짝 웃으면서 하는 말, 그 말이 저한테는 불화살이었어요.

"물론 내가 나이지리아에 있으면 쉽고 편안하게 일할 수 있겠지, 그렇지만 내가 가진 재능과 기술을 돈 버는 곳에만 쓰는 것은 너무 아깝잖아. 무엇보다도 이 일이 내 가슴을 뛰게 하기 때문이야"

라는 말. 그 뒷말이 저한테는 날벼락이었어요.

"무엇보다도 이 일이 내 가슴을 뛰게 하기 때문이지."

저도 책을 많이 읽는 사람 가운데 한 사람이에요. 그런데 책에 많이 나오잖아요. 가슴 뛰는 삶을 살아라. 네 마음의 소리에 귀를 기울여라. 저도 수천 권을 읽었지만, 어떤 특정한 사람이 험한 일을 하면서 이 일을 왜 하고 있니? 물어볼 때 자기 입으로 '이 일이 내 가슴을 뛰게 하기 때문이죠'라고 대답하는 사람은 난생 처음 봤어요. 그 불화살을 맞고 나서 제가 소원이 생겼어요. '저 말을 실컷 해보는 것이 소원이다, 내가 저 말을 하는 날이 내가 소원성취 하는 날이다'라고.

그런데 어떻게 되었느냐, 제가 지금 그렇게 하고 있습니다. 이 긴급구호 현장이라는 곳이 굉장히 험한 현장이에요. 영화에서 늘 위험한 것을 많이 봤기 때문에 또 그런 것 가운데 하나라고 생각하지만 사실 저희들은 목숨을 걸고 일을 해야 해요, 소방관처럼. 불이 나면 사람들은 다 피해야 하지만 소방관들은 들어가서 일을 해야 되잖아요. 쓰나미 현장은 영상에는 잘 안 나왔지만 저희는 48시간 안에 들어갔기 때문에 하루에 수천 구의 시체를 봐야 했어요.

건물더미에 깔려있는 시체를 낮부터 오후까지 꺼내 와요. 그러면 도로에 시체들이 쭉 있는 거예요. 그리고 오후가 되면 경찰이나 군인들이 긴 비닐봉지를 가져와서 시체를 집어넣고, 그 다음에 그 시체들을 트럭에 싣고 큰 구덩이에 가져다 묻어요. 그 말은 무슨 말이냐 하면, 아침부터 오후까지 시체가 늘 있어요. 수백 구씩. 그 수백 구가 인도네시아의 더운 날씨 때문에 부패해서 배가 볼록 나와요. 그렇게 시체가 팽창하는 거예요. 저는 처음에 '왜 이렇게 임신부들이 많이 죽었을까?' 하고 생각했어요. 그런데 가스가 차서 그런 거였어요. 그래서 일하고 들어오면 배가 터져 있어요. 사방에 내장들이 튀어서 개들이 어슬렁어슬렁 거려요. 생지옥이 따로 없어요. 저는 비위가 굉장히 좋아서 이 세상에 못 먹을 게 없는 줄 알았어요. 그런데 그 냄새의 기억이 오래 가요. 그 시체 썩은 냄새가 꼭 멸치젓 냄새 같아요. 저희 어머니는 부산 출신이기 때문에 쌈장에 멸치젓을 넣어서 먹는 분인데, 저는 그때 이후로 멸치젓을 못 먹어요.

그러면 다시 내일 쓰나미가 난다 할 때 '아, 나는 이제 시체는 볼 만큼 봤어. 이제 못 가겠어' 할 것 같죠? 아니에요.

저는 안 보내 줄까봐 걱정해요. '실력이 안 되서 안 보내 주면 어떻게 하나' 그래서 어떤 때는 아픈 것도 감춰요. 몰래몰래 다녀요. 아픈 것도 감추고. 그러면 안 되는 거죠. 하지만 그렇게 해서라도 꼭 가고 싶어요. 왜냐하면 그곳에 가면 내 능력의 최대치가 나와요. 아무것도 아닐 수도 있지만, 그런 현장에 왜 가냐고 물어보면 마땅히 할 말이 없어요. 그러나 그곳에 가면 나의 가장 예쁜 얼굴이 나와요. 하고 싶은 일과 해야 할 일이 맞아떨어지는 그 얼굴이 가장 예쁜 얼굴이에요. 저도 집에 거울이 있어요. 그래서 알아요. 내 얼굴이 어떤지. 잘 해봐야 B+. 잘 알고 있어요. 그러나 현장에서는 달라요. 이렇게 화장하고 차려입은 얼굴과는 절대 견줄 수 없는 얼굴이 나와요.

현장에 가면 일이 많죠. 지뢰밭도 다녀야 하고, 에이즈 걸린 아이들 하고도 같이 안고 뒹굴어야 하는데 또 한국에 오면 한국을 위해서 칼럼도 쓰고 인터뷰도 해야 하고 이거는 사람의 일정이 아니에요. 불평, 불만이 많이 나오죠. 그러면 내 안에 있는 내가 물어봐요. '그래, 그럼 그만둬. 누가 시켰어?' 그럼 제가 깜짝 놀라서 '아, 누가 그만둔데? 말이 그렇다는 거지'라는 말이 나와요. 만약 누가 시켜서 하는 일이면 '이 정도면 됐어. 내가 이거 지금 여기서 그만둔다고 해도 누가 나한테 뭐라고 할 사람 없어'라고 하겠죠. 그런데 '그래, 너 그만둬' 할 때 펄쩍 뛰면서 '어휴, 누가 그만 둔댔어' 완전히 불평, 불만, 어리광이 쏙 들어가는 그 일이 정말 여러분의 가슴을 뛰게 하는 일이라고 생각해요. 그러면 그 다음 순간 또 다른 내가 물어봐요. '그러면 넌 왜 일이 하고 싶은 건데?' 할 때, 정말 진심으로 내 마음 가장 깊은 곳에서 이 말이 나와야 해요.

'이 일이 내 가슴을 뛰게 하기 때문이야. 내 피를 끓게 하기 때문이지.'

예전에 여행 다닐 때는 혼자 좋았어요. 그러나 지금은 나도 좋고 남도 좋은 일이라고 생각해요. 제가 좋아하는 일이 다행히 다른 사람들한테도 도움이 되는 거죠. 여러분이 직업을 구하실 때, 일을 하실 때 자기만 좋은 것은 한계가 있어요. 자기만 좋고 나, 나, 나, 이렇게 하기에는 세상이 너무 초라해요. 나, 나 하면서 나 혼자 잘 먹고 잘살고 남한테 피해만 안 주면 되지, 그러면 이 세상은 여러분이 없어도 잘 돌아가요. 있으나 없으나 마찬가지인 사람들이에요. 그럼 너무 슬픈 일 아닌가요? 내가 있어서 좀 더 좋은 세상, 내가 있어서 좀 더 기쁘고 밝은 세상. 일을 정할 때, 일을 택할 때, 나도 좋고 남도 좋은, 그리고 그 일이 내 가슴을 뛰게 하는 일이었으면 좋겠어요.

여러분은 얼마나 젊은 나이예요. 꽃 같은 나이잖아요. 스물, 스물세 살 이런 나이는, 저를 보면 아직 핏덩이예요. 여러분, 그런 핏덩이 같은 나이에 정말 나만 잘 먹고, 잘살고, 또 아파트 평수 늘려가고, 그런 건 너무 조금이에요. 여러분이 하는 일은 내 가슴을 뛰게 하는 일, 반드시 사랑과 은혜의 법칙에 바탕을 둔, 나도 좋고 남도 좋은 일이었으면 좋겠어요. 제가 지금 이 일을 언제까지 할지는 모르겠어요. 그러나 저는 견딜 수 없는 뜨거움이 있어요. 마치 뜨거운 목욕탕에 들어가면 뛰어나와야 하죠? 그처럼 뛰어나올 수밖에 없는 그런 뜨거움이 있어요. 이렇게 뜨겁게 사는 사람으로서의 즐거움이 있어요. 물론 여러 가지 어려움이 있죠. 그러나 이 견딜 수 없는 뜨거움 그리고 그것이 자기의 심장박동을 뜨겁게 하는 한 저는 여러분의 능력을 최대치로 할 수 있는 조건을 가졌다고 생각해요.

정글의 법칙이 없는 것은 아니지만, 가장 중요한 것은 '정말 이 일이 내 가슴을 뛰게 할 수 있는가? 내 피를 끓게 할 수 있는가?'라는 물음에 고개를 끄덕일 수 있는 일이어야 한다고 생각해요. 정말 체력이 바닥나 누워있는데, 긴급구호! 하면 벌떡 일어나 일을 하면서, 속으로 '독하다' 이렇게 생각할 수 있는 일을 찾았으면 좋겠어요. 그래서 여러분이 갖고 있는 능력의 최대치를 발휘하고 여러분이 연꽃이라면 연꽃처럼 활짝 피는 그런 청년기를 보내시길 바랍니다.

첫 번째 이야기는 세계지도를 마음속에 가지고 다니자, 그리고 그 세계지도를 운영하는 법칙은 '사랑과 은혜의 법칙'으로 했으면 좋겠다였어요.

두 번째는, '무엇이 내 가슴을 뛰게 하는가?' 일을 선택하거나 배우자를 선택할 때 같은 선택의 고비마다 한 번쯤 생각해 봤으면 좋겠어요.

마지막은 손에 쓰겠습니다.

저의 손이 굉장히 작아요. 여러분 가운데 저보다 작은 사람은 아마 없을 거예요. 발도 작아서 외국에서 신발을 사려면 없어요. 그래서 아이들 신발을 사죠. 그렇지만 이 손이 작은 손이 아니에요. 이 손이 현장에 가면 큰 손이 되요. 저는 긴급구호 현장에서는 물자배분 담당이에요. 이게 몇 천 명 혹은 몇 십만 명의 물자를 배분하는 손이에요. 저는 앞으로 이 손이 남의 뒤통수를 치는 손이 아니었으면 좋겠어요. 적어도 남의 몫을 뺏어오는 손으로 쓰이지 않았으면 좋겠어요. 어떤 사람이 정말 간절하게 도움의 손길을 원하는데, 벼랑 끝에 있는 사람이 "나 좀 올려줘!"라고 하는데, 그 손을 외면하면서 뿌리치는 손이 아니었으면 좋겠어요. 저도 모르게 아직도 그런 일을 많이 하고 있는 손이지만 앞으로는 그렇게 하지 않았으면 좋겠어요. 적어도 저는 이 손이 다른 사람의 눈물을 닦아 주는 손이었으면 좋겠어요. 그리고 다른 사람의 상처를 만져주는 손이었으면 좋겠어요. 적어도 내가 가지고 있는 것을 나누어 줄 수 있는 그런 손이었으면 좋겠어요.

저는 천주교 신자여서 저녁마다 기도를 하는데, 기도를 하느라 모으는 손보다는 우리 하느님은 내가 가지고 있는 무엇인가를 나눠 주는 손을 훨씬 더 예쁘게 보실 것 같아요. 여러분, 한번 자기 손을 보세요. 여러분의 손은 어떤 손입니까? 여러분의 남자친구, 여자 친구가 그토록 잡고 싶어 하던 그런 손이죠? 그리고 어머니, 아버지들은 한 집안을 먹여 살리는 그런 손입니다. 여러분은 그 손을 어떻게 쓰고 싶으십니까? 남의 뒤통수를 때리거나, 남의 몫을 빼앗아 오거나, 자신의 도움을 간절히 원하는 손을 뿌리치는, 그런 '정글의 법칙'으로 살아가는 손이길 원하십니까? 아니면, 다른 사람의 눈물과 상처를 닦아주는 손, 내가 가지고 있는 것을 나눠주는 손으로 쓰고 싶으십니까? 저는 이미 사랑과 은혜의 법칙으로 살아가는 세상을 알아버렸어요. 그것은 한글을 몰랐을 때와 한글을 깨우쳤을 때와 똑같은 것 같아요. 이미 그 세상을 알아버렸기 때문에, 몰랐던 그 때로는 돌아갈 수가 없어요. 이제 저는 그 세상 사람인 것 같아요. 많은 동지들이 있었으면 좋겠습니다. 저와 이렇게 한 시간 동안 만나서 이야기를 했으니 '아, 사랑과 은혜의 법칙이란 이렇게 돌아가는 것이구나. 나의 힘은, 나의 손은 어떻게 쓰였으면 좋을 것인가, 한번 곰곰이 생각해 보는 시간이 되었으면 좋겠습니다.

이것으로 오늘의 강의를 마치겠습니다.

감사합니다.

세모의 성찰

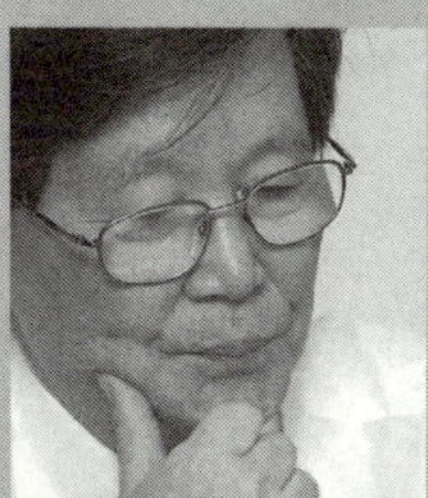

신영복
성공회대학교 명예교수

반갑습니다.

학장님의 소개와 같이 저는 성공회대학교에 오랫동안 있었던 사람입니다. '68년도에 감옥에 들어가서 '88년도에 출소했습니다. 그리고 '89년 1학기부터 성공회대학에 나오기 시작했고, 현재 우리 학교에서 제가 가장 고참인 것 같습니다. 지난 8월에 정년퇴임을 했습니다만 계속해서 강의도 하고 연구실도 사용하고 있습니다.

유한대학의 김영호 학장님은 제가 구속되기 전부터 잘 알던 선배이십니다. 학술 모임에서 뵙기도 하고, 감옥에 있는 동안에도 '그 선배님은 뭐하고 계실까?' 가끔 생각했던 그런 분이십니다. 바로 옆 학교에 계셔서 반갑기도 하고, 오늘 영광스럽게도 이 자리에 초청받는 은혜를 입기도 했습니다.

석과불식(碩果不食)과 분본(糞本)

제가 그린 그림 가운데 잎사귀가 하나도 없는 나목을 그려 놓고 가지 끝에 낙엽 대신에 별을 달아놓은 그림이 있습니다. 그러고는 그림 아래에 '겨울은 잎사귀를 다 떨고 별을 생각하는 계절이다'라고 썼어요. 아마 여러분도 마찬가지이겠습니다만 겨울이 되면 무언가 한 해를 돌이켜보고 생각에 잠기는 마음이 됩니다. 이제 한 해를 보내면서 우리가 어떤 마음가짐을 갖는 것이 옳은 것인가. 그 이야기를 제가 그림으로 설명드리려고 합니다.

이 그림은 가지 끝에 과일이 한 개 남아 있는 석과불식(碩果不食)이라는 그림인데요. 이것은 '석과(碩果)는 먹지 않는다〔不食〕'는 뜻입니다. '불견식(不見食)'으로 해석하여, '먹히지 않는다', '사라지는 법이 없다'는 뜻으로 읽기도 합니다.

왜 그럴까요?

석과는 씨가 되기 때문이지요. 까치밥을 한다고 해서 제일 좋은 과일을 남겨 놓는 것이 '석과불식'인데 이것이 사실은 이 주역의 괘를 설명하는 효사의 해석입니다. '산지박괘(山地剝卦)'라고 해서 초효부터 5효까지 모두 음효(陰爻)이고, 제일 마지막 하나만 양효(陽爻)로 남아 있는 형국인데 이 한 개의 양효마저도 언제 음효로 전락될지 모르는 대단히 어려운 상황을 상징하는 괘입니다. 이 괘 이름이 '박괘'입니다. 다 빼앗기고 겨우 하나 남아 있는 것마저도 곧 무너질 상황을 뜻합니다. 주역의 64괘 가운데에서 가장 어려운 상황을 나타내는 괘를 '산지박괘'라고 하지요. '석과불식'은 제일 위에 있는 상효의 효사 가운데에 나오는 말입니다. 이 뜻을 잘 나타내주는 그림이 바로 이 그림입니다. 우리가 세모를 맞아 한 해를 보내면서 자신을 성찰하는 그런 모습과 같기 때문에 오늘 송년모임에서 여러분과 같이 그 뜻을 짚어보는 것이 좋겠다는 생각이 듭니다.

이 그림에서 핵심적인 것은 이처럼 가장 어려운 상황을 어떻게 견딜 것인가, 이 절망의 괘를 어떻게 희망의 괘로 읽어낼 것인가, 하는 것입니다. 이것이 바로 여러분의 과제입니다. 우리들의 몫이죠.

이 그림에서 보면 일단 잎사귀를 다 떨었어요. 그러면 가지, 근간(根幹)이 잘 드러나잖아요. 어려운 시절이나, 또는 한 해를 보내는 성찰의 계절에는 잎사귀를 모두 떨어뜨리고, 입고 있는 의상이라든가 거품을 다 걷어내고 구조를, 알몸을 직시하는 것이 가장 먼저 해야 하는 일입니다. 한 개인의 경우도 한 사회의 경우도 마찬가지라고 생각합니다. 그것이 바로 '엽락(葉落)', 잎사귀를 떨어내는 것, 자기를 직시하는 것이라고 할 수 있습니다.

두 번째는 떨어진 잎사귀가 어디로 갔는가? 이 잎사귀가 떨어져서 무엇을 하는가를 보는 것입니다. 분본(糞本)하고 있습니다. '분(糞)'은 '거름 분'자이죠. '본(本)'은 뿌리입니다. 뿌리를 거름하고 있는 것이죠. 문제는 '본'이 무엇이냐는 것입니다. 저는 이것이 '사람'이라고 봅니다. 사람을 키우는 일을 해야 한다고 생각합니다. 2만 불, 3만 불 국민소득보다는 사람을 키워내는 그런 일을 해야 하는 것이지요. '엽락'은 거품을 걷어내고 불필요한 분식과 의상을 다 벗고, 그 사회에 기본적인 정치, 경제 구조를 성찰하면서 본(本)을 거름하는 일. 이것이 진정으로 석과가 사라지지 않게 하는 것이다. 그런 뜻을 가지고 있다고 저는 생각합니다. 이것이 한 해를 보내는 세모의 성찰이 아닐까 생각하게 됩니다.

사람. 참 중요합니다. 《서경》〈홍범조〉에 보면 우리가 잘 아는 '오행(五行)'에 대한 언급이 있습니다. 상생상극(相生相剋), 수화금목토(水火金木土)가 그것인데, 오늘날은 이것이 관념화되어 점을 치는 데에 사용되고 있지만, 당시에는 그 오행이라는 것이 국가 경영에 가장 중요한 다섯 개의 자원(資源)을 의미했습니다. 그리고 물, 불, 땅, 나무, 쇠. 이 오행을 거론한 이유가 바로 그것보다 더 중요한 것이 '인(人)'이라는 것을 강조하려고 했던 것이지요. 모든 물질적 가치 위에 사람을 두고 있는 것이지요. 대단히 중요합니다. 사람을 단지 상품 생산의 도구로 인식하는 것과는 차원을 달리하는 것입니다. 상품생산에 유용한 지식이 없는 사람은 사람으로 여기지 않는 오늘날의 인간관과는 전혀 다른 것이라 할 수 있습니다. 인간을 도구로 여기는 것만큼 엄청난 낭비는 없습니다.

저와 감옥에 같이 있었던 젊은 친구 가운데 서울에 대해서 굉장히 시니컬하게 이야기하는 사람이 있었어요. 저는 지하철 1호선이 뚫렸다는 것도 감옥에서 듣고, 63빌딩이 지어졌다는 것도 감옥에서 신입자들에게 들었습니다. 신입자들이 그런 서울의 변모에 대해서 이야기하면 '야, 63빌딩이 네 것이냐? 거기서 네가 밥이나 한 끼 먹을 것 같아?' 그러면서 굉장히 부정적으로 핀잔해요. 왜? 그에게는 그런 이유가 있었습니다. 그 사람의 누이동생이 열세 살 때 서울역에서 길을 잃었어요. 10년 뒤에 그 누이동생을 서울역 앞에 있는 양동 창녀촌에서 딱 마주쳐요. 누이동생이 엄청나게 변해버려서 자기는 미처 누이동생인 줄도 알아차리지 못하는 사이에 누이동생이 먼저 알고 달아나 버렸어요. 그에게 서울이란 참으로 사랑할 수 없는 도시인 것이지요. 63빌딩이 있고 수많은 자동차들이 달리고 있더라도 서울은 사랑할 수 없다. 왜? 연약한 누이동생을 10년 만에 그렇게 만들어 놓은 도시. 그것이 서울이었기 때문이었어요. 그래서 나는 이렇게 생각했어요. 나는 한 도시를 어떻게 평가할 것인가? 여러 가지 지표가 있겠지만 그 친구가 가지고 있는, 물론 자기 누이동생이라는 너무나 주관적이고 객관적일 수 없는 그런 감정적인 잣대를 가지고 보는 것도 문제가 되겠지만, 적어도 한 도시를, 한 사회를 사람을 중심으로 판단하는 것은 대단히 훌륭한 관점이라고 생각합니다.

어려운 상황을 이겨내는 일 또한 인간에 대한 우리들의 이해가 기본이 되어야 하지 않을까, 그렇게 생각합니다. 그래서 한 해를 돌이켜볼 때 '나는 그 사람에게 어떤 사람이었는지', 또 '내가 얼마나 많은 사람들을 떠나보냈는지', '어떤 사람을 만났는지' 이렇게 사람들 중심으로 한 해를 성찰하는 것이 근본을 생각하는 것이 아니겠는가, 하는 생각을 하게 됩니다. 아파트 값이 1년 동안에 얼마나 올랐는지를 생각하는 것보다는 더 근본적인 성찰이라는 생각이 듭니다.

자신을 바로 살아야

제 경우에 자기 자신에 대한 이런 성찰성(省察性)은 대단히 절실한 것이었습니다. 저는 교장선생 아들로 태어나서 학교와 교실을 벗어나지 못했다고 할 수 있습니다. 대학교 2학년 때 4·19혁명, 3학년 때 5·16을 겪고 그 이후 군사정권에 반대하는 학생 서클운동을 하게 됩니다. 우리가 학생 서클운동 1세대에 해당한다고 할 수 있습니다. 그 연장선상에서 구속되고 수형생활을 하게 됩니다. 제 경우에는 감옥에 들어가서 비로소 자기가 어떤 사람인가를 충격적으로 깨닫게 되었습니다.

'정대의(鄭大義)'라는 친구가 한방에 있었어요. 나이가 서른도 채 안 되었는데 절도 전과가 세 개나 되요. 볼 때마다 딱해서 언젠가 "너 이름 누가 지었냐?"고 물어본 적이 있었어요. 이름 이야기에 화를 벌컥 내요. 이름 이야기는 꺼내지도 말라고….

"이름이야 얼마나 좋으냐. 네가 이름값을 못해서 그렇지…."

"무슨 알지도 못하는 소리를 하느냐"며, 자기는 부모가 없는 고아였다고 해요. 돌도 채 되기 전에 버려졌는데 그 버려진 장소가 광주 도청 앞에 있는 대의동(大義洞) 파출소 옆에 버려졌대요. 그래서 이름이 정대의가 되었다는 거예요. 당시 당직이었던 정 순경 성을 따서 정대의라고…. 그런데 무슨 할아버지, 아버지를 하느냐는 거예요. 그 이야기를 듣고 제가 충격을 받았어요. 학교 사택에서 자라고 학교 교실에서 책을 통해서 자기 생각을 키워왔던 나 자신의 창백한 관념성이 여지없이 드러나는 충격이었어요. 고아로 자랐던 그 파란만장한 30여 년을 대의(大義)라는 글자의 의미로 읽으려 했던 그 관념성이 굉장히 부끄러웠어요. 제가 나중에 출소한 뒤에 광주에 내려갔을 때, 일부러 대의동 파출소로 혼자서 찾아갔어요. 그리고 20년 세월이 지난 지금은 그 관념성을 조금이나마 벗기나 했는지 다시 한번 생각해 본 적이 있었어요.

가장 중요한 게 자기 자신을 정확하게 아는 것입니다. 사회든 개인이든 가장 근본적인 과제가 바로 자신을 정확하게 직시하는 성찰성이라고 하지 않을 수 없습니다. 제가 책에 쓴 글 가운데 상당히 많이 알려진 것이 있습니다.

제가 교도소 목공장에 있을 때인데, 나이 많은 목수가 나한테 무엇을 설명하면서 땅바닥에 집을 그렸는데 이렇게 그렸습니다. 처음에는 무엇을 그리는지 알 수 없었어요. 주춧돌부터 그리기 시작하여 지붕을 맨 나중에 그리더라고요. 이 그림을 보고도 제가 충격을 받았어요. 일하는 사람의 그림은 집을 짓는 순서와 집을 그리는 순서가 같구나. 책을 통해서 읽고 배운 사람들은 고민도 없이 지붕부터 그리고 있지 않는가, 라는 반성이었어요. 나는 당연히 나의 징역살이를 통해서 이런 관념성을 버릴 수 있기를 바랐지요. 나 자신의 관념성이 징역 초년에 선명하게 드러나게 되었던 것이지요.

자기 자신을 정확하게 알고 난 다음에 상대방이 보여요. 그렇지 않습니까? 자기가 어디 있는지 알아야지 정확하게 대상을 바라 볼 수 있는 것이죠. 서울역에 내려서 왜 북쪽에 남대문이 있느냐고 하는 것과 같지요. 자기가 있는 위치가 틀리면 대상을 제대로 읽을 수 없는 법이지요. 제 경우에는 감옥생활 20년 동안에 인간과 우리 현대사회에 대해서 많은 것을 새롭게 깨닫게 되었어요. 그 깨달음이 시작되는 맨 처음에 자기 자신에 대한 성찰성이 있다고 생각해요.

처음 한동안은 교도소에서 만나는 모든 사람을 죄명과 형기로 판단하게 되지요. '절도 5년', 이것으로 그 사람을 이해하게 되요. 절도는 남의 물건을 훔치는 것이다. 5년이면 10년의 반이다. 이런 아주 드라이(dry)한 생각을 갖게 됩니다. 사실 한 사람을 이해하는 데는 굉장히 많은 시간이 걸리거든요.

노인 한 분이 같은 방에 있었는데 이분은 집도 절도 없고 전과도 스무 개가 넘어요. 일정(日政) 때부터 감옥생활을 했던 분이라 방에서도 젊은 사람들에게 대접을 못 받는 그런 분이었어요. 돈도 없지, 편지도 안 오지. 그런데 이 노인이 딱 한 가지 하는 일이 있어요.

신입자가 새로 방에 들어오게 되면 감방 분위기가 상당히 긴장하게 됩니다. 신입자는 대개 수속을 다 마치고 밤늦게 방으로 들어오게 됩니다. 조심스럽게 들어와서 변기통 옆에 앉아요. 그러면 그 긴장된 순간에 이 노인이, 방에서는 구석에 찌그러져서 사는 별 볼일 없는 노인이 점잖게 얘기해요.

"젊은 사람, 이리 와 봐."

그 젊은 사람은 굉장히 반가워해요. 얼른 옆으로 다가가면 노인 특유의 간단한 몇 가지 질문을 해요. 부모님은 계신지, 아픈 데는 없는지 물어보고는 금방 "내가 말이야…"로 시작되는 자기의 인생 역정 이야기를 꺼내기 시작해요. 일정 때 만주 벌판에서 시작되는 그 긴 이야기를 당장 시작해요. 왜냐하면 한 2, 3일 지난 뒤에 그 이야기를 하게 되면 아무리 신입자라 한들 그 긴 이야기를 고분고분 끝까지 들을 리가 없거든요. 이 노인이 감방에서 별로 비중이 없다는 것을 신입자가 미처 눈치 채기 전에 시작하는 것이지요.

5, 6년을 같은 감방에서 생활하고 있는 우리들로서는 신입자가 들어오면 으레 그 이야기를 또 들어야 하지요. 옆에서 듣고 있다가 빠뜨리는 이야기가 있으면 우리가 채워 주기도 했었지요. 그런데 1, 2년 지나면서 이야기를 자꾸 각색을 해요. 좀 창피한 것은 빼고 미담이나 무용담 같은 것은 좀 부풀려서 근사한 드라마 주인공처럼 이야기를 합니다. 각색 과정을 아는 젊은 사람들은 핀잔주기도 하지만 남한테 피해 주는 거짓말도 아니고 해서 그냥 넘어가지요.

그런데 어느 날 제가 우연히 창밖을 내다보고 있는 그분의 뒷모습을 보고 문득 이런 생각이 들었어요. 저 분이 다시 세상을 산다면 적어도 실제로 살았던 삶이 아니라 각색된 정도로는 살려고 하지 않겠는가. 각색이란 것이 사실, 창피한 것을 빼는 것은 일종의 반성이기도 하고 또 부풀린 것은 자기의 어떤 가난한 소망이기도 하다고 생각했지요. 그래서 반성과 소망 그것도 그 사람의 것으로 인정해 주는 것이 옳지 않은가. 이야기는 그 사람이 각색한 것이지만, 각색한 것만 못했던 그의 진짜 인생은 험난했던 현대사가 각색한 것은 아니었을까, 그런 생각까지도 하게 되요. 그래서 다른 사람에 대한 이해를 사실 중심보다는 그 사람의 어떤 숨어있는 뜻을 중심으로 다시 생각하게 되지요. 이처럼 타인에 대한 이해를 통하여 도리어 자기를 정직하게 이해하게 되고, 나아가서 사람들과의 관계를 인간적으로 만들어 가는

것, 그것이 아마 우리가 살아가는 삶의 가장 중요한 가치가
아닐까? 라고 생각합니다.

관계(關係)론

　제가 20년 징역살이 동안에 독방에 있던 기간을 다 합하
니까 5년쯤 되요. 그 5년 동안 제가 가장 부지런히 한 것이
면벽명상(面壁冥想)입니다. 벽 마주보고 가부좌해서 하는 명
상이었어요. 명상은 어느 순간에 생각이 우주의 근본적인
정보체계와 통하는 그런 경지에 오른다고 해요. 갇힌 사람
에게는 매우 매력적인 일이었습니다. 그러나 안 되었어요.
매우 열심히 했는데도 통하지 못했지요. 지금도 도통했다는
사람에 대한 신뢰는 없습니다. 명상 대신에 추체험(追體驗)의
시간으로 삼았어요. 제 경우에는 네 살 때의 기억을 가지고
있었어요. 그때부터 만났던 모든 사람들을 다시 떠올려서
생각하는 것이었어요. 그때부터 겪었던 모든 사건들을 다시
독방에 앉아서 한 번 더 생각해 보는 것이 추체험이라 할
수 있습니다. 그랬더니 아주 놀라웠어요. 내 기억 속에서는
아주 사소한 개인적인 사건이었다고 알고 있었던 것이 실제
로는 해방 전후의 굉장히 복잡한 정치사회적인 의미가 담겨
있었다는 것을 그때 새삼스레 발견하기도 하고, 오래 만났
는데도 별로 영향을 주지 못한 사람이 있는가하면 잠깐 만
났을 뿐인데도 굉장한 영향력으로 내 속에 남아있는 사람도
있었어요.

　제가 중학교 1학년 때였어요. 그때는 추운 겨울방학인데
도 1월 1일 날 소집을 했었어요. 추운 운동장에서 신년식을

마치고 나자 담임선생님께서 교실로 들어가자고 해서 들어 갔더니 1번부터 신년에 대한 각오를 이야기하래요. 난로도 없는 추운 교실이라 애들이 짜증나니까, 심부름 잘 하고 숙제 잘 하겠다는 이야기를 리듬 타듯이 대답했어요. 중간쯤 가니까 어떤 친구가 일어나더니, 자기는 오늘 선생님이 새 해 각오를 이야기하라는 것이 조금은 이해가 안 된다고 했어요. 왜냐하면 시간이라는 것은 물처럼 흘러가면 그만인데 그것을 여기가 1월 1일이라고 새삼스레 이야기하라는 것이 자기는 이해가 안 간다는 투로 이야기했어요. 공부도 잘 못하는 애가, 집도 가난한 애가 그런 말을 했어요. 순간 우리 교실이 충격으로 조용해졌어요. 나도 물론 충격을 받았습니다. 저 이야기를 내가 할 걸… 하는 생각이 들었어요. 그런데 그 친구의 기억을 면벽명상에서 찾아냈어요. 아까 소개 말씀 때 잠깐 이야기했지만 제가 붙인 책 이름은 아니지만 《감옥으로부터의 사색》이라는 저의 책이 있어요. 나한테 조금이라도 사색적인 그런 구석이 있었다면 아마 어린 시절 그 친구의 영향이 아니었을까, 그런 생각이 들어요.

오랜 면벽명상을 통해서 최종적으로 내린 결론은 이렇습니다. '나란 도대체 어떤 사람인가?', '우리들 자신의 정체성에 대한 성찰'에 관한 결론입니다.

저는 내가 만난 모든 사람들이 다 내 속에 들어와 있고 내가 겪었던 모든 사건들이 나를 구성하는 조각조각이라고 생각해요. 그래서 나의 정체성[identity]은 내가 겪었던 사회성[sociality]의 총체가 아닐까, 사회와 역사적 관련성을 떠난 자기만의 배타적인 정체성이 과연 있을 수 있겠는가, 그런 생각을 하게 되요. 그래서 제가 최근에는 논문을 쓰기도 하

고 여러 군데에서 말하는 이른바 '관계론(關係論)'이라는 개
념이 바로 그러한 내용이라고 할 수 있습니다. 징역 초년부
터 가져왔던 여러 가지 의문과 고민이 그러한 개념으로 형
성된 것이 아닌가 생각해요. 그래서 자신의 정체성이란 다
른 사람과의 관계를 통해서 만들어지는 것이며, 그것은 곧
우리가 맺고 있는 사람들과의 관계를 포괄하는 그런 것이
아닐까, 라는 생각을 합니다.

저는 우리들의 기쁨과 아픔은 사람들로부터 오는 것이라
고 믿고 있습니다. 제가 많이 받는 질문이 '징역살이에서 무
엇이 가장 힘드느냐'는 것이지요. 춥고 배고픈 것, 그것은
꽤 잘 참을 수 있는 것이었다고 기억돼요. 저만 그런 것이
아니라 대부분 다른 사람들도 자기한테 가해지는 어떤 물리
적인 고통은 꽤 잘 참아요. 그런데 자기 때문에 고통 받는
사람들의 아픔 때문에 힘들어해요. 그것은 참기 어려운 것
같아요. 제 후배 가운데 결혼 6개월 만에 나 때문에 감옥에
들어온 사람이 있었어요. 아직 신혼부부잖아요. 자기의 젊은
처를 밖에 두고 감옥에 갇혀있는 그 친구를 보면 정말 면목
이 없죠. 언젠가 잠시 만났더니 자기 처가 아파서 이번 달
에 접견을 못 올 것 같다고 하더라고요, 그런 편지를 받았
느냐고 했더니 편지는 안 받았대요. 누가 그러더냐고 하니
까 누가 그런 것이 아니라 이번에 보내온 소포에 향수가 지
나치게 많이 뿌려져 왔다는 거였어요. 아내가 보내는 양말,
내의 등의 소포에는 항상 처가 쓰는 향수를 한 방울 떨어뜨
려서 보내고 있는데, 이번에 보내 온 속옷에는 향수가 두
배로 짙게 뿌려져 있다는 거였어요. 그것은 몸이 아파서 접
견 갈 수 없는 안타까움이 향수 양의 증가로 나타난 것이

틀림없다는 추측이었어요.

 사실은 그 달에 접견도 왔고 아프지도 않았어요, 문제는 자기의 아픔 때문이 아니라, 자기 때문에 아파하는 사람들의 아픔이 자기의 아픔으로 나타난다는 사실입니다. 그 후배의 괴로움을 저는 충분히 이해할 수 있었어요. 여러분도 그런 경험이 많이 있으리라고 봐요.

 디킨스 소설 《두 도시 이야기》에 가난에 관한 이야기가 있어요. 가난이란 춥고 배고픈 것이 아니라 자기가 날마다 지나다니는 가게 앞을 지나다닐 수 없게 된 것이 고통이라고 하고 있습니다. 버터와 빵을 사던 그 가게의 아주머니는 저 청년은 이제 다른 가게에서 버터와 빵을 사는가보다, 이렇게 생각하는 시선 때문에 그 골목을 지나다닐 수 없었던 침통했던 기억을 이야기해요. 그래서 가장 힘든 고통은 인간관계로부터 오는 것이라고 저는 생각해요. 바로 이런 점에서 저는 인간관계뿐만 아니라 '관계'에 관한 우리의 철학적 인식이 매우 중요하다고 생각합니다. '관계'야말로 생명과 우주의 근본적인 질서라고 저는 생각해요.

 우리가 근대사회를 우리의 이상적인 모델로 해서 근대 개혁을 해온 지가 오래되었습니다. 일제 36년도 아마 근대 개혁의 시기였고 해방 이후 지금까지 서구 근대사회를 가장 이상적인 사회로 생각하고 줄곧 근대 개혁에 충실해왔었다고 볼 수 있습니다.

 그런데 문제는 근대사회의 기본적인 패러다임이 바로 '관계론'이 아닌 '존재론(存在論)'이라는 사실이지요. 존재론이란 한 마디로 이야기하기 어렵습니다만 세계를 구성하는 근본적인 존재를 인정하는 것이지요. 빌딩블록(building block) 또

는 아톰(atom)이라는 궁극적인 존재가 세계의 근본적 구성
원리이며 동시에 운동원리라는 체계를 가지고 있는 이론이
라 할 수 있습니다. 이 입자들의 집합이 세계를 구성하는
것이며, 그래서 세계는 수(數)라는 논리가 나옵니다.

그런데 이러한 이론이 최근의 원자 물리학의 괄목할 만한
발전 때문에 무너지고 있습니다. 현재 입증되고 있는 가설
에 따르면, 그와 같은 궁극적 존재가 없다는 것이지요. 물질
의 궁극적 존재 형식이란, 파동(波動)이면서 입자이기도 하
고 입자이면서 파동이기도 하고, 항구불변한 어떤 존재성으
로 존재하는 것이 아니라 존재할 수 있는 가능성으로, 그런
확률로 존재한다는 것이지요. 그러니까 타자(他者), 자연이든
개인이든, 타자의 양산(量産)이야말로 존재론을 패러다임으
로 하는 근대사의 전개과정이었다는 것입니다. 근대사의 전
개과정에서 보여준 잔혹한 식민지적 세계 질서는 근대성 속
에 숨어있는 잘못된 세계관에서 비롯되었다는 것이지요.

생명의 경우 그것이 배타적이 아니라는 것을 여러분은 너
무나 잘 알고 있습니다.

예를 들어, 세포가 외부의 물질이나 에너지와의 교섭 없
이 자기 혼자 배타적으로 존재 할 수 있다는 것은 상상할
수가 없는 것이지요. 최근에 황우석 박사의 줄기세포 때문
에 많이 알려진 사실입니다만, 줄기세포가 어떻게 분화하는
가에 관한 연구결과 또한 그렇습니다. 어떤 세포가 혈세포
가 되고 어떤 세포가 뇌세포가 되는가에 관한 연구에서, 초
기의 존재론적 패러다임에서는 세포를 배치하는, 즉 분화를
프로그래밍하는 시스템 세포가 있다는 존재론적 전제를 가
지고 연구했던 것이지요. 그런데 그것은 금방 모순이라는

것이 입증이 되었어요. 그러면 시스템 세포는 누가 프로그래밍하는가라는 순환론에 빠지는 것이지요. 실제로 줄기세포가 어떻게 분화되느냐의 문제는 세포질의 경계조건에 따라서 결정된다는 것이지요. 다른 세포와의 관계에 따라서 결정된다는 것입니다. 그래서 관계야말로 본질이라는 주장이 나올 수 있는 것입니다.

동양적 사고에서는 철저하리만큼 관계론적 사고가 주류를 이루고 있습니다. 아까 제가 주역의 괘를 하나 그렸는데, 주역독법에서는 괘를 구성하는 양효와 음효를 결코 존재론적으로 읽는 법이 없습니다. 양효와 음효의 성격을 사전에 주어진 것으로 읽는 법이 없습니다.

먼저 그 효가 놓여 있는 자리를 봅니다. 그것을 위(位)라고 합니다. 양효라 하더라도 그것이 음효의 자리에 있는 경우는 양효로서의 성격이 발휘되지 않습니다. 그리고 바로 옆에 있는 효가 어떤 효인가에 따라서 효의 성격과 운동이 달라져요. 그것을 비(比)라고 합니다. 그 다음으로 응(應)이라는 것이 있어요. 응이라는 것은 상괘와 하괘의 효가 서로 음양상응하고 있는가 없는가를 보는 것입니다.

어떤 경우에도 효를 배타적인 불변의 존재성으로 읽는 법이 없습니다. 그 자리와의 관계, 이웃해 있는 다른 효와의 관계, 그리고 상하괘의 상응관계 등 그 독법이 철저하리만큼 관계론적이라 할 수 있습니다.

주역이라는 것은 물론 점보는 책이었습니다만, 이것은 단순한 점서가 아니라 우리들의 인식의 가장 바탕에 있는 사고방식이라고 할 수 있습니다. 64개의 철학적 범주라고 할 수 있을 정도로 농본사회의 반복적인 경험이 누적되고 법칙화한 것입니다. 64개라면 대단히 많은 범주를 만들어 놓은 것이라 할 수 있습니다. 그것의 기본적 읽기[讀法]가 지극히 관계론적이라는 사실이 매우 중요합니다. 전혀 존재론적이지 않다는 것이지요.

제가 기결수가 되어 대전 교도소로 이송되어 갔을 때, 동베를린 사건으로 들어오셨던 고암 이응로 화백은 몇 개월 전에 출소를 해서 만나지는 못했습니다만, 그분과 같이 있었던 젊은 친구한테 들은 이야기가 있습니다.

그 젊은이의 말로는 그 노인이 참 괴팍하다고 했어요. 왜 괴팍하냐고 물었더니 만나는 사람마다 꼭 이름을 물어본다고 했어요. 교도소에 있는 사람들은 그냥 번호로 불리는 게 편하지요. 이름을 밝히고 싶지 않은 것이지요. 저도 제가 20년 동안 달고 있었던 수인번호(囚人番號)을 지금도 통장 비밀번호로 쓸 정도로 항상 번호로 통하는 것이 교도소 현실이라고 할 수 있습니다.

그런데 고암 선생은 싫다는 이름을 계속 물어보고 이름을 불렀대요. 그 젊은이도 자기이름을 밝혀 응일(應一)이라고 했다지요. 그러니까 혼자 말씀처럼

"뉘 집 맏아들이 징역살이 하고 있구먼."

그러더래요.

그 젊은이는 '뉘 집 맏아들'이란 그 말 때문에 그날 밤 잠을 못 잤다고 했어요. 고향 떠나 온 지도 참 오래되었구나. 부모님과 가족들이 잘 계시는지, 온갖 생각이 사무쳐서 잠들지 못했다는 이야기를 했어요. 그동안 모든 것을 잊어버리고 오로지 번호 하나만으로 살아왔던 셈이지요. '뉘 집 맏아들'이란 말이 계기가 되어 자기의 개별적 존재가 맺고

있는 그 관계성이 가슴에 사무쳐서 밤잠을 못 잤다는 이야기였어요.

바로 우리들보다 한 세대 윗분들은 사람을 볼 때 절대로 개인으로서의 존재성을 중심으로 파악하는 법이 없습니다. 이것이 우리들의 오래된 문화이며 우리들의 사고방식이었다고 할 수 있습니다.

제가 붓글씨 쓰기를 꽤 좋아합니다. 유한대학의 '신뢰의 문'도 제가 썼고, '유일한 기념홀'도 제 글씨로 씌어 있습니다. 굉장히 유명한 글씨도 있어요. 월드컵 경기장 입구에 한국에서 가장 큰 목각 현판이 제 글씨입니다. 폭이 2미터, 높이가 13미터 되지요. 우리나라에서 풍수지리학적으로 가장 명당이라는 오대산 상원사의 대웅전 현판도 제 글씨고요. 물론 '처음처럼' 소주도 제가 쓴 것입니다.

붓글씨는 동양적인 예술장르입니다. 서양에는 없는 것이거든요. 붓글씨를 쓸 때 한 획을 그었는데 잘못해서 조금 치켜 그었다고 합시다. 그러면 이것을 지우고 다시 쓰지 못합니다. 우리 인생도 마찬가지지만 잘못된 이 결함을 어떻게 고치느냐 하면 그 다음 획으로 이 결함을 고칠 수밖에 없습니다. 한 획(劃)의 실수는 다음 획으로 감싸고, 한 자(字)의 실수는 다음 자 또는 다음다음 자로 그 결함을 보완해 나아가야 합니다. 그래서 글씨를 쓸 때는 굉장한 집중력을 요구해요. 마지막에 쓰는 방서와 낙관까지 조화가 되어야 합니다. 모든 글자가 서로 기대고 있는 것이지요. 서로 도와주고 도움 받고 사과하고 감사하는, 이런 것들로 가득 차야 글씨가 됩니다. 그러면서도 흑과 백이 잘 조화되어 있는 이런 글씨를 서도의 높은 경지라고 합니다. 송나라 때의 명필인 미불(米芾)의 글씨가 그렇습니다.

이처럼 획과 자와 행(行)과 연(聯)의 관계성이 서도의 미학이 되고 있습니다. 그 농밀한 관계성을 일컬어 서도의 높은 경지라고 하는 것이지요. 한 자 한 자 또박또박 떨어져 있는 글씨, 그것은 사실 서도가 아니에요. 누군가 나한테 물어보았어요, 이 글씨 어떠냐고. 그래서 제가 일부러 "시민적 질서는 잘 잡혀있다"고 대답했어요. 서도의 관계론이라 할 수 있습니다.

서도의 미학만 그러한 것이 아니지요. 우리들의 정서가 그렇습니다. 실수하고, 친구와 다투기도 하고, 다시 소주 한 잔 하고, 화해하고, 그렇게 서로 엉킬 때 인간관계가 깊어지는 것과 다르지 않습니다. 이러한 관계론적 미학이나 정서를 그동안의 근대 기획과정에서 전근대적인 것으로 폄하하여 업신여겼던 것이 사실이지요. 그러나 이러한 관계론적 정서야말로 지극히 인간적인 것이 아닐까 생각합니다.

그래서 저는 한 해를 보내면서 반드시 자기가 만나고 맺은 관계를 다시 되돌아보는 것이 필요하다고 생각합니다. 금년 세모에도 '금년 한 해 동안 나는 어디서 어디로 왔나'를 반성하게 되지요.

제가 하고 싶은 이야기는, 사실은 물처럼 가야 한다는 것입니다. 제가 지금 이야기하고 싶은 것은 '물'에 대한 이야기입니다. 물. 물론 이야기 할 것이 참 많습니다만. 물의 가장 큰 특징이 낮은 곳으로 흐르는 것입니다. 높은 곳으로 흘러가는 물을 볼 수 없습니다.

저는 분수를 좋아하지 않습니다. 아무리 물줄기가 센 분수라 하더라도 힘없이 떨어지고 맙니다. 저것이 만약 폭포처럼 거꾸로 되어 있다면 얼마나 힘차게 떨어질까, 라는 생각을 하게 되요. 물은 낮은 곳으로 흘러야 합니다. 그래서 가장 낮은 곳에 자신을 세우는 겸손함이 필요한 것입니다. 물의 경우 가장 낮은 곳에 있는 물이 제일 큰 물입니다. 바다는 제일 낮은 곳에서 모든 물을 '다 받아들이기' 때문에 이름이 '바다'잖아요. 그래서 나는 올 한 해 동안에 얼마만큼 낮게, 낮게 걸어왔는가를 생각하는 것, 그것이 반성이고 성찰이라고 생각합니다.

저는 세상에는 두 종류의 사람이 있다고 생각해요. 자기보다 강하거나 높은 사람에게는 아주 비굴하고 약한 사람들에게는 오만한 사람이 있는가 하면, 반대로 강자에게는 아주 떳떳하게 대하고 약자에 대해서는 매우 관대한 사람. 그 두 종류밖에 없어요. 다른 콤비네이션은 절대 없습니다.

그런데 인간적인 성취, 인간적인 성공은 누가 하느냐 하면 아래로 연대하는 사람이 이루어냅니다. 물이 결국은 바다에 이르는 것과 다르지 않습니다. 약한 사람에게 오만하고 강한 사람에게 비굴하여 위로 연대함으로써 무언가 더 많은 것을 얻고 쟁취하고 소유할 수 있을지 모르지만, 적어도 모든 기쁨과 아픔이 사람으로부터 오는 것이라면, 진정한 성취는 물처럼 아래로 가는 사람이 이룩하는 것이 아닐까, 그런 생각을 합니다.

길의 마음

한 해가 가고 새 해가 오면 마음이 조금씩 바빠지기도 합니다. 제 경우에도 '세월이 참 빨리 가는구나' 하는 감회가 새롭습니다. 갇혀 있을 때는 그렇게 안 가던 세월이 빨리도 가는구나. '뭔가 서둘러야 되지 않느냐'라는 유혹을 가끔 받게 됩니다. 그런데 그거 절대 안 됩니다. 세상에 빨리 해서 되는 일이 하나도 없습니다.

제가 감옥에서 동양고전을 참 많이 봤어요. 왜냐하면 제가 경제학과 출신이기도 하고 반공법, 국가보안법 위반자이기 때문에 경제관련 책은 불온한 책이라고 해서 열독허가가 되지 않았어요. 또 책을 세 권 이상 소지할 수 없는 규정 때문에 부득이 한 권으로 오래 읽을 수 있는 책을 읽어야 했습니다. 《노자》가 약 오천 자밖에 안 되지만 굉장히 오래 읽을 수 있는 책입니다. 《주역》은 더 오래 읽을 수 있는 책입니다. 나중에는 그것도 여러 권을 같이 놓고 봐야 해서 아예 사서삼경을 한 권으로 제본해서 보내 달라고 했어요. 그랬더니 큰 백과사전만한 책이 우송되어 와서 교도소 당국이 문제 삼기까지 했습니다. 단지 감옥의 열독규정 때문만은 아니고 여러 가지 이유로 징역 초년에 동양고전을 많이 읽게 되었습니다.

저희 세대가 사실은 한글세대입니다. 해방 뒤에 초등학교에 입학한 세대죠. 그러나 당시에는 참으로 우리 것에 대한 자부심을 가질 수 없었습니다. 다른 민족의 식민지 역사를 살았고, 그 뒤에 국정 목표가 조금 전에 이야기하였듯이 근대 개혁이었어요. 당시 대학의 분위기마저도 팝송과 오페라 아리아 등 서구적 문화가 압도적인 권위를 휘두르고 있었습니다. 그래서 사실은 우리 것에 대한 자부심을 갖기 위해서 징역 초년에 동양고전에 매달린 면도 없지 않았다고 할 수 있습니다.

이야기를 다른 곳으로 끌고 갔습니다만, 주역의 64개 괘의 마지막 괘가 미완성(未完成)으로 끝납니다. 그 괘의 효사에 보면 이렇습니다. '어린 여우가 물을 건너다가 그만 꼬리를 적셨다. 별로 이로울 것이 없다. 끝내지 못한다.' 처음 이 미완성 괘를 읽었을 때 나는 '아, 이것이 나보고 하는 말이구나' 하는 느낌을 받았습니다. 제가 그렇거든요. 마지막 단계에 가서 조금 방심하거나 얼른 끝내려고 하다가 꼬리를 물에 적신 경우가 참 많았거든요. 그래서 그 이후에는 어떤 국면의 마지막 단계에서는 속도도 줄이고 조심하게 되었어요. 지금 이 대목이 꼬리를 적시는 부분이지요. 천천히. 천천히. 이렇게 경계하는 마음이 됩니다.

그러나 문득 《주역》이 윤리학 책이 아니라, 세계의 변화와 발전에 관한 담론이라는 생각이 들었습니다. 《주역》이 미완성으로 끝난다는 사실은 대단히 철학적인 뜻이 있다고 생각합니다. 그것이 미완성으로 끝난다는 것은, 그러니까 완성은 없는 거예요. 있다면 대나무의 마디가 완성이겠죠. 하지만 마디가 대나무의 끝이 아니잖아요. 어느 과정의 일부분을 그렇게 구성한 것이지 결코 완성이라고 할 수는 없습니다. 영원한 미완성이라면 목표는 현실성이 없는 것이지요. 목표에 이르는 과정만 남는다는 것이죠. 우리의 삶과 세계의 변화는 과정의 연속일 뿐이라는 뜻입니다.

결국 우리가 경영하는 모든 일은 과정을 아름답게 하는 것이어야 합니다. 그래서 제가 도로보다는 '길'의 마음으로 살아가자고 하는 것이지요.

도로는 고속도로일수록 뛰어납니다. 도로라는 개념은 목표에 도달하는 수단으로서의 의미입니다. 수단과 도로는 제로가 되면 자기 목적성이 최대치가 되는 것이죠.

도로와는 달리 '길'은 그렇지 않습니다. 길은 자기의 삶이기도 하고, 자기 인생이기도 하고, 앞서가는 사람들을 읽는 장소이기도 하고, 자기를 남기는 곳이기도 하고, 길섶에 있는 코스모스를 보기도 하는, 그 자체가 뜻이 있는 곳입니다.

그래서 과정을 소중히 여기는 그런 길의 마음으로 살아가는 것이 옳다고 생각합니다. 함께 가는 사람들과의 과정을 소중하게 여기는 것이 저는 옳다고 생각해요. 그래서 낮은 곳으로 향하고, 도로보다는 길의 마음으로 살아가는 것이 옳다고 생각합니다.

먼 길을 가는 사람에게 가장 중요한 것은 목표보다는 '그날그날이 보람 있고 인간적이고 아름다워야 되지 않겠는가'라는 생각을 해요. 제가 20년 징역살이를 그런대로 견딜 수 있었던 비결을 찾는다면 하루하루가 무엇인가를 깨닫는 의미 있는 날이었기 때문이라고 생각합니다.

저는 사실 징역살이를 통하여 참으로 많은 것을 깨달았습니다. 제가 쓴 《감옥으로부터의 사색》은 집으로 보내는 편지글이기 때문에 교도소에서 검열 받은 글들입니다. 검열을 염두에 두고 먼저 철저한 자기검열을 한 글이기도 합니다. 절제되고 써서는 안 될 말을 미리 쓰지 않았기 때문에 사실은 진솔한 이야기를 다 담고 있지 못합니다. 제가 그 책에 담지 못한 많은 이야기들, 감옥에서 깨닫고, 만나고, 들었던 수많은 이야기들을 제가 지금 정리하고 있어요. 그것의 가제목이 《나의 대학시절》입니다. 대학시절이라고 이름 짓는 이유는 참으로 많은 것을 그곳에서 배웠기 때문입니다. 그렇습니다. 바로 그 점. 하루하루가 배우는 삶일 때 우리는 그 먼 길을 견딜 수 있다고 생각해요.

끝으로 말씀드리고 싶은 것은 양심과 자부심에 관한 이야기입니다.

아까도 말씀드린 바와 같이 저는 '60년대 초에 대학생활을 했고 이른바 학생 서클운동 1세대에 속한다고 할 수 있습니다. 그 당시에는 사실 운동권이 그리 많지 않았습니다. 서울대학교의 몇 개 대학, 몇 개 학과의 일부 서클만 이념적인 서클들이었습니다. 그래서 사람들에 대한 욕심이 많았어요. 그때 우리가 가장 높게 평가한 사람이 우선 진보적인 사고를 가질 것, 그 다음에는 사명감을 가져야 될 것, 그 다음에 조직력, 설득력, 지도력이 있어야 될 것 이런 것을 사람들을 평가하는 항목으로 중요하게 생각했습니다.

제가 감옥에 있는 동안에 '그 친구는 지금 뭐하고 있을까' 하는 생각을 가끔 했었지요. 제가 20년 만에 출소해서 그 사람들을 확인하게 됩니다. 의외로 그런 사람들은 다 사라졌어요. 다들 다른 분야로 갔어요. 출세도 많이 하고요. 그곳에 남아 있는 사람, 그 일에 남아있는 사람들은 별 볼일 없는 사람들만 남아 있었어요. 진보적인 사상이나 사명감 때문에 시작한 사람이 아니라 친구가 하자는데 안 하면 두고두고 양심의 가책을 받을 것 같아서 할 수 없이 참여한 사람, 진보적이지도 않고 사명감도 없는 사람들이 주로 남아 있었어요. 충격적이었어요.

그래서 사람을 정말 힘 있게 하는, '정말 자기 일을 끝까지 지키게 하는 힘은 무엇인가?'라는 의문을 갖게 되었어요. 결론은 자기의 의지보다는 관계성이라고 생각해요. 양심(良心)이라는 것은 다른 사람과의 관계를 배려하는 마음이라고

생각해요. 양심적인 사람이 훨씬 더 강하구나. 김수영 시인
의 시처럼 '바람보다 먼저 눕지만 바람 속에 꾸준히 일어서
면서 자기를 지켜가고 있구나' 그런 생각을 하게 되요. 그래
서 저는 개인이든 집단이든 또는 국가든 이와 같은 인간적
관계를 소중한 가치로 적립하지 않는 사회는 생명력이 없다
고 생각합니다. 그러한 마인드를 길러내는 것이 중요하다고
생각합니다.

자부심

제가 사회학개론 첫 시간에 이런 이야기를 자주 합니다.
우리가 일생을 살아가면서 가장 먼 여행(The longest journey)
을 두 번 한다. 첫 번째는 '머리에서 가슴까지의 여행'이다.
이것은 머리로 아는 것(cool head), 곧 지식을 품성화(warm
heart) 하는 것이다. 그것이 얼마나 먼 여행인지 여러분은 알
게 될 것입니다. 이 여정이 아마 방금 이야기한 양심의 문
제와 같은 것이라고 할 수 있습니다. 그리고 남아 있는 또
하나의 여행은 'from heart to feet', 곧 가슴에서 발까지의 여
행이다. 발은 방금 이야기한 우리의 삶의 터전이고 실천이
고 현장의 의미라 할 수 있습니다. 자기 혼자가 아닌 여러
사람들과의 관계이며 이를테면 '숲'이라고 할 수 있을 것입
니다. 그래서 저는 대학도 하나의 작은 숲이라고 봐요. 이
숲이 어떠해야 하는가. 이 숲이 어떠한 인간적인 아름다운
가치로 키워져야 할 것인가에 대해서 고민하는 것이 필요하
지 않을까, 그런 생각을 합니다.
그리고 그 위에 그 숲을 이루는 모든 나무들이 자부심을

가져야 되요. 물론 우리대학도 마찬가지고 유한대학도 여러 가지 어려움이 있으리라고 생각합니다. 그 어려움을 견디는 방법은 다름 아닌 숲의 나무들이 공유하는 인간적 가치에 대한 자부심이 있어야 해요. 제가 너무 관념적인 이야기를 해서 죄송합니다만, 교도소에서 실제 있었던 이야기로 대체 하겠습니다.

언젠가 20대 중반의 젊은 친구가 신입자로 우리 감방에 들어왔어요. 정말 아무것도 가진 것이 없었어요. 관에서 주는 식기와 젓가락만 가지고 들어왔어요. 취침시간에 보니까 안에 속옷도 없었어요. 그래서 옆 친구가 새것은 아니지만 세탁한 러닝셔츠를 주면서 입으라고 했어요. 흔히 있는 일이기도 하지요. 그런데 놀랍게도 딱 잘라서 필요 없다고 거절을 했어요, 냉정하게. 그리고는 수의를 벗지 않고 그대로 입고 자더라고요. 아침에 일어나서 보니까 치약이 또 없어요. 칫솔은 어디서 뭉개진 것을 하나 가지고 있었습니다. 그래서 또 옆에 있는 친구가 자기가 쓰던 치약을 주었어요. 아니나 다를까 역시 필요 없다고 냉정하게 딱 잘라 거절했어요. 그리고는 칫솔을 세탁비누에 찍어서 대단히 어두운 인상으로 양치질을 해요. 분위기가 썰렁할 수밖에 없죠. 남들이 보는 앞에서 던져 주듯 해서 기분이 상했을 수도 있겠다 싶어서 제가 치약을 하나 샀어요. 그래서 아무도 안 볼 때 불러서 쓰라고 주었어요. 그런데 또 큰소리로 "필요 없다니까요!" 라고 딱 잘라 말하는 거예요. 어쩔 수 없이 그냥 그렇게 지냈어요. 아침마다 어두운 인상으로 세탁비누로 양치질을 했지요.

그런데 한 달쯤 지나서 나한테 다가오더니 혹시 전에 샀던 치약 아직도 있느냐고, 그리고 그걸 자기한테 주면 안 되겠느냐고 했어요. 나는 놀랍기도 하고 반갑기도 해서 "너, 치약 안 받는다고 하지 않았니?" 했더니 선생님한테는 하나 받아도 될 것 같다는 거예요. 그래서 다른 사람한테는 왜 받으면 안 되느냐고 물었더니 "그 사람한테는 밤에 잠자리 양보해야 되잖아요"라는 대답이었어요. 교도소의 비좁은 잠자리를 흔히 칼잠이라고 하지요. 비단 잠자리 양보뿐만이 아니라 신세를 지게 되면 무언가 떳떳하지 못하다는 것이 이유였어요.

그 친구가 명쾌하게 정리해서 이야기하지는 않았지만 사람이 어려운 것을 견디는 데 약간의 물질적인 조건의 개선도 필요하지만 그것보다는 차라리 그런 것이 없더라도 떳떳한 자부심을 잃지 않는 것이 더욱 힘이 된다는 말이었어요. 어려운 삶을 살아오는 동안에 이 사람이 경험적으로 자기 철학을 가지고 있는 거예요. 제가 그 친구한테 배웠어요. 그랬습니다. 물질적 조건, 그것에 연연하면 정작 인간적으로 지켜야 할 가치를 지키지 못하는 경우가 허다합니다.

그런 일이 있은 뒤로 아주 가까워졌어요. 책도 빌려 주고 빌려 읽기도 하고 서로 이야기도 많이 나누었습니다. 그 친구가 출소할 때는 '이제 저 친구는 다시 교도소에 들어오지 않겠구나'라고 생각했어요. 경우도 바르고 자부심도 있었기 때문이었습니다. 그런데 그가 출소한 뒤 약 6개월 지나서 소식이 들려왔는데 그 친구가 안양에서 죽었대요. 안양에서 '죽었다'는 것은 안양에서 '잡혔다'는 뜻이지요. 안양교도소에서 징역살이 하고 있겠구나, 그랬는데 또 6개월 뒤에 대전 교도소로 보따리 싸서 이송되어 왔어요. 그래서 웬일이냐 했더니 선생님하고 같은 방에 있으려고 단식투쟁을 해서 이송되어 왔다는 것이었어요. 이런 경우에 반갑다고 해야 할지 모르지만 어쨌든 다시 만나서 또 다시 함께 지내다가 출소했습니다. 그 뒤로 나가서는 들어오지 않았습니다.

자부심에 관한 이야기가 다른 곳으로 흘렀습니다만, 제가 아주 감명 깊게 읽은 동화를 소개할께요.

'반 에덴'이라는 노르웨이 동화작가의 동화 가운데 버섯에 관한 이야기가 있습니다. 아버지가 어린 아들을 데리고 산책을 합니다. 산책로 길섶에 있는 버섯들 가운데 하나를 지팡이로 가리킵니다. "얘야, 이것은 독버섯이야"라고 가르칩니다. 그러자 독버섯이라고 지목당한 그 버섯이 대단히 큰 충격을 받았습니다. 자기를 독버섯이라고 했으니까 충격받는 것도 무리가 아니지요. 옆에 있는 친구 버섯이 그를 위로했습니다. "너는 절대로 독버섯이 아니야. 네가 얼마나 친절하고 다정한 친구인데 너보고 독버섯이라니…." 하지만 위로해도 소용이 없었습니다. 이 친구를 위로할 방법이 없어서 최후로 하는 말이 이렇습니다. "너를 독버섯이라고 하는 말은 사람들이 하는 말이야"라고 해요. '사람들이 하는 말'이라는 뜻은 버섯의 논리가 아니라 버섯으로 요리하려는 '사람들의 논리'라는 뜻입니다. 먹을 수 없는 버섯이라는 뜻이잖아요. 실제로 그 버섯에게 독이 있을지 모르지만 그 독은 그 버섯을 지켜주는 본능이기도 할 것입니다. 중요한 것은 자기의 이유로 서는 것입니다. 그래서 저는 자유를 '자기의 이유'라고 주장합니다. 자기의 이유로 자기가 스스로를 구속할 때 그것은 결코 부자유일 수가 없다고 생각해요.

　제가 오늘 여러분과 나눈 이야기들은 여러분이 이미 잘 알고 있는 새삼스러운 이야기에 지나지 않습니다. 다만 세모를 맞이하여 성찰의 이야기만은 나누고 싶었던 것입니다. 성찰. 그렇습니다. 아마 우리가 가르친다는 것, 곧 '교육의 궁극적인 목적이 무엇이냐'라는 질문을 받는다면 저는 성찰력을 높이는 것이라고 이야기하겠습니다. 성찰력을 높이는 것이야 말로 교육의 최고치가 아닐까 생각합니다. 물론 교육의 목표와 내용 속에는 우리가 현실적으로 살아가는 데 필요한 여러 가지 기술과 지식도 물론 있겠지만 교육이 지향해야할 궁극의 가치는 성찰력을 높이는 것 그것이 아닐까 생각합니다. 그래서 저는 그런 대학이 우리 사회를 성찰하는 성찰의 숲으로 계속 남아야 한다고 생각합니다.

　바야흐로 세모를 맞이하여 나목(裸木)처럼 무수한 잎사귀를 떨어뜨리고 한 해를 보내는 그런 시점에서 여러분과 나눈 성찰에 관한 이야기가 저로서는 매우 의미가 있었다고 생각합니다. 제 이야기가 두서없었던 점 양해해 주시고, 내년에도 좋은 일이 많이 있으시길 바랍니다. 감사합니다.

유일한로의 취지, 사업과 비전
―지역적, 국가적 그리고 세계적 의의―

김영호

유한대학 학장

　오늘 바쁘신 가운데 참석해 주신 여러분께 깊이 감사드립니다.

　특히, 이희범 산업자원부 장관님께서 참석해 주신 것에 감사드리고, 안상수 인천시장님, 조금 전에 인사 말씀을 드린 방비석 부천시장 직무대행님, 이수영 경총 회장님 그리고 이수호 민주노총 위원장님. 혹시 이수호 민주노총 위원장님께서는 기업인을 기리는 모임이기 때문에 어떠실까 하고 걱정했습니다만 개인적으로 제가 좋아하는 분이기 때문에 오시도록 간곡히 부탁드렸습니다. 뜻밖에 아주 적극적으로 참석해 주시겠다고 하셔서 감사하게 생각했습니다.

　그리고 지금은 부천시장을 떠나셔서 이번에 국회의원에 당선되신 원혜영 전 시장님, 유일한로 사업을 처음에 시작할 때 결정적인 역할을 해 주시고 많은 성원을 보내주신 데 대해서 감사드립니다.

사실 오늘 오신 분들을 제가 전부 소개하려고 마음을 먹었습니다. 그런데 조금 전에 포기해 버렸습니다. 훌륭하신 한국 사회의 지도적인 분들이 많이 오셨기 때문에 모두 소개하려면 아마 30분도 더 걸릴 것 같고, 그래서 제가 일부러 생략했다는 것을 양해해 주시기 바랍니다.

황인용 아나운서님은 최근에 가깝게 지내는 분입니다만 제가 사회를 부탁드렸습니다. 황인용 아나운서 같은 분은 이렇게 사회를 하시면 엄청난 돈을 받으신다는 말을 듣고 "돈은 별로 없습니다" 하고 미리 양해를 구했더니 황인용 선생 자신도 "오늘 하루만큼은 유일한 선생을 닮아서 무료로 해도 좋습니다" 하시고 오셨습니다. 감사합니다.

사실은 여기 오신 분이 전부 그런 마음으로 오신 분들이라고 생각합니다.

저는 J. 슘페터라는 경제학자를 굉장히 좋아합니다. 그런데 슘페터의 '이노베이션 정신'을 구현하는 분을 한국에서 찾으라고 한다면, 저는 유한대학에 오기 훨씬 전부터 두말할 나위도 없이 유일한 선생이라고 생각했습니다. 사실 좀 과장으로 들리실지 모르겠습니다만 슘페터의 이노베이션 정신에 가장 합당한 기업인을 전 세계에서 몇 분 찾으라고 한다면 저는 정말로 유일한 선생님을 그 가운데 한 분으로 들 수 있을 것 같습니다. 그런 점이 있기 때문에 사실은 제가 부덕함에도 불구하고 유한대학에 왔습니다.

그리고 제가 유한대학에 와서 생각한 것 가운데 하나가 솔직히 말씀드려서 유한대학이 지역사회와 밀착도가 좀 낮은 것이 아닌가 하는 데서부터 유일한로를 착안했던 것이 사실입니다.

그렇지만 그것만은 아닙니다. 부천은 인구 100만에 가까운 주요 도시이고, 여기가 경인국도 입니다만 사실 '경인' 하면 서울과 인천만 있고 부천은 없습니다. 한국 근대화의 큰 동맥이었던 중요한 도로에 부천의 색깔을, 부천의 향기를, 부천의 의지를 담는 것도 중요하지 않을까 하고 생각했고, 그런 경우에 부천을 빛낸 인물 가운데 한 분으로 이미 선정되어 있는 유일한 선생으로 그 색깔을, 그 향기를 풍기는 것이 좋지 않겠는가 하는 뜻으로 '유일한로'를 생각하게 된 것입니다. 이 부천이라는 지역사회의 발전과 연관지어서 생각한 것이 사실입니다.

그렇지만 부천이라고 하는 지역사회의 입장에 입각해서만 이 문제를 생각한 것은 아닙니다. 저는 세계경제가 신경제, 뉴 이코노미의 시대로부터 신뢰경제 시대로 접어들고 있다고 생각하고 있고, 신뢰경제시대에 있어서 가장 선두에 차리매김 되어야할 분이 유일한 선생이 아닌가 하는 뜻으로, 신뢰경제 시대를 열어야만 한다고 하는 한국경제 전체의 차원에서 유일한로를 생각하게 되었습니다.

아울러, 아시다시피 지난 몇 개월 동안 또는 몇 년 동안 한국의 기업이 어떤 점에서는 추풍낙엽 신세였습니다. 많은 기업이 검찰의 수사대상이 되어 여러 가지 부정문제가 들춰졌고, 노사관계가 복잡해졌고, 환경 측면에서 여러 가지 문제가 많았습니다.

그러나 어떤 면에서는 낡은 기업인상이 이제는 물러나고 새로운 기업인의 상이 구축되어야 하는 시대라고 생각합니다. 중진국 단계까지는 정부의 역할이 매우 크지만 중진국

이후와 선진화 단계에서는 정부의 역할이 줄어들고 기업인의 역할이 주도적으로 되어야 합니다. 요소투입 주도단계는 정부의 기능이 크지만 혁신 주도단계는 기업가 정신이 가장 중요합니다. 철학자 화이트 헤드는 '선진국이란 기업인이 자기가 하는 일이 위대하다고 스스로 느끼게 하는 사회'라고 지적한 바 있습니다. 한국 경제의 선진화의 길은 뭐니뭐니 해도 기업가 혁신의 길이고, 그러기 위해서는 기업에 기를 실어 주어야 한다고 생각합니다.

참기업인이 사회적으로 존경받는 시대를 열어야 한다고 생각합니다. 그런 참기업인의 시대를 여는 데 유일한 선생을 앞세우는 것이 좋겠다고 생각하고 유일한로를 제창했던 것입니다.

유일한로를 전국에서 가장 환경이 좋은 곳, 경치가 좋은 곳에 만들 수도 있을 것입니다만, 그보다는 그분과 가장 인연이 깊은 곳에 만드는 것이 좋겠다 생각했고, 그러고 보니 이 경인국도는 유일한 선생과 깊은 관계를 가진, 일제시대에 민족기업으로 그냥 존재만 한 것이 아니라 식민지라는 어려운 조건 속에서 유한양행을 성공시킨, 가장 어려운 조건 속에서도 기업의 성공 모델을 만들었을 뿐만 아니라 기업이윤을 다 바친 거리입니다.

연세재단과 부천 Y.M.C.A에 많은 것을 기부를 했고, 성공회대학교 부지를 사실상 기부했으며, 그리고 이 유한학원에 모든 것을 다 바치셨고, 부천에 있던 그분의 많은 공장부지도 다 나눠주고 유한학원 부지도 다 나눠주었습니다. 유한학원 부지가 지금 매우 좁습니다만, 이렇게 좁은 것도 다 나눠주었기 때문이라고 생각합니다. 나는 이 거리를 혼자

거닐며 '아낌없이 주는 나무'를 연상하고 '나는 준다. 고로 존재한다'고 되뇌이곤 했습니다.

말하자면 기업인으로서의 성공과 기업인의 사회적 책임을 다하면서 모든 것을 다 나눠주었던 이 거리는 매우 좁은 길이고 지금 매우 복잡한 길이고 별로 깨끗하지도 않은 길인 것 같습니다만, 역사에 길이 남을 길이고 굉장히 소중한 정신이 깃들여 있는 길입니다. 그래서 이 길을 그대로 '유일한 로'로 하는 것이 좋겠다 그렇게 생각했습니다.

파리에서 '미라보 다리'를 본 적이 있습니다. 가서 보니까 형편없이 작은 다리더군요. 그런데 저는 별로 시원치 않은 그 다리를 세계사적인 다리로 만든, 그런 컨텐츠를 집어넣은 프랑스 사람들이 위대하다는 생각을 했습니다.

이 도로가 지금은 복잡하고 별로 보잘것없는 도로입니다만, 우리가 도로를 잘 정비하고 그리고 여기에 소프트웨어 면에서 컨텐츠를 집어넣는다면 새로운 시대를 여는 상징적인 도로로 만들 수도 있지 않을까 그렇게 생각합니다. 이 도로를 하드웨어 면에서 발전시키는 것은 쉽지 않을 것입니다. 그렇지만 모두 노력하면 할 수 있다고 생각합니다. 소프트웨어 면에서 여기에 훌륭한 컨텐츠를 집어넣는 것이 쉽지 않다고 생각합니다만 그것도 마음만 먹으면 충분히 할 수 있다고 생각합니다.

이 일을 하는 데에 부천시의 적극적인 지원과 참여에 다시 한 번 감사드립니다.

아울러 기업인 이름의 도로가 생기는 것을 계기로, 이것이 마침 산업사원부의 '기업인 기 살리기 운동'에 연결되는 측면이 있었던 것 같습니다. 그런 측면에서 오늘 기업인의 기를 살리기 위한 정책의 일환으로 이달의 기업인 제도를 실시하게 되어 오늘 이 행사와 매치된 것도 아주 절묘한 조화이고 이 일을 추진하는 사람의 행운이자 어떻게 보면 유일한로의 행운이라고 생각합니다.

시간이 많이 지나갔습니다만, 한 가지만 더 말씀을 드리겠습니다. 유일한 선생은 앞서 여러분이 말씀하셨던 것처럼, 기업인의 사회적 책임을 다한 전형이라고 생각합니다. 기업인의 사회적 책임, 영어로 하면 Corporate Social Responsibility, CSR입니다. 지금 기업인의 사회적 책임의 문제는 추상적인 보통명사가 아니고 지금 세계 경제의 핫이슈로 떠오르고 있습니다. UN의 지구약속(global compact)운동을 계기로 GRI가 떴습니다만, ISO가 CSR의 국제표준을 만들려 하고 있습니다. CSR라운드가 멀지 않아서 시작될 것으로 봅니다. 세계 각국이 여기에 많은 준비를 하고 있습니다. 우르과이 라운드보다 어떤 점에서는 더 중요한 라운드가 될지도 모른다고 생각합니다.

투명성 책임이나 환경 책임이나 혹은 인권 책임이나 사회적·문화적 책임을 다하지 않는 기업은 지구상의 비즈니스 무대에서 퇴출시키겠다는 것이 궁극적인 목적인 것 같습니다. 구체적으로 지금 '사회책임투자'(SRI) 자금에 각국의 연기금이 편입되고 있기 때문에 헤지펀드나 다른 어떤 펀드보다 훨씬 더 크게, 더 빨리 성장하고 있는데 지금 3천조 원 규모입니다. 그 돈이 CSR지수가 낮은 기업을 외면하고 있습니다. 한국기업에는 단기투자자본이 몰려오고, 일본기업에는 국제 SRI자금이 몰려오고 있는 것은 심각한 문제가 아닙니까. 또 소비도 사회적 책임소비라고 해서 CSR지수가 낮은 기업의 제품은 사 주지 않습니다. 이미 green consumerism이 환경파괴 제품을 배격하고 있지 않습니까. CSR정신이 경쟁력의 원천이 되는 시대가 지금 다가오고 있다고 생각합니다. 거기에 대비하기 위해서 한국에서도 CSR운동을 벌이자는 것입니다. 오늘 유일한로 행사가 바로 한국 CSR운동의 시작입니다. 기업이 사회적 책임을 다할 때 반기업 정서가 있을 수 없습니다. 내년 유일한로 행사 때 기업의 CSR운동과 소비자, 노동자, 시민사회 측의 기업사랑 운동을 맞교환하는 사회협약을 하도록 해 보겠습니다.

오늘, 유일한로와 '이달의 기업인상' 수상을 계기로 해서 CSR센터를 하나 만들었으면 합니다. 영어로 말하자면 International Center For CSR Studies, 연구는 물론 교육도 포함하고 운동도 포함하는 이런 것을 만드는 것이 유일한 선생의 정신을 오늘날 현대화시켜서 하나의 메시지로 던지는 길이 아니겠는가 하고 생각합니다.

우리는 'CSR라운드'를 서울로 유치하여 '서울 라운드'가 되기를 기대합니다. 그리고 전 세계적으로 CSR 점수가 높은 기업에게 '유일한 CSR상'을 수여할 수 있기를 기대합니다. 세계의 CSR바람을 한국이 주도하자는 의도에서 유일한로를 만드는 것입니다. 유일한로를 CSR운동, SRI운동의 세계적 발신 거리로 만들자는 것입니다. 여러분이 박수로 격려해주시면 감사하겠습니다.

부천시와 소사구청의 적극적인 노력으로 유일한로가 시작되는 입구에 아름다운 문이 들어설 것입니다. 우리는 그 문 이름을 '신뢰의 문'으로 할까 합니다. 유일한 선생의 정직·신용·투명·나눔·봉사·능력·경쟁력 정신은 한마디로 '신뢰

정신'이고 그 정신 위에 오늘날 우리가 신뢰경제시대의 문을 연다는 뜻에서 그런 이름을 붙이려고 하는 것입니다. 앞으로 신뢰문화를 확산하는 상징의 문이 되고 '신뢰학'을 정립하는 계기가 되기를 기대합니다.

'평화학', '여성학'이 생기고 '희망학'이 생기고 있습니다만 '신뢰학'의 성립 가능성도 높다고 생각합니다. 신경제가 신뢰경제로 접어들면서 신뢰가 핵심개념으로 등장하고 있고 신뢰개념의 파생용어로 투명성, 인권, 신용, 법률준수 지배구조, 지속가능 사회책임, 환경책임, 혁신, 창조, 경쟁력 등이 유행하고 있기 때문입니다. 앞으로 '신뢰학 강좌'를 우선 '유일한 강좌'라는 이름으로 진행해 볼까 합니다.

신뢰문화 확산을 위한 유일한로 단축마라톤 대회도 구상해 볼까 합니다. 노사가 함께, 외국인과 함께, 고아들과 함께, 장애인과 함께 하는 그야말로 신뢰마라톤을 말입니다. 먼저 골인하는 사람에게 상을 주는 것이 아니라 가장 '함께 하는' 팀에게 상을 주는 게임 말입니다. 거북과 토끼 가운데 누가 먼저 골인하느냐 하는 게임이 아니라 거북과 토끼가 서로 도와 함께 골인하는 신뢰게임(trust game)입니다. 그리하여 한국과 세계의 신뢰경제시대를 이끌어나가는 상징의 거리가 되기를 바랍니다. 앞으로 이 길에 '신뢰의 길 유일한로'라는 표식이 붙을 것입니다.

조금 전에 이수영 경총 회장님께서 축사를 하셨습니다만, 사실은 어제 다리를 다치셔서 오늘 매우 불편하신 가운데 오셨습니다. 다시 한 번 감사를 드립니다.

이수영 회장님은 몸이 불편하십니다만, 이수호 위원장님은 아마 마음이 조금 불편하신 가운데 소신을 가지고 "그런

훌륭한 기업가라면 충분히 노사협력하고 노동자도 존경한
다”는 말씀을 하셨습니다.

제가 아까 참 기업인의 시대라고 말씀을 드렸습니다만,
이수호 위원장님은 ‘아름다운 기업인’이라는 표현을 하셨습
니다. 여기에 와 계시는 ‘아름다운 재단’의 박원순 님의 ‘아
름다움’이라는 표현을 빌린다면, 아름다운 기업인의 시대가
아주 적절하다고 생각합니다. 오늘 아름다운 일이 여러 가
지로 많이 이어지고 있습니다.

유일한로 결정에 즈음해서 산업자원부, 한겨레신문, 그리
고 환경재단이 실시하는 ‘이달의 기업인 상’이 함께 이루어
진 것이 유일한로와 관련되는 첫 번째 기적입니다.

두 번째는 조금 전에 안상수 시장님께서 말씀을 잠깐 하
셨습니다. “인천으로서도 유일한로를 하나의 기점이 되는
인천에서 축하하기 위해서 기념 조성물을 설치할 것이 있
다”는 말씀을 하셨습니다. 검토해 보겠다는 말씀을 하셨습
니다만, 제가 여기서 부탁을 드려서 그것이 꼭 실천되기를
바라고, 실현된다면 그것도 기적이라고 생각합니다. 여러분
이 박수로 응원해주시기 바랍니다. 인천으로부터 부천에 주
는 아름다운 선물이 될 것이라고 생각합니다. 그것이 두 번
째 기적입니다.

세 번째, 사실은 유한킴벌리나 유한양행 측에서는 말씀을
하지 말라는 부탁이 있었습니다만, 제가 감히 말씀을 드리
겠습니다. 유한킴벌리의 문국현 사장님은 유한학원의 이사
장님이시기도 합니다만 일찍부터 ‘우리 강산 푸르게 푸르
게’ 운동을 펼치고 계십니다. 그런데 그것을 유한과 연고가
있는, 직접적인 연고가 있는 곳은 피해 왔다고 합니다. 부천

은 직접적인 연고는 없기 때문에 아마 올해와 내년에 걸쳐서 '우리 강산 푸르게 푸르게' 식목 작업을 이 부천의 유일한로에 연계하시겠다는 말씀이 있었습니다. 이 또한 박수로 여러분께서 환영해 주시기 바랍니다.

많은 분들이 나무를 기부하겠다고 하셨습니다.

유일한 선생이 전 재산을 기부하고 가신 분이기 때문에, 나무를 기부해서, 기부한 나무로 숲을 만들어서, 그 숲을 거닐면서 모두가 그분의 정신을 기렸으면 좋겠다는 취지라고 생각합니다.

먼저 시인 김지하 선생님, 외국에 나가신 정문술 선생님, 오늘 여기에 참석하신 부천상공회의소 장상빈 회장님께서도 나무를 기증하시겠다고 하셨습니다. 오늘 여기 나오신 심갑보 사장님, 가락전자의 장병화 사장님께서도 그런 뜻을 비쳐 주셨습니다. 제가 지금 다 적지는 못했습니다만, 그 밖의 많은 분들이 나무를 기증하겠다고 약속하셨습니다. 저희들이 자주 가는 예빈식당에서 저녁을 먹으면서 이런 얘기를 많이 했는데, 이런 얘기를 옆에서 들으시던 예빈식당 최선희 사장님께서도 기증을 하겠다고 하시면서 오늘 참석하셨습니다.

그 나무를 받아서 유일한로와, 그리고 유한대학 주변과 적절한 곳에 쌈지공원을 비롯해서 '기부의 숲' 혹은 '나눔의 숲'을 여기저기 만들도록 노력하겠습니다. 이 나눔의 숲에서 매년 나눔바자회를 열어 나눔문화를 확산하고 그 수익금은 가난한 학생들의 장학금으로 쓸 생각입니다. 제가 말씀을 채 못 드린 분이 많이 있습니다만, 말씀을 하지 말아달라고 부탁하신 분들도 계셔서 제가 전부 말씀을 드리지는 않겠습니다. 그분들께 감사와 격려의 박수를 보내주시기 바랍니다. 인천에서 지금 활약하고 계시는 박영호 사장님, 그리고 유한동창회 회장으로 계시는 서성기 회장님, 이런 분들께서는 저희가 매달 '유일한 강좌'라는 것을 실시하려고 하는 그 강좌에 몇 년 동안 스폰서로 도와주시겠다는 말씀이 있었습니다. 그분들께 감사와 격려의 박수를 부탁드립니다.

버그토이의 이해곤 사장님께서 이 도로변에 어린이 창의력센터 같은 것을 구상해 보시겠다고 하셨습니다. 감사합니다. 이름을 밝히기를 거부하시는 몇몇 분들께서 부천 관내의 고아원이라든지 혹은 장애인이 사시는 곳이라든지 불우한 분이 계시는 곳에—유일한로 주변에 그런 불우한 분들이 계시는 곳에—전등이라든지 그 밖의 필요한 것을 공급해 주시겠다는 말씀이 있었습니다. 밝히지 말아달라는 부탁이어서 이름을 밝히지 않는 것을 용서해 주시고 박수로 격려해 주시기 바랍니다.

끝으로 오늘 모처럼 참석하신 산자부 장관님께 제가 개인적으로 부탁을 드릴 수는 없고, 공개적으로 그리고 국민경제 전체의 입장에서 필요하다면 관심과 성원을 지속해 주시기를 부탁드리고자 합니다. 부천시의 숙원 가운데 하나인, 이 길에 전깃줄이 많이 있기 때문에 전선을 땅속에 넣는 지중화 작업에 특별히 관심을 가지고 있습니다. 이 거리가 한국 근대화의 상징 거리이고, 이제는 기업가 혁신, 신뢰 그리고 기부 정신의 상징 거리라면 객관성 있는 사업이 아니겠습니까. 일일 교통량이 매우 많다는 점도 고려해 주시기 바랍니다.

우리 이희범 장관님께서는 굉장히 공정하신 분이십니다.

그렇지만, 특별히 관심을 가져달라고 함께 박수로 부탁드립시다.

감사합니다.